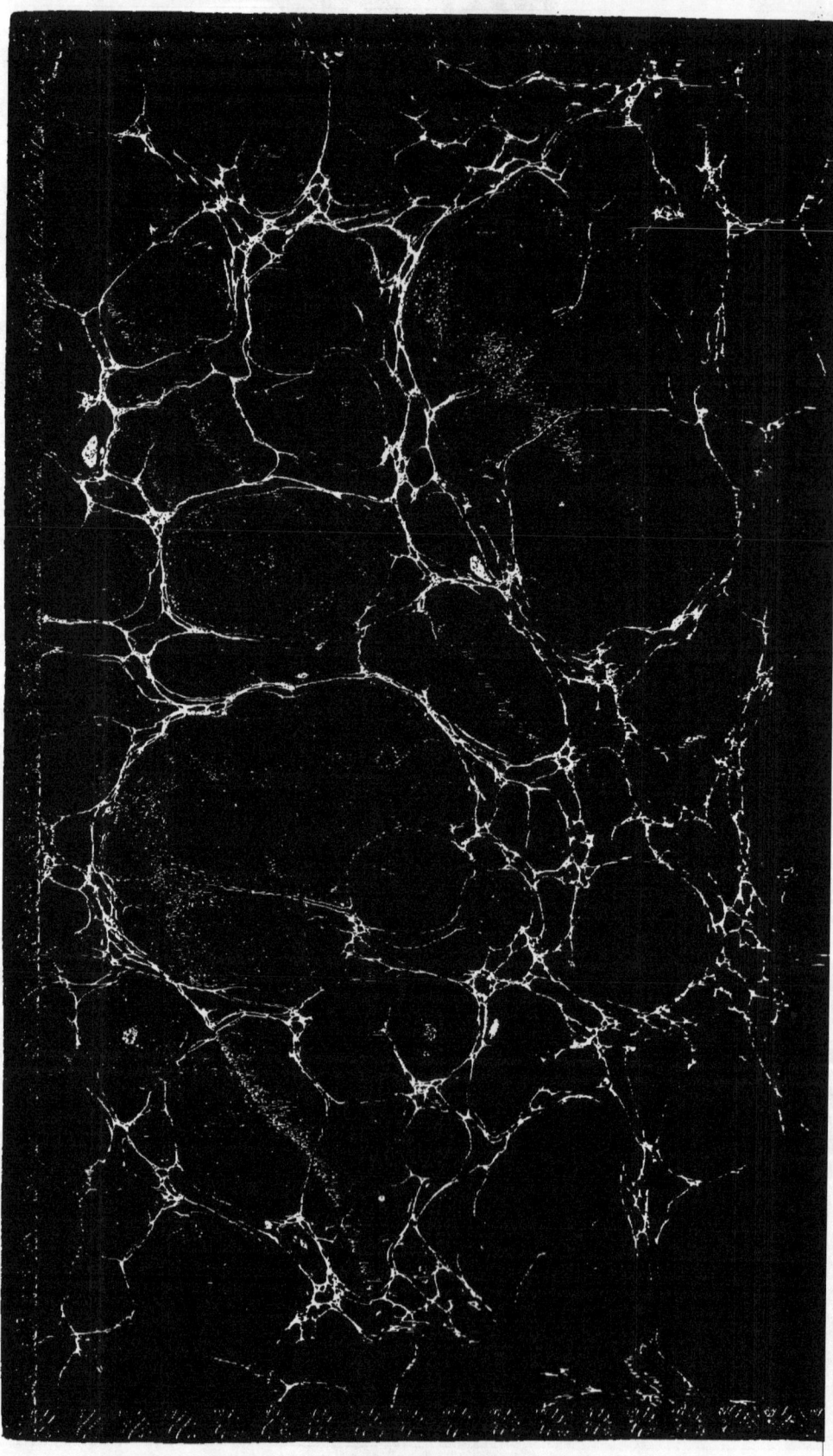

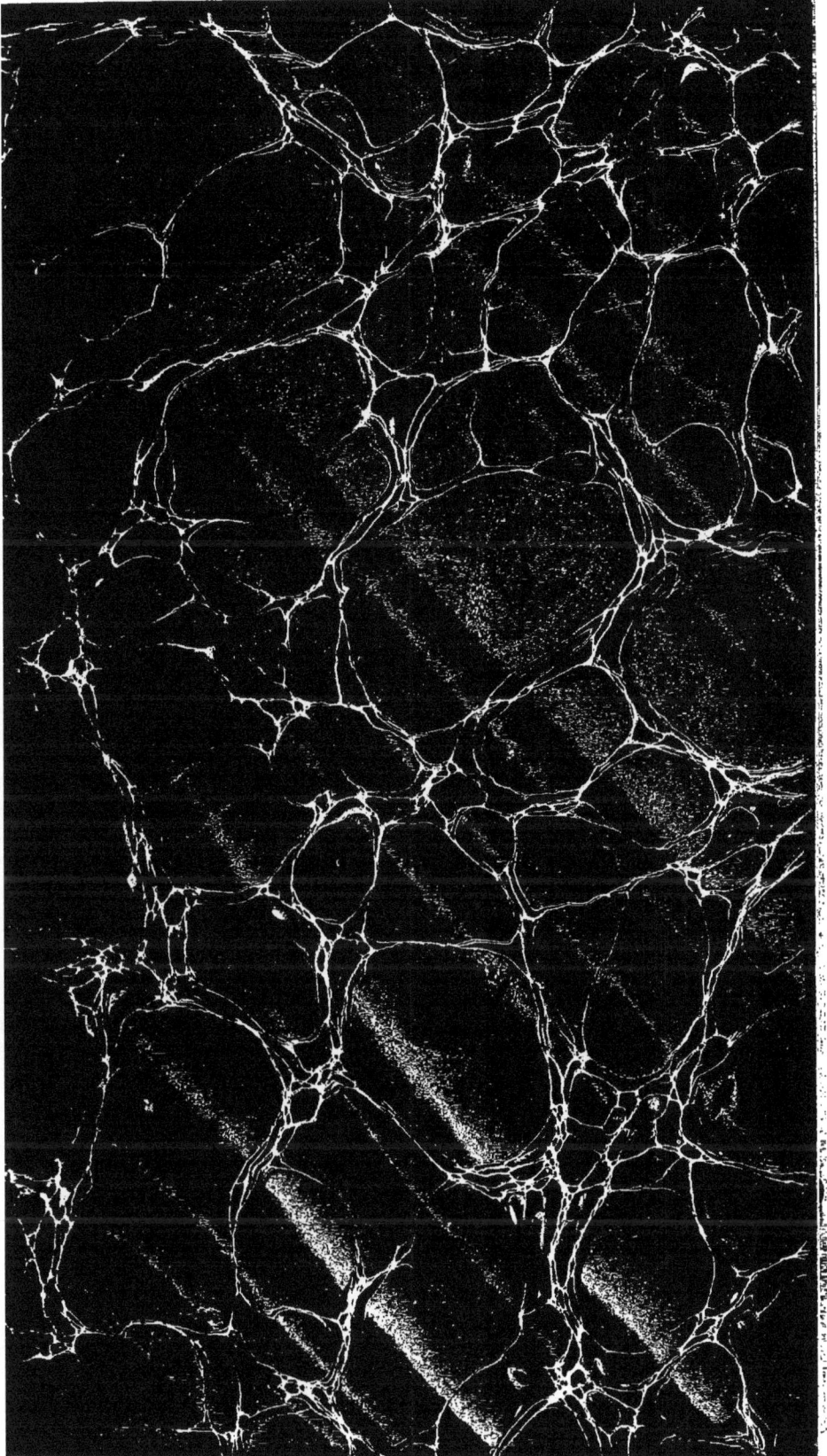

O_2
118

RÉSUMÉS HISTORIQUES

SUR LA PERSE MODERNE, L'INDE ET LA CHINE.

Imprimé par PROSPER FAYE, à Bordeaux.

RÉSUMÉS HISTORIQUES

SUR LA

PERSE MODERNE,

L'INDE ET LA CHINE,

EN QUATRE PARTIES;

Par A. de B. de C.

> L'histoire unit le présent au passé, éclaire pour l'avenir, en donnant la connaissance des hommes et des choses, et faisant profiter les générations futures de l'expérience des siècles déjà écoulés. Son étude devrait faire la base de l'éducation de tous ceux qui sont appelés au gouvernement des peuples.
>
> L'AUTEUR.

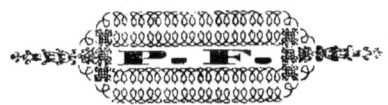

BORDEAUX,
CHEZ PROSPER FAYE, IMPRIMEUR-LIBRAIRE,
ÉDITEUR,
FOSSÉS DE L'INTENDANCE, 15.

1843.

NOMS

De Messieurs les Souscripteurs.

MM.

A Bordeaux.

BRUN, ex-notaire.
DE LAMOTHE-DUGRAVIER, médecin.
LEVIEUX, médecin.
AGALS.
ROUQUEY.
SOUIRY, curé.
DE LAROSE.
DE LEYBARDIE (Louis.)
BÉCHADE (le baron de).
DURASSIÉ.
DE LALOUBIE, conseiller à la Cour royale.
BARONNIE (Joseph.)
Mme MORIN.
GIRARDEAU, avocat.
BRIVAZAC (le baron de).
VITRAC (Alfred).
DUFOURQ-BELIN.
DE GUILHEMANSON.
VÉDRINES, conseiller à la Cour royale.
BASTARD (Victor de), ex-député.
GRANGENEUVE, notaire.
LAFON, docteur-médecin.
PERRIN (Auguste), courtier d'assurances.
PERRIN, docteur-médecin.
DUCHEYRON.
CALVIMONT (le comte de).
Mme de PEYRELONGUE.
MONTESQUIEU (le baron de).
GALAUP (Henri de).
DARLOT DE SAINT-SAUD.
BUHAN (Henri), courtier d'assurances.

MM.

DELPECH, conseiller à la Cour royale.
DUPÉRIER DE LARSAN.
GUI D'ALBESSARD.
DE VIGNERAS, vice-président.
DE SAVIGNAC.
LACAUSSADE veuve GUILLEAU.
Mme veuve LARRÉ.
LARRÉ (Pierre).
MARMIEZ, avoué à Bazas.
RAVIGNAN (le baron de)
ARNOUX (Auguste).
SCORBIAC (l'abbé de)
DUFFOUR DUBERGIER, maire de Bordeaux.
FORGEAUX, commissaire du Roi, à l'Hôtel de la Monnaie.
GAUDRY, propriétaire.
RIVIÈRE-BAUDIN, ex-notaire.
B. DE BARITAULT.
DULUC (Louis).
DESGARDIES (le comte)
LACHASSAIGNE (le comte Henri de)
THIERRÉE, notaire.
BROUSSE (Eugène), agent de change.
Mme SÈZE (Caroline-Raymond de).
J. CASTEX.
DUPONT (Henri), conseiller a la Cour royale.
FAYE, docteur-médecin.
MIRIEU DE LABARRE.
(Mme veuve) HÉLIÈS.
PROM.
LIBÉRAL, courtier.
LEGRIS DE TUSTAL.
JOURNU frère.

MM.

LE MAIRE, sous-commissaire de marine.
BASSE, consul.
LENOIR neveu.
PARIS.
DUCHATELET, régisseur de la manufacture des tabacs.
RAVEZ (Auguste).
L'ARCHEVÊQUE de Bordeaux.
PICHON-LONGUEVILLE. (le baron A. de).
G. Z. WORMES, chef d'institution.
L. DE BEAUVAIS, chef d'institution.
PERRÈRE (Auguste), chef d'institut.
DE VEDRINE.
GOUTS-DESMARTRES.
MALLET (le baron de)
D'IMBERT DE BOURDILLON, conseiller à la Cour royale.
F. DE LA SEIGLIÈRE, procureur général.
BERRETTÉ-LAUGAREIL.

A Pauillac (Médoc).

GACHET, curé.
DUBARTAS, receveur de l'enregistrement et des domaines.
CHAUVET, maire.
LACOSTE, propriétaire.

Département du Lot-et-Garonne.

A. BRUN, préfet à Agen.
JEAN DE VEZIN, évêque d'Agen.
RAYMOND (comte de), maire de la ville d'Agen.
DUFORT DU BATIMENT (Désiré), conseiller à la Cour royale, à Agen.
PRADINES, inspecteur de la culture des tabacs, à Agen.
DESTERMES, notaire à Agen.
COQUET, propriétaire à Agen.
DUCOS, avocat à Agen.
Vᵉ DE LACAUSSADE, née DE DRÊME, à Agen.
BAYLIN DE MONBEL, sous-préfet de Nérac.
DETROIS (Charles), maire de Nérac.
PERÈS, président du tribunal civil à Nérac.
LAFFITTE (Charles), procureur du Roi, à Nérac.
A. L. DE MONTAULT, curé de Nérac.
DASTE, substitut du procureur du Roi, à Nérac.
DECAN, ancien secrétaire de la sous-préfecture, à Nérac.

MM.

DUTHIL, député de l'arrondissement, à Ste-Catherine.
DARNAUD, receveur principal, à Nérac.
LARRAT, propriétaire, à Nérac.
L. D'ALBERT DE LAVAL, à Nérac.
LUSIGNAN (le marquis de), pair de France, membre du conseil général, à Xaintrailles.
DE VIGIER, membre du conseil général, à Mezin.
DE MÉLIGNAN, à Mezin.
MONDENARD, à Autièges, commune de Fieux, canton de Francescas.
FAULON, propriétaire, à Barbaste.
LABAT, à Comblat, près Barbaste.
J. AURIÈRE, curé de Lavardac.
TRENQUELLÉON (le baron de), près Feugaroles.
D'ANGEROS, à Ste-Marthe près Feugaroles.
GUILLOUTET, propriétaire, à Castel-Vieil, près Feugaroles.
A. B. GIMAC, maire à Thomas, commune de Feugaroles.
F. L. BONNIN, curé à Bruch.
MENIGAULT, à Bruch.
DABADIE, maire de Bruch.
LAPÉRIÈRE, au Mirail, près le port de Pascaut.
BOÉ, recteur, à Montesquieu.
J. M. CAPITEAU, conseiller municipal à Montesquieu.
DUNES père, conseiller municipal à Montesquieu.
RIVIÉ, propriétaire à Montesquieu.
BOUYON DE LAPRADE, à Francissé, commune de Montesquieu.
RIGAUD, officier retraité, chevalier de la Légion-d'Honneur, à Montesquieu.
DUFOURC DE CHAUMEL père, à Montesquieu.
DUFOURC DE CHAUMEL fils aîné, à Montesquieu.
DAUZAC DE LAMARTINIE, à la Carcine, commune de St-Laurent.
PLANTADE, recteur, à St-Laurent.
J. CONQUERET, propriétaire, à St-Laurent.
FERDINAND LAVIELLE, à St-Laurent
LAVIELLE, maire, à Port Ste-Marie.
SANSAC DE TAPOL, juge-de-paix, à Port Ste-Marie.
GAZERE fils, à Port Ste-Marie.

MM.
- FEUILHERADE, docteur médecin, à Port Ste-Marie.
- GAUCHÉ, docteur médecin, à Port Ste-Marie.
- ROGER-BELLEGARDE, à Clermont Dessous.
- L. SEVIN LILE, à Clermont Dessous.
- DUFORT, propriétaire à Sérignac.
- LAMOLAIRE, docteur médecin à Sérignac.
- LARREY, recteur, à Sérignac.
- LANDAU, recteur, à Montagnac.
- CARRÈRE, recteur, au Saumon.
- CAUDÈRE DE ST-LOUP, maire à Montagnac.
- CASSE, recteur à Béquin, commune de Montesquieu.
- IMBERT DE CARDERAN, propriétaire, commune de Calignac.
- LAPORTE, propriétaire, à Tonneins.
- LUPPÉ (le marquis de), à Tonneins.

MM.
- FABRE, garde-magasin, à Aiguillon.
- DE CHAMPTASSIN, contrôleur au magasin des feuilles, à Aiguillon.
- MAUTOR père, à Aiguillon.
- GARRIGUE DE PERNAC, avocat à Aiguillon.
- DUBROCA, notaire à Aiguillon.
- ALCIDE DE DRÉME, au Château de Gasque (Tarn et Garonne).
- A. DE BLAVIEL, près Cahors.
- Mme DESPLAS, à Cahors.
- SIREYZOL, recteur, à Mayraguet, canton de Souillac.
- BOURSY, régisseur de la manufacture des tabacs, à Toulouse.
- NIDELET, contrôleur de la manufacture des tabacs, à Toulouse.
- N. MOULAS, propriétaire, à Toulouse.
- FONBRUNE, sous-préfet, à Bagnères de Luchon.

AVERTISSEMENT.

L'Angleterre est la première puissance maritime, commerçante, manufacturière de notre époque. Son commerce a pris plus d'extension que jamais n'avait fait celui des Portugais d'abord, puis celui des Hollandais; il les a absorbés. Elle inonde ou cherche à inonder le globe de ses produits; de là son invasion en Chine. Quelle est la cause de cette prépondérance qui ne peut être balancée sous bien des rapports, et dans la situation où se trouvent aujourd'hui les divers états de l'Europe, que par la Russie dont les accroissemens successifs et rapides inquiètent sa rivale? Elles se regardent, se mesurent des yeux, si je puis m'exprimer ainsi, en attendant qu'elles s'attaquent : sujet de méditation profonde et qui a donné lieu à la publication de l'ouvrage annoncé par le prospectus suivant que j'avais commencé de communiquer à mes amis au mois de juin de l'année dernière.

PROSPECTUS.

Un citoyen recommandable de notre département, a pensé que dans un temps où les Anglais, après avoir renversé l'empire des Mogols dans l'Inde, attaquent celui de la Chine, la plupart des lecteurs, ses compatriotes, ne liraient pas sans intérêt l'histoire si peu connue du peuple chinois. Il vient d'en faire un résumé sur des mémoires qu'il avait eus sous les yeux dans sa jeunesse, et dont il avait fait une analyse assez étendue, ayant retrouvé cette analyse parmi une infinité de notes historiques qu'il a rassemblées pour en composer et compléter un cours d'histoire.

Ce n'est pas par esprit de spéculation que l'auteur s'est décidé à livrer cet ouvrage à l'impression; il n'y a été déterminé que d'après le conseil de ses amis, et comptant un peu d'ailleurs sur l'estime et l'intérêt qu'il croit avoir mérité de ses concitoyens, depuis si long-temps qu'il vit au milieu d'eux. Ils y trouveront une suite de faits intéressans, qui les mettra au courant de la situation où ont été amenées successivement l'Inde et la Perse dans nos temps modernes, et leur fera connaître à quel degré de puissance se sont élevés les Anglais dans l'Inde, et quelle influence ils ont acquise sur les populations même restées indépendantes. Ils sentiront que la Russie qui confine à la Perse aujourd'hui, aussi bien qu'à la Chine, et qui est prépondérante dans les conseils du schah de Perse, peut seule contrebalancer la puissance anglaise dans ces importantes et riches contrées, et que, si la France se trouve réduite à n'être que simple spectatrice de ces grands différens, c'est à ses désordres politiques qu'elle en est redevable.

Ce qu'il y a d'avantageux pour la plupart des lecteurs qui n'aiment pas les longs ouvrages, c'est que dans un cadre très-resserré, rien d'essentiel n'est omis dans le précis historique que nous présentons au public.

PREMIÈRE PARTIE.

RÉSUMÉ HISTORIQUE SUR LA PERSE.

Il est peu d'états qui aient subi autant de révolutions que la Perse, surtout dans nos temps modernes. Tributaire des Mèdes dans les temps anciens, elle forma ensuite avec ce peuple auquel elle s'unit, une puissante monarchie que détruisit Alexandre-le-Grand. Soumise quelque temps aux Séleucides, successeurs du conquérant Grec dans une partie de l'Asie, elle devint une portion de l'empire des Parthes fondé par Arsace, et qui sut se maintenir contre un colosse de puissance, la puissance romaine, malgré tous ses efforts pour le renverser. Cette domination des Parthes dans la haute Asie repassa aux Perses, par la valeur de l'un de leurs compatriotes, Artaxerxe-le-Persan, fils de Sassan, qui leur rendit l'indépendance et rétablit leur ancien empire.

Celui de ses successeurs qui se distingua le plus et laissa un nom à jamais mémorable, fut Nouschirwan ou Khosroës-le-Grand, successeur de Cabades. Il monta sur le trône qu'il devait tant illustrer, l'an 531 de l'ère chrétienne. Il fut le premier qui soumit la plus grande partie de l'Arabie heureuse et de la Pétrée; il dompta les Tartares jusqu'aux frontières de la Chine, rendit les Indiens ses tributaires, enleva aux Romains un grand nombre de provinces, et l'empereur de Constantinople effrayé du progrès de ses armes, se réduisit à lui payer tribut comme tant d'autres souverains. Son administration intérieure lui concilia l'amour de ses peuples, la sagesse présidant à tous ses conseils. On le vit encore à l'âge de 80 ans à la tête de ses armées, ravageant la Mésopotamie, la Syrie, réduisant en cendres Antioche, faisant la conquête de la province de Militène; mais enfin défait par les Romains contre lesquels il était resté jusqu'alors invincible, il se vit, pour la première fois, obligé de fuir devant eux. Il mourut en 578. Ce fut vers la fin de son règne que naquit l'imposteur Mahomet. Il avait donné, avant de mourir, à son fils et successeur Hormizdas, d'excellens avis qu'il ne suivit pas. A peine monté sur le trône, il s'en rendit indigne et fut déposé par les Grands, qui établirent roi, à sa place, son fils Khosroës, de même nom que son aïeul, mais bien éloigné de lui ressembler. Son premier acte d'autorité fut de faire poignarder son père. Ce crime le fit descendre du trône sur lequel il fut ensuite rétabli.

Ses successeurs furent successivement Siroës, Adézer, Sarbarazas, la reine Borane et enfin Hormizdas IV du nom, à qui les Sarrasins enlevèrent la Perse sous leur calife Omar, à la suite d'une action meurtrière près de Madaïn, qui coûta la victoire et la vie à Hormizdas ou Jezdegirdes, le dernier de la dynastie des Sassanides. La Perse devint musulmane et resta quelque temps sous l'empire des Califes.

Sous le califat d'Al-Mamon, l'an 205 de l'hégire, 820 de J.-C., Thaher y fonda une dynastie particulière qui dura 56 ans, sous cinq princes.

A cette première dynastie succéda, l'an de l'hégire 259, de J.-C. 872, celle des Soffarides, qui n'eut que trois princes, après laquelle, au bout de 34 ans, s'établit en Perse celle des Samanides qui subsista 110 ans, sous neuf princes, et à laquelle succéda celle des Gaznevides, qui commença l'an de l'hégire 384, de J.-C. 994, et dura 155 ans, sous 14 princes, jusqu'à l'an de l'hégire 539, de J.-C. 1144, que s'établit celle des Gaurides, qui subsista 64 ans, sous cinq princes, depuis l'an de l'hégire 546, de J.-C. 1150, jusqu'à l'an de l'hégire 609, de J.-C. 1212.

Vint ensuite la dynastie des Khovaresmiens, établie par Kothbeddin-Mohammed et qui eut quatre princes, jusqu'à l'an de l'hégire 628, de J.-C. 1230, que Giarmagun acheva de soumettre toutes les provinces de Perse à Octaï-Khan, fils de Genghiz-Khan, par la défaite et la mort de Gelaleddin, le dernier Khouaresmien.

Gassur-Khan, aïeul de Ginghiz-Khan, s'étant mis à la tête des Tartares-Mongols, força plusieurs autres tribus à devenir ses vassaux, et fonda ainsi une espèce de monarchie que son fils affermit, et que Ginghiz-

Khan étendit dans la plus grande partie de l'Asie. Après avoir réuni sous sa domination la Tartarie entière, il pénétra dans la Chine septentrionale, appelée alors Katai, prit Cambalu aujourd'hui Pé-kin, et étendit ses conquêtes jusqu'au fond de la Corée. Revenant de là sur ses pas, à la nouvelle du mauvais traitement fait à ses ambassadeurs par Mohammed-Kothbeddin-Kouaresim-Schah, Sultan de Perse, il le rencontre près de la ville d'Otrar, capitale du Turkestan, le bat, prend cette ville et Bokharah, capitale de la Bukharie ; envoie une de ses armées soumettre l'Indostan, l'autre le Khorasan, l'Irack, le Schirvan et l'Iran ; une autre qui, se dirigeant le long du Volga, va ravager la Moscovie ou Russie, et revient joindre Ginghiz-Khan. Celui-ci ayant appris à Toucat, dans l'ancienne Sogdiane, que le royaume de Tangut situé dans ce qu'on appelle aujourd'hui la Tartarie chinoise, venait de se révolter, accourt pour le réduire de nouveau sous le joug, et après n'y avoir laissé que des ruines, se proposait d'aller achever la conquête de la Chine, lorsqu'il mourut dans son camp, en 1226.

Holagou, fils de Touli-Khan et petit-fils de Ginghiz-Khan, poursuivit les conquêtes de son aïeul dans l'Asie Occidentale et renversa le califat.

Abaka-Khan son fils, qui lui succéda l'an de l'hégire 663, de J.-C. 1264, répara les désastres inséparables des conquêtes et rendit le calme à l'empire que venaient de fonder les Mogols, sous son père. Sa domination s'étendait sur le Khorazan, l'Irac Persienne, l'Irac Babylonienne, l'Adherbigian (l'ancienne Médie), le Fars, Pars ou la Perse proprement dite, le Khusistan (l'ancienne Susiane), le Diarbékir (l'ancienne Mésopotamie), la province de Rum ou l'Asie Mineure. Il rétablit la ville de Bagdad qui avait été extrêmement endommagée par le siége qu'en avait fait son père. Il sut contenir les Mogols dans une exacte discipline; les Musulmans n'eurent pas à se plaindre de ce prince, et il favorisa tellement les Chrétiens, qu'on a cru qu'il l'était. Il avait épousé une fille de l'empereur des Grecs, Michel Paléologue.

Barka-Khan, l'un des descendans de Juji dans le Kipjak, ayant entrepris de pénétrer en Perse par les défilés du mont Caucase, l'an de l'hégire 664, de J.-C. 1265, fut défait à Derbent par Schamar, frère d'Abaka. Il revint bientôt après, avec de nouvelles forces plus considérables que les premières, et s'avança jusqu'à Teflis. Il était au moment de livrer une seconde bataille aux Mogols, quand la mort le prévint et débarrassa Abaka d'un ennemi redoutable, son armée s'étant dissipée quand elle se fut trouvée sans chef.

Barack-Oglan, cinquième Khan de la race de Giagathai, qui régnait dans la grande Bukharie, vint aussi attaquer la Perse trois ans après et se saisit du Khorasan. Abaka remporta sur ce nouvel ennemi une grande victoire, l'année suivante, dans les environs de Hérat, et le força de repasser le Géhon ou Amu. Il ne fut pas si heureux dans sa dernière expédition qui fut celle contre Seifedden, sultan d'Egypte; son armée fut taillée en pièces avec le général qui la commandait, Mangou-Timur. Le prince Abaka périt de mort violente, soupçonné d'avoir été empoisonné par son premier ministre Schamseddin.

Nicondar-Oglan, son frère cadet, lui succéda au préjudice du fils qu'il avait laissé et qui se nommait Argoun, par les intrigues de Schamseddin qui cherchait à s'assurer l'impunité de son crime, aussi fut-il maintenu dans toutes ses charges et emplois aussi bien que son frère. Le nouveau Khan fut le premier des princes Mogols qui embrassa le Mahométisme, changeant alors son nom en celui d'Ahmed-Khan. Il écrivit au Sultan d'Egypte et de Syrie Al-Malek-Al-Mansour-Kelaoun, pour lui faire part de sa conversion au musulmanisme, et de ses bonnes dispositions en faveur des Musulmans qu'il était dans l'intention de protéger et de favoriser en toutes choses. Ce changement de religion ne plut pas aux Mogols qui étaient plus disposés en faveur du Christianisme que du Mahométisme, et précipita sa chûte du trône, où il était monté l'an de l'hégire 681, de J.-C. 1282. Argoun, son neveu, mécontent d'en avoir été privé, attisait secrètement le feu de la révolte. Il s'était retiré dans le Khorasan où il fit tous ses préparatifs et se déclara enfin deux ans après. Ahmed ayant appris tous ses mouvemens, de Bagdad où il était, envoya contre lui un général expérimenté qui n'eut pas de peine à dissiper les forces qu'avait ramassées le jeune prince, et à lui persuader ensuite de venir se mettre entre les mains de son oncle dont il lui faisait espérer le pardon. Ahmed, sitôt qu'il eût son neveu en son pouvoir, le fit garder très-étroitement, avec ordre, à l'un de ses émirs, de lui ôter la vie au bout de sept à huit jours; mais l'émir, au lieu d'exécuter cet ordre sanguinaire, mit Argoun en liberté, et, de concert avec lui, fit périr le général d'Ahmed avec ses principaux officiers qu'on savait être les plus dévoués au Khan, pendant que celui-ci, se reposant sur la fidélité de son émir, se livrait à son goût pour les plaisirs et la mollesse. A la nouvelle de cette trahison, Ahmed prit la fuite pour se dérober au sort qui l'attendait, mais ayant été poursuivi et pris, il fut livré à une femme vindicative, belle-mère d'Argoun, qui lui ôta la vie comme il l'avait ôtée à ses enfans, ce qui arriva l'an 683 de l'hégire, de J.-C. 1284.

L'émir Bouga qui avait si bien servi Argoun, obtint de lui la première charge de l'empire. Schamseddin-Saïd qui était chef du conseil sous Ahmed, s'était retiré, mais il fut rappelé par le nouveau Khan qui connaissait ses talens et le cas qu'on en faisait généralement. L'émir Bouga souffrant impatiemment de voir son autorité partagée, accusa Schamseddin auprès d'Argoun d'avoir été l'auteur de la mort de son père Abaka. Le Khan, sans examen, sans aucune recherche de la vérité de cette allégation, sacrifia l'homme d'État qui faisait le plus d'honneur à l'empire, à l'ambition de son rival. Bouga délivré d'un collègue éclairé qui le gênait dans ses projets d'élévation et de grandeur, ne mit plus de bornes à ses prétentions; il n'y eut que le trône qui put satisfaire son ambition effrénée et il songea à en faire descendre son maître. Pendant qu'il s'occupait des moyens de faire réussir son entreprise, il périt misérablement.

Il était de la destinée d'Argoun-Khan de se laisser subjuguer : séduit par les saillies d'un médecin juif, d'une conversation très-agréable, il lui accorda un tel degré de confiance, que rien ne se faisait plus que par les ordres de ce nouveau favori. Les Musulmans perdirent tout crédit auprès du Khan, il n'y eut plus de faveurs que pour les Juifs et les Chrétiens, car ces derniers avaient toujours conservé de l'influence chez les princes Tartares. On murmurait hautement contre le Khan et son ministre Saadeddoulat. Le Khan tomba dangereusement malade, et avant de mourir, il eut le déplaisir d'apprendre que les mécontens avaient massacré son favori. La mort d'Argoun-Khan est rapportée à l'an de l'hégire 690, de J.-C. 1291. Ce Khan étendait son pouvoir sur les provinces de Rum ou de l'Asie Mineure, puisqu'il confirma Massoud, fils de Kaicaous, dans les états qu'y possédaient encore ces restes des Selgioucides. Ce Massoud fut l'avant-dernier Sultan de cette race.

Ganguiatu ou Kaikhtu fut mis à la tête de l'empire fondé par les Mogols dans l'Asie Occidentale, après la mort d'Argoun-Khan, dont le fils Gazan obtint le gouvernement du Khorasan. Un autre petit-fils de Hulagu ou Houlagou, Baïdu-Ogul, fils de Targai, ambitionnait l'empire. Ses partisans, qui étaient en grand nombre, après avoir fait périr Ganguiatu, l'an 694 de l'hégire, 1294 de J.-C, le proclamèrent dans la ville de Hamadan. Gazan travaillant à venger la mort de Ganguiatu, fut assez adroit pour attirer dans son parti les principaux soutiens de Baïdu, contre lequel il envoya son général Neuruz. Baïdu abandonné des siens, chercha une retraite dans la ville de Nakhgivan, mais poursuivi vivement, il fut enlevé sur la route par Neuruz, qui lui ôta la vie avec le trône qu'il n'avait possédé que huit mois seulement.

L'Émir Neuruz à qui Gazan devait l'empire, obtint le gouvernement important du Khorasan; mais il périt bientôt, victime de la jalousie des courtisans qui le rendirent suspect à la cour, par leurs calomnies. Ce gouvernement fut donné à Algiaptu, par le Sultan son frère. Gazan eut des démêlés avec Kalaoun, Sultan d'Egypte, et pour être plus à portée de la Syrie, le sujet de leurs différens, il résidait à Hamadan, quoique la capitale de ses états fut Tauris où il avait été couronné. Il gagna une grande victoire sur Nasser, fils de Kalaoun, auprès de la ville d'Émèse. Celle de Damas fut prise par composition, et tout le reste de la Syrie subjugué. Les Syriens impatiens du joug des Mogols, s'entendirent pour les égorger dans tous les lieux de leur pays où ils avaient été établis en garnison, après l'éloignement de Gazan et son retour à Hamadan, ce qui l'obligea de rentrer en Syrie. Ses armes n'y furent pas si heureuses cette fois : en ayant confié le sort à ses généraux, ils se laissèrent battre par Nasser, qui eut ainsi sa revanche. La mort de Gazan, arrivée en 1303, suivit de près ce revers. Son frère Algiaptu fut son successeur. Il embrassa l'Islamisme à l'exemple de son frère; et fut un zélé Musulman. La ville de Sultanie lui dut sa fondation, et il y établit le siège de son empire. Une irruption des Turcs, qu'il repoussa du Khorasan, le détermina à donner le gouvernement de cette vaste province à son fils Abusaïd, bien jeune encore, mais dirigé par un habile ministre. Étant mort en 1316, il eut pour successeur ce fils, sous la régence de Juban, chef des armées de l'état. Cette tutelle se prolongeant trop au gré du jeune prince à qui on ne laissait que le titre de Sultan, sans la moindre autorité, il se plaignit et trouva des courtisans assez complaisans pour le défaire d'abord du fils de Juban qui avait pris autant d'autorité que son père et osé entretenir un commerce d'amour avec une des femmes du feu Sultan son père, et ensuite de Juban lui-même. Nous verrons ailleurs la fin tragique d'Abusaïd, qui trouva aussi la mort au sein de l'amour. Il périt sans laisser d'enfans. Sa succession passa (*) à Arba-Khan, de la famille aussi de Houlagou par l'un de

(*) Non pas entièrement : Abusaïd avait fait gouverneur de la ville d'Iésid ou Iezd, dans le Khorasan, l'an 718 de l'hégire, 1318 de J.-C., Schah Mohammed-Ben-Modhaffer qui se rendit indépendant à la mort de celui dont il tenait son gouvernement, et monta à un assez haut degré de puissance, ayant fait des conquêtes importantes dans le Kerman et le Pars ou la Perse proprement dite, fondant ainsi la dynastie des Modhafferiens dont il fut le premier sultan. Il eut pour successeur son fils Schahschegia ou Schagia qui ajouta, aux possessions que son père lui avait laissées, l'Irak Persienne, se montrant le protecteur des gens de lettres avec lesquels il aimait à avoir de fréquentes conférences, et joignant à la réputation de valeur celle d'un grand amour pour la justice. Il mourut après un règne glorieux de 26 ans, 788 de l'hégire, 1386 de J.-C., laissant pour successeur son fils Ali-Zeinalâeden. Son cousin Schamansor-Ben-Hodmaffer, neveu de Schah-Schegia, lui fit la guerre avec avantage, le fit son prisonnier en deux rencontres, et craignant qu'il ne lui échappât la seconde fois comme il l'avait fait la première, il le priva de la vue pour le rendre incapable du trône qu'il lui ravit après la conquête de la ville de Schiraz, 790 de l'hégire, 1388 de J.-C. Cinq ans après, un ennemi bien autrement formidable, Tamerlan, déjà maître d'Ispahan, vint l'attaquer à Schiraz et anéantit par sa mort la dynastie des Modhafferiens.

ses petits-fils dont il descendait en ligne directe. Dans les premiers jours de son règne qui ne fut que de six mois, il fit mourir la trop célèbre Bagdad-Khatun, soupçonnée de la mort de son époux Abusaïd, à qui elle avait été infidèle quoiqu'elle en en fut chérie. Il perdit lui-même la vie par les mains d'un autre descendant de Houlagou, qui la lui ravit avec la couronne. Celui-ci éprouva le même sort, et c'est ainsi que la famille de Ginghiz-Khan se détruisait par des divisions intestines, comme il arrive à tous les conquérans, jusqu'à ce qu'elle fut dépouillée entièrement par Timur-Beg ou Tamerlan, autre conquérant Tartare. La dynastie des Mogols avait régné sur la Perse pendant 108 ans, sous treize princes, jusqu'à l'an 736 de l'hégire, 1335 de J.-C. Celle des Timurides eut le même sort. Abousaïd, arrière-petit-fils de Tamerlan, fut surpris et tué dans une embuscade qui lui fut dressée dans les montagnes, près de Tauris, par Hassan-Beg ou Ussum-Cassan, de la dynastie du mouton blanc, l'an 873 de l'hégire, 1468 de J.-C.

Ussum-Cassan était gouverneur de l'Arménie sous le roi Jehan-Schah, de la dynastie du mouton noir, dont il s'était défait en bataille rangée, aussi bien que de ses fils, un seul excepté, Hassan-Ali qui eut recours au Sultan Abusaïd-Mirza, arrière-petit-fils du fameux Timur-Beg. Ce prince, qui jusqu'alors avait été si heureux dans toutes ses expéditions, périt, ainsi que nous venons de le dire, dans un embuscade que lui dressa Ussum-Cassan. Ali ayant ainsi perdu son protecteur, ne put tenir contre les armes d'Ussum-Cassan. Il fut défait et tué avec ses fils. L'Azerbéjan, le Pars, le Kerman, l'Irak Arabique furent les fruits des diverses victoires d'Ussum-Cassan qui, établi sur le trône de Perse et fier de ses succès, voulut se mesurer avec Mahomet II, Sultan des Turcs; il s'allia contre eux avec l'empereur de Trébisonde, qui ne balança pas de lui donner sa fille en mariage, malgré la différence de religion; mais les armes d'Ussum-Cassan ne furent plus si heureuses, et, dès ce moment, ses affaires allèrent en décadence. Il mourut en 1477, après un règne d'onze ans. Pour plaire à ses nouveaux sujets, sectateurs d'Ali, il avait embrassé avidement la doctrine du Scheik-Haydar, connu sous le nom de Sophi.

Du temps de Timur-Beg, il y avait à Ardebil, ville de l'Azerbéjan, à l'orient de Tauris, un homme estimé par ses vertus, nommé Scheik Sefi, Safi ou Sofi, descendant en ligne directe et masculine d'Ali, gendre de Mahomet, par la branche d'Husseyn, deuxième fils d'Ali, selon la généalogie qu'en donnent les Persans. Le conquérant qui aimait à s'entretenir avec les hommes extraordinaires en tous genres, vainqueur de Bajazet, à son retour de l'Anatolie en Perse, emmenant avec lui un grand nombre de prisonniers qu'il était dans l'intention de sacrifier, selon sa coutume et celle de sa nation, en quelque occasion d'éclat, alla visiter l'homme en réputation de sainteté, et lui ayant offert de lui accorder telle grâce qu'il voudrait lui demander : l'homme plein de miséricorde et de charité, lui demanda la vie de ses prisonniers. Timur les lui remit entre les mains; Sefi ne les eut pas plus tôt en son pouvoir, qu'après les avoir munis de tout ce qui leur manquait, il les renvoya chacun dans son pays. Ce trait de bienfaisance et d'humanité, qui avait eu tant de témoins intéressés, fit du bruit en tous lieux, lui gagna tous les cœurs, et lui concilia, ainsi qu'à sa famille, l'estime universelle. Aboul-Cassem ou Juneid, son arrière-petit-fils, acquit un tel crédit dans l'Azerbéjan, qu'il allarma Jehan-Schah, fils de Kara-Yusef, troisième prince de la dynastie du mouton noir. Juneid fut obligé de s'éloigner et de se retirer dans le Diarbek, où régnait Hassan-Beg ou Ussum-Cassan, prince turcoman de la dynastie du mouton blanc, qui l'accueillit et lui donna sa sœur Kadija-Katun, dont il eut un fils nommé Haydar, à qui Hussum-Cassan, maître des états de Jehan Schah qu'il avait défait et tué, pour reconnaître les services que lui avait rendus le père en cette occasion, donna sa fille. De ce mariage vinrent deux fils, dont le second fut Ismaël, qui naquit en 1486. Juneid avait été tué dans une expédition dans le Schirvan. Haydar éprouva le même sort en voulant venger la mort de son père.

La succession d'Ussum-Cassan fut disputée entre ses fils et petits-fils, qui se firent la guerre. Du nombre de ces derniers fut Rustan-Beg, libérateur d'abord d'Ismaël et de son frère, faits et retenus prisonniers, et ensuite meurtrier de celui-ci. Il n'y eut plus que désordre, confusion, anarchie dans les différentes provinces de la Perse. Ismaël-Sofi, échappé à la mort, en profita pour s'élever. Il prit les armes en 1499. Sa première conquête fut le Shirvan, où il défit et tua le meurtrier de son père. Il s'empara ensuite, sur les petits-fils d'Ussum-Cassan, de l'Azerbéjan, puis de l'Irak Persienne, du Pars, du Kerman, du Khusistan, d'une partie de l'Arménie ; il enleva le Khorasan et le Mawaralnahr au Khan des Usbeks qui en avait fait la conquête sur les descendans de Timur-Beg, et auquel il arracha la victoire et la vie. Maître de la Perse entière, il n'eut pas de peine à s'en faire reconnaître roi, à cause de sa descendance et de la doctrine qu'il professait comme ses ancêtres, et qui était si agréable aux Persans, flattés de suivre une doctrine opposée à celle des Turcs leurs ennemis.

Ismaël I du nom, affermi sur le trône de Perse, fit la guerre aux Turcs et battit Selim I leur sultan; il mourut en 1522, laissant ses états à son fils Schah-Thamas. Celui-ci eut une longue et cruelle guerre à soutenir contre le sultan Soliman qui remporta sur lui les plus grands avantages et fut sur le point de le détrôner; mais après avoir éprouvé bien des pertes, ce second Sophi vint à bout de repousser les Turcs. Les Usbeks, devenus maîtres du Karazm et de la Grande-Bukharie, l'inquiétèrent aussi beaucoup.

Son fils Schah-Ismaël II lui succéda en 1576, et mourut empoisonné après deux ans de règne tout au plus. Son frère, le seul qu'il eût épargné parce qu'il était aveugle, Mohammed-Kodabendeh, fut proclamé son successeur. Il fit une guerre désavantageuse à Amurat, Sultan des Turcs, perdit la ville de Tauris, et mourut, après six ans de règne, en 1585, laissant pour son successeur un fils nommé Schah-Abbas, qui s'est rendu si célèbre qu'il en a reçu le surnom de Grand: on convient qu'il l'a mérité, malgré son extrême sévérité qui tenait de la cruauté. Il était magnifique et libéral, et donna tous ses soins à l'établissement des villes, y faisant construire les édifices les plus somptueux. Il enleva aux Uzbeks toutes leurs conquêtes dans le Khorasan, reprit sur les Turcs tout ce que Selim et Soliman avaient enlevé à la Perse; chassa d'Ormus, avec le secours des Anglais, en 1622, les Portugais qui s'en étaient rendus maîtres dès 1507. Il embellit Ispahan dont il avait fait la capitale de ses états. Il protégea les arts et appela les savans à sa cour pendant tout son règne qui se termina en 1629. Il avait fait périr son fils sur de légers soupçons, et en conçut les plus vifs regrets. On a dit de lui qu'il était petit de taille, mais un géant en politique.

Schah-Sophi, son petit-fils et successeur, n'hérita pas des grandes qualités de son aïeul en héritant de son trône. Ce fut un monstre de cruauté; il n'épargna ni ses parens les plus proches ni ses plus fidèles serviteurs. Le grand Mogol Schah-Géan lui enleva Candahar, sur les frontières de l'Inde, jusqu'où s'étendait l'empire des Sophis, et le Sultan Amurat IV Bagdad, qu'il prit d'assaut. Depuis lors, la monarchie persane déclina sensiblement. Les eunuques gouvernaient l'empire, et le prince livré à la mollesse leur en abandonnait les rênes.

Schah-Abbas II, successeur de Sophi, en 1642, reprit néanmoins Candahar. Il était tolérant et n'inquiéta aucun de ses sujets pour cause de religion, ayant coutume de dire que la conscience de chacun ne relevait que de Dieu seul. Il avait de grands projets de conquêtes et avait fait, pour les effectuer, de grands préparatifs sans pressurer ses peuples, mais en retranchant de ses dépenses superflues et en supprimant plusieurs sinécures; mais sa mort survenue en 1666, et due à son goût passager pour une danseuse, en arrêta l'exécution. Il n'était âgé que de 37 ans, dont il en avait régné 24. Schah-Sefi-Ismaël III, ou Soliman, comme d'autres l'appellent, son aîné, fut son successeur. Ensuite régna Muza-Sophi, prince faible.

Schah-Husseyn, successeur de Musa-Sophi, en 1694, ayant maltraité les Afghans, colonie de Tartares établie dans les montagnes du Candahar, ceux-ci se soulevèrent et mirent à leur tête, en 1709, Myrr-Weis, qui, après s'être défait adroitement du gouverneur de Candahar, se saisit de cette forte place et de toute la province de ce nom dont il se fit déclarer roi. Le prétexte de sa révolte était le dessein qu'il prétendait avoir d'obliger le Sophi à embrasser la doctrine d'Omar et à abjurer celle d'Ali (*), ce qui lui concilia d'abord les Turcs; il fut aussi appuyé par le grand Mogol. Son incontinence le perdit : ayant enlevé une femme à son mari, l'un des principaux seigneurs du Candahar, il fut assassiné en 1715, par le fils de cette femme outragée qui voulut venger l'injure faite à son père, dans le sang de son auteur. Avant d'expirer, il choisit pour son successeur, à cause de la jeunesse de ses fils, son frère Mir-Abdallah, qui ayant voulu s'arranger avec Husseyn, fut tué par l'un de ses neveux, Mahmoud, l'aîné

(*) Les Mahométans sont divisés sur le point de savoir lequel d'Omar ou d'Ali fut le légitime successeur de Mahomet. Ces deux sectes, les Sunnites et les Schiites, se portent réciproquement une haine mortelle. La dernière, suivie par les Perses, est beaucoup moins intolérante que l'autre, suivie par les Turcs.

de Mir-Weis, âgé de dix-huit ans. Les Afghans approuvèrent la conduite de Mahmoud et le reconnurent pour leur chef. Celui-ci aussi hardi, aussi entreprenant que son père, spéculant sur la faiblesse et l'incapacité du Sophi qui, ne tenant aucun compte des services de son général et de son premier ministre, les sacrifiait sur de faux rapports aux passions de leurs envieux, ne médita rien moins que la conquête de la Perse. Il la tenta avec moins de 30000 hommes et marcha vers la capitale où tout était dans la confusion. Le Sophi perdit une bataille qui fut suivie de la prise d'Ispahan réduite à la famine par un long siége prolongé à dessein par Mahmoud qui se trouvait intéressé à en réduire la population. Ce farouche vainqueur, en faveur duquel le faible Husséin abdiqua en 1722, commit les plus horribles cruautés dans cette capitale, et ne respecta pas même les traités de commerce que les rois de Perse avaient faits avec les Européens. La Porte Ottomane ayant alors ouvert les yeux sur les desseins de l'usurpateur, retira ses troupes auxiliaires en 1725, et se mit même à agir contre lui. Mais Mahmoud remporta d'abord de grands avantages sur les troupes qui furent envoyées contre lui. Après avoir pris Schiraz, il échoua devant Yezd et éprouva une mutinerie de ses troupes qui le détermina, pour les calmer, à se livrer à des pratiques religieuses extravagantes. Mahmoud, devenu frénétique par l'effet de ces pratiques, trempa ses mains dans le sang de presque toute la famille royale de Perse, en épargnant toutefois Husséin, et périt lui-même, après avoir désolé ce beau royaume, sous les coups d'Ashraf, Askraff, Archraff ou Echeferef, fils d'Abdallah, et qui succéda à son cousin dans son usurpation, en 1725 ou 1726. Les ennemis extérieurs, profitant des divisions qui agitaient le royaume, y entrèrent de tous côtés. Les Turcs tombèrent sur la Géorgie, objet continuel de guerre entre les deux peuples, et les Russes sur le Shirvan vers les portes de Derbent

Thamas, l'un des fils de Schah Husséin, échappé au massacre qui avait été fait de sa famille, avait rassemblé ceux de ses sujets qui lui étaient resté fidèles ; il tenait encore quelques places. Nadir, fils du gouverneur du Khorasan, se déclara pour lui ainsi que la ville de Tauris. Aussi prudent que courageux, Nadir eut bientôt rappelé la victoire sous les drapeaux de celui dont il avait embrassé la cause. Mis à la tête des armées, il reçut le nom de Thamas-Kouli-Khan, s'empara d'Ispahan, remit toute la Perse sous l'autorité de son légitime maître, défit, près de Kandahar, Azraf, meurtrier de Husséin, le fit prisonnier et lui fit trancher la tête en 1730. Enflé de ses succès, après avoir rétabli le prince sur le trône de ses pères, il ne songea à rien moins qu'à le lui enlever pour y monter lui-même. Il le tint enfermé dans la capitale du Khorasan, et continuant d'agir en son nom, il déclara la guerre aux Turcs pour se rendre nécessaire, les battit à Erivan, en 1736, et leur reprit la Turcomanie. Il conclut en même temps la paix avec les Russes. Il ne lui manquait que le nom de roi : après avoir fait crever les yeux au prince Thamas, il le prit, sous le nom de Schah-Nadir, et alla se faire couronner à Kasbin, selon l'usage des rois de Perse. Il avait placé sur le trône, quelque temps auparavant, le fils de Schah-Thamas, qui n'était qu'un enfant, mais c'était un jeu concerté avec ses créatures ; il sacrifia le royal enfant comme il avait sacrifié le père. Après avoir repris aux Turcs la plus grande partie du Diarbek, il conclut la paix avec eux dans le dessein où il était d'aller conquérir l'Inde.

Depuis l'invasion de Tamerlan dans la haute Asie, il s'était formé dans l'Inde un puissant empire : celui des Mogols. C'était le sultan Babar, arrière-petit-fils de Tamerlan, qui avait achevé cette grande conquête. Il avait soumis à sa domination tout le pays qui s'étend depuis Samarcande jusqu'au delà d'Agra. Son fils Amagum lui avait succédé à sa mort arrivée en 1552. Détrôné par Chircha, prince de la nation des Patanes, il fut rétabli par les Persans chez lesquels il avait trouvé une retraite et des secours, et ce rétablissement lui valut le surnom de Fortuné. Akbar, son fils et successeur, étendit ses frontières et sut se faire aimer par sa générosité et sa bienfaisance, comme il avait su se faire craindre par son courage. Il enleva Kandahar aux Persans. Une méprise lui coûta la vie : il s'empoisonna par mégarde, en 1605.

Ce prince, le même que Mohammed Gelaleddin, voulant donner à chacun de ses sujets toute facilité de l'approcher et de l'entretenir, avait imaginé de faire placer dans ses appartemens une sonnette qui communiquait avec la porte extérieure de son palais, afin qu'il pût être constamment averti par tous ceux qui auraient besoin de lui adresser des demandes ou des plaintes, dans la disposition où il était d'y faire toujours droit et de communiquer librement avec ses peuples sans intermédiaires. Heureux les peuples qui possèdent des princes de ce noble caractère; heureux ces mêmes princes si leurs peuples en sentent le prix! On prétend que son cœur, qu'il avait si bon, sympathisant avec la loi de grace et d'amour, il était dans l'intention de se faire chrétien, mais qu'il en fut détourné par son goût pour la polygamie qu'autorise la loi Musulmane, mais que réprouve la loi Chrétienne.

Son fils et successeur Gehanguir suivit ses traces et régna glorieusement 23 ans, jusqu'en 1627. Il perdit cependant Kandahar qui lui fut enlevé par Schah-Abbas I. Cha-Gehan, son fils, fut aussi son successeur et eut quatre fils entre lesquels il partagea ses plus belles provinces pendant une longue maladie qui lui survint en 1654, ce qui nourrit l'ambition de ces quatre jeunes princes, mit la division entr'eux, et leur fit prendre les armes les uns contre les autres, du vivant même de leur père. Le troisième, nommé Aureng-Zeb, plus adroit, trompa l'un d'eux pour se défaire plus facilement des autres, lui faisant accroire qu'il ne travaillait que pour lui mettre la couronne sur la tête; et, débarrassé des deux premiers, il n'eut pas de peine à sacrifier le dernier qui périt victime de sa crédulité. Maître du trône en 1660, par trois crimes, il ne craignit pas de commettre le dernier en faisant périr, par le poison, son père qui vivait encore. Ce qu'il y a de particulier dans la vie de ce prince parricide, c'est que, devenu possesseur de l'empire par des moyens si criminels, il s'imposa la plus rude pénitence dans l'idée d'expier les crimes que le désir effréné de cette possession lui avait fait commettre. La guerre fit ses plus grandes délices, cherchant peut-être par là à s'étourdir sur ses remords. Il conquit les royaumes de Visapour et de Golconde, le Décan, le pays de Carnate et la presqu'île que bordent les côtes de Coromandel et de Malabar, reportant de toutes ses expéditions les plus grandes richesses qui furent bien fatales à l'empire des Mogols, ainsi que nous le verrons bientôt. Il eut quatre fils, comme son père, qui furent pour lui des objets de terreur, craignant toujours d'en éprouver ce qu'il avait fait éprouver lui-même à son malheureux père : c'est pourquoi il ne voulut jamais déposer les armes, se tenant toujours au milieu de ses camps, gardé par une nuée de soldats.

Sitôt qu'il fut tombé malade, au commencement de l'année 1707, la division se mit entre ses fils au sujet de son immense et riche succession ; ce qu'il n'eût pas plutôt appris, qu'il leur fit donner l'ordre de se séparer et d'aller chacun dans son gouvernement respectif. Aureng-Zeb ne tarda pas à mourir, âgé de près de cent ans. Il avait toujours été heureux dans toutes ses entreprises. La bonne fortune semblait s'être attachée à lui.

L'un de ses fils, le quatrième, sultan Akbar, qui avait excité des mouvemens dans l'empire, pour s'en rendre maître, avait été obligé de fuir en Perse où il était mort.

Aureng-Zeb avait déclaré, en mourant, roi de l'Indostan, son fils Schah-Alem devenu l'aîné par la mort du sultan Mohamoud ou Mahmoud, qu'Aureng-Zeb avait fait empoisonner pour prévenir ses desseins parricides qu'il avait tenté plusieurs fois de mettre à exécution. Les deux autres n'eurent pas plus tôt appris la mort de leur père, qu'ils songèrent à détrôner leur aîné. Le troisième, Azemdara, qui n'avait pas été si prompt à obéir aux ordres de son père dont il attendait la mort à chaque instant et qui n'était pas encore bien éloigné, ne tarda pas à arriver dans le camp près de la forteresse d'Amadanagar, dans le Décan; là, sans égard pour les dispositions de son père, il gagna le premier visir et les grands officiers de l'armée, et se fit proclamer sous le nom de Mahomet-Azem-Cham, fit des libéralités aux troupes et envoya des forces pour s'opposer à son aîné. Celui-ci, sûr de grand nombre de gouverneurs de provinces, des Rasbouts, des Patans et de plusieurs autres peuples, avait fait son entrée dans Delhi et s'y était assis sur le superbe trône d'or massif, garni de pierreries, qu'avait fait faire son grand-père Schah-Gehan; il avait des fils qui étaient eux-mêmes pères. L'un d'eux parti du royaume de Bengale avec des forces considérables pour soutenir son père, vint s'emparer d'Agra dont il punit de mort le gouverneur pour avoir été infidèle. Schah-Alem, pour n'avoir pas tant d'ennemis sur les bras, sachant que son quatrième frère, le dernier des cinq qu'avait eu Aureng-Zeb, avait aussi pris les armes, chercha à le gagner par les propositions les plus avantageuses accompagnées des plus grandes démonstrations d'affection, lui promettant de le maintenir en possession de tout ce que leur père lui avait laissé, les royaumes de Visapour et de Golconde.

Cependant Azemdara parti d'Aurengabad où il s'était arrêté, marchait contre son frère à la tête d'une armée de cent cinquante mille hommes. Schah-Alem, demeurant à Agra, envoya à sa rencontre deux de ses fils. Les deux armées se joignirent vers la rivière de Naarbada. Azemdara fit passer la rivière à ses troupes. Dans un premier engagement il perdit deux de ses fils, et le lendemain le combat ayant recommencé avec le plus grand acharnement, il fut tué lui-même après huit heures de la plus vigoureuse défense. Cette importante victoire assura à Schah-Alem la possession de l'empire. Redoutant encore le frère qui lui restait, et sans égard pour les promesses qu'il lui avait faites, il alla le chercher jusqu'à Heyderabad, capitale du royaume de Golconde où il était venu du Visapour. La victoire ne fut pas douteuse: les forces étaient inégales. Le prince attaqué fut fait prisonnier et mourut, la nuit suivante, des blessures qu'il avait reçues dans l'action qui avait été meurtrière.

Mahommed-Schah régnait sur l'Indostan quand Schah-Nadir ou Thamas-Kouli-Khan en entreprit la conquête, sur les avis que lui avaient donnés plusieurs gouverneurs des provinces de ce vaste empire, de la facilité qu'il y trouverait, à cause de la mollesse dans laquelle vivait le monarque indolent et voluptueux qui présidait à ses destinées. Après avoir laissé son fils Reza-Kouli-Mirza pour commander dans Ispahan, et régler les affaires du royaume en son absence, il partit à la tête d'une armée aguerrie de plus de quatre-vingt mille hommes, sûr des tribus indomptées qui tenaient les hauteurs dominant les gorges des montagnes par où il fallait passer pour entrer dans l'Inde, et qu'il avait gagnées par des présens. Le siége de Kandahar le retint dix-huit mois; maître de cette place importante, il se dirigea sur Caboul qu'il prit et y trouva d'immenses richesses. Il écrivit de là à l'empereur du Mogol, pour l'assurer de ses bonnes intentions et que tout ce qu'il entrepenait n'était que pour le bien de son service et les intérêts de la religion. Ne recevant aucune réponse, il continua sa marche jusqu'à Lahor dont il se rendit maître.

L'empereur du Mogol, qui jusqu'alors était resté dans la plus parfaite inaction, partit enfin de Delhi avec son armée, dans les commencemens de l'année 1739. Cette armée était nombreuse et infiniment supérieure à celle de Schah-Nadir, mais sans ordre, sans discipline, sans courage. Dès le premier engagement, qui fut tout à l'avantage du roi de Perse, la consternation et la terreur se répandirent dans le camp des Mogols. On tint un conseil à la hâte, dans lequel il fut décidé, avec précipitation, qu'on ferait des propositions d'accommodement au roi de Perse. Schah-Nadir exigea au préalable que l'empereur vînt conférer avec lui dans son camp; celui-ci n'osa s'y refuser. Schah-Nadir, dans cette conférence, prit sur le faible monarque indien, l'ascendant d'un tuteur sur son pupille, lui reprochant avec force sa négligence dans les soins de l'administration, son peu d'activité, le peu de précautions qu'il avait pris pour sa défense et celle de ses états, le retard qu'il avait mis à se mettre en campagne; et après l'avoir ainsi régenté dûrement, il lui fit part de l'intention où il était de se rendre dans sa capitale, pour y faire rafraîchir son armée et attendre le paiement des sommes qu'il exigeait.

L'empereur confus et humilié ne trouva pas un mot à articuler; de retour dans son propre camp, on y délibéra sur ce qu'il y avait à faire; mais pendant qu'on perdait le temps à chercher quelques expédiens pour se tirer d'affaire, Schah-Nadir faisait enlever toute l'artillerie des Mogols et conduire en lieu de sûreté, à Caboul, sous une bonne escorte, deux cents bouches à feu; puis il donna l'ordre de marcher sur Dehli, où il avait déjà envoyé des forces pour se saisir du château et des lieux fortifiés : il fallut se résoudre à suivre l'armée persanne, non en vainqueur, mais en vaincu.

Les deux monarques firent leur entrée dans la capitale de l'empire, d'une manière bien différente : Mahommed rentra dans son palais avec une suite peu nombreuse; et Schah-Nadir entra le lendemain dans Delhi, à la tête de vingt mille hommes de ses meilleures troupes, laissant le reste de son armée hors de la ville, pour en contenir les habitans et leur ôter toute envie de se soulever. Malgré ces précautions, un soulèvement eut lieu, et ce soulèvement coûta à la ville une perte de cent vingt mille habitans. Pour châtier les séditieux qui avaient osé l'assaillir à coup de pierres, Schah-Nadir ordonna un massacre général qui dura depuis huit heures du matin jusqu'à trois heures du soir.

Pour se délivrer d'un hôte si redoutable, on s'empressa de lever les sommes qui lui avaient été promises : que d'exactions, que de cruautés furent commises pour satisfaire à cette énorme contribution ! Pendant qu'on y travaillait, un mariage se célébra entre un des fils du roi de Perse et un arrière-petite-fille d'Aureng-

Zeb, et ce mariage coûta encore énormément à l'empire, en joyaux et en argent comptant donnés à la jeune princesse.

Avant de s'en retourner en Perse chargé des dépouilles de l'Inde, Schah-Nadir voulut bien remettre la couronne impériale sur la tête de Mohammed, comme ce faible monarque le reconnaît dans le traité conclu entr'eux ; mais il ne lui laissa que le vain titre d'empereur, mettant le gouvernement entre les mains d'un vice-roi du pays, qu'il savait lui être dévoué, après avoir détaché trois royaumes de ce vaste empire : ceux de Caboul, de Multan et de Cachemire, pour les incorporer à la Perse.

De retour dans ce royaume, Schah-Nadir fut obligé de marcher contre les Tartares-Uzbeks qui s'étaient révoltés dans le Khorasan. Il éprouva, aussi l'année suivante, une grande défection de la part des Arabes, et perdit contr'eux une bataille qui le détermina, pour lever de nouvelles troupes qu'une nouvelle guerre contre les Turcs et des soulèvemens dans le Khorasan et la Géorgie lui rendaient nécessaires, à établir un impôt accablant sur toute la Perse. Vainqueur des Turcs, avec lesquels il fit une paix honorable, il ne fut pas à couvert d'une conspiration qui se forma contre lui et dans laquelle il perdit la vie qui lui fut ôtée par l'effet des intrigues de son neveu Ali-Kouli-Khan, en 1747. Il avait fait crever les yeux à son propre fils Razi ou Rizi-Kouli-Mirza, pour avoir attenté à sa vie à son retour de l'Inde, dans la crainte d'avoir encouru son indignation pour s'être montré trop empressé à recueillir sa succession, sur la fausse nouvelle de sa défaite et de sa mort dans l'Inde.

La mort de Schah-Nadir fut suivie des plus grands désordres. Ispahan fut livrée au pillage, en 1750, et tout ce qu'on peut attendre de la fureur et de la rapacité de brigands acharnés sur leur proie, fut exercé sur cette malheureuse ville, naguère si belle, si populeuse, ruinée alors et devenue déserte. La Perse retomba dans l'anarchie dont les talens militaires et politiques d'un seul homme l'avait retirée, et aujourd'hui elle se trouve divisée en plusieurs états indépendans, mais dépourvus de force par l'effet de leur isolement.

Quant à l'Inde ou à l'Indostan, extrêmement affaibli par l'invasion de Thamas-Kouli-Khan, les vingt-trois belles provinces qui composaient ce vaste empire du Mogol, s'en sont détachées peu à peu et successivement. Elles sont devenues chacune le partage d'un Omra, Nabab ou Souba, c'est-à-dire vice-roi ou gouverneur, qui s'est déclaré indépendant du souverain que son extrême faiblesse avait rendu méprisable, et les peuples se sont trouvés à la merci d'autant de tyrans contre lesquels ils n'ont plus eu d'appui. Les Rajas ou petits rois tributaires ont secoué toute sujétion. Les Anglais ont profité de cet état des choses, pour établir leur domination dans l'Inde. Ils commencèrent par se rendre maîtres du Bengale, en 1765, et à force de finesse et de souplesse, ils finirent par devenir possesseurs de presque toute la presqu'île. La prise d'Agra et de Delhi, en 1803, porta le dernier coup à l'empire du Mogol, dont le dernier souverain Akebar ou Acbar II devint prisonnier des Anglais qui le laissèrent vivre à Delhi, sans aucun pouvoir et réduit à une modique pension.

De la population montagnarde, la compagnie anglaise avait formé dans l'Inde une milice aguerrie qu'elle avait prise à sa solde et dont elle s'est servie avantageusement pour mettre sous le joug les autres populations peu guerrières. Ce sont les Cipayes, habitués à une nourriture frugale et qui ont rivalisé bientôt avec les troupes européennes, par leur tenue, leur exacte discipline et l'intrépidité de leur courage. Leur nombre a été porté successivement à plus de 250,000.

EXPOSÉ RAPIDE
DE L'ÉTAT DU COMMERCE ET DE LA MARINE,
Chez les peuples de l'Europe, jusqu'à nos jours.

Les Pisans, les Florentins, les Vénitiens et les Génois firent tout le commerce de la Méditerranée dans le moyen-âge : les Européens alors n'en connaissaient pas d'autre. Ces deux derniers peuples surtout qui tinrent entr'eux la balance à peu près égale, le portèrent assez loin. Ils rendirent aux autres puissances de l'Europe qui n'avaient aucune connaissance de la marine, les plus grands services au temps des croisades, et furent pendant long-temps les approvisionneurs des marchés de cette partie du monde, y importèrent les productions des Indes par la route de l'Egypte, à l'exemple des Grecs et des Romains, ce qu'avaient fait bien plus anciennement encore les flottes d'Hiram et de Salomon, pour leurs états.

Les Portugais sous des rois habiles, justes appréciateurs de tout ce qui fait la prospérité des peuples, tournèrent leurs principales vues du côté de la marine, au XV° siècle. Ayant découvert un passage par le Cap-de-Bonne-Espérance, pour aller aux Indes Orientales(*), ils prirent dès-lors le plus grand essor, portèrent la connaissance de l'Évangile, leur nom et leur industrie sur toutes les côtes de l'Afrique, de l'Inde, de la Perse, de l'Arabie et jusque dans l'Abyssinie, établissant à Goa, dans l'Inde, le centre des plus grandes opérations commerciales.

En moins de soixante ans ils eurent des établissemens considérables et exercèrent la plus grande influence dans les îles de la Sonde, Sumatra, Java et Bornéo; dans l'île Célebes séparée de celle de Bornéo par le détroit de Macassar; dans les îles Moluques, dont les principales sont Amboine, Banda, Tidor, Ternate, Gilolo, qu'ils découvrirent en 1511 et où ils

---

(*) Ce fut Barthélemy Dias, envoyé par le roi Jean II, qui découvrit le premier ce Cap, en 1486 ou 1487. Il l'appela Cap des tourmentes, à cause du gros temps qu'il y éprouva en le doublant, mais le roi en état de juger de l'importance de cette découverte d'après les instructions qu'il venait de recevoir de Pedro de Covillan, qu'il avait envoyé à peu près dans le même temps aux Indes, par l'Egypte et l'Arabie, pour prendre des informations afin de découvrir une route plus abrégée pour aller aux Indes, présumant que le passage si recherché était trouvé par le tour de l'Afrique, donna à ce Cap le nom de Bonne-Espérance qu'il a conservé jusqu'à ce jour. Et en effet, Vasco de Gama, sous le roi Don Emanuel, successeur de Jean II. sut bien mettre à profit cette importante découverte, pour aller directement aux Indes.

prirent connaissance de la Nouvelle-Guinée au sud-est de l'île Gilolo ; dans les îles Maldives et dans celle de Ceylan ; se rendirent possesseurs de Goa, de l'île d'Ormus, sur les côtes de Perse ; de Mascate, dans l'Arabie heureuse ; de l'île de Diu, à l'entrée du golfe de Cambaye ; de l'île de Bombay, de la ville qui a donné son nom au golfe au bout duquel elle est située ; de Daman, d'Onor, de Cananor, de Calicut, de Cranganor, de Cochin sur la côte de Malabar, de Negapatan (ville aux serpens), de Méliapour, de Saint-Thomé sur celle de Coromandel, de Malaca dans la presqu'île de ce nom et qui devint pour eux l'entrepôt d'un commerce immense avec le Pegu, Siam, le Camboge, le Tong-King et la Cochinchine. D'heureuses circonstances leur ouvrirent celui de la Chine et du Japon.

Mais des traits de perfidie et de cruauté indignes de nations chrétiennes, auxquels se livrèrent, dans les derniers temps, les Portugais, leur aliénèrent le cœur des nations Indiennes, ce dont les Hollandais surent habilement profiter pour les supplanter. La conduite de ceux-ci envers les naturels des îles où ils s'établirent à leur tour, ne fut néanmoins guère plus louable. On sait quelle fut la conduite des Espagnols envers les malheureux habitans des Indes Occidentales auxquels ils devaient porter les arts et sciences de l'Europe, la vraie religion, la civilisation. Au récit de tant d'horreurs, de tant de barbarie, la plume tombe des mains et se refuse d'en retracer l'affreux tableau.

Pendant que les Portugais étendaient ainsi leurs relations dans un si grand nombre d'états en Orient, les

Espagnols, en effet, sous les inspirations de Colomb, découvraient un immense continent du côté de l'Occident; et cette découverte, source d'une infinité d'autres pour nos peuples modernes, donnait lieu à un célèbre partage fait par le pape Alexandre vi qui, tirant une ligne imaginaire d'un pôle à l'autre, qu'il prétendait faire passer à cent lieues des Açores, adjugeait au roi de Castille tout ce qui se trouvait à l'Occident de cette ligne, et au roi de Portugal ce qui était à l'Orient, disposant ainsi des peuples qu'il ne connaissait point et dont il ignorait même l'existence.

Cette découverte de l'Amérique ou des Indes Occidentales ne tarda pas à ouvrir un nouveau champ à la marine et au commerce, en augmentant le goût, généralement répandu alors chez les Européens, pour les expéditions lointaines. Afin de faire les fonds nécessaires à de si grandes entreprises qui nécessitaient tant d'armemens, on n'imagina rien de mieux que des compagnies privilégiées auxquelles on accorda le pouvoir de négocier seules à l'exclusion de tous individus. Il s'en éleva en France, dans les Pays-Bas, en Hollande. Ce fut à l'exemple de la Hollande où il se forma une compagnie des Indes Orientales, en 1595, que l'Angleterre établit la sienne, en décembre 1600. Celle-ci est la seule qui se soit toujours maintenue depuis son établissement, grace au patriotisme éclairé des seigneurs anglais. La Grande-Bretagne lui doit en revanche sa prospérité commerciale et la supériorité de sa marine sur celle de tous les autres peuples.

Les Hollandais qui venaient de secouer le joug de la

maison d'Autriche d'Espagne, possesseurs d'un territoire borné et menacé continuellement d'être envahi par les eaux de l'Océan auxquelles ils en avaient dérobé une partie, sentirent la nécessité de devenir puissance maritime, et tournèrent tous leurs soins, toute leur application du côté de la mer, merveilleusement secondés et encouragés par les réfugiés d'Ostende, de Bruges, de Gand et d'Anvers qui, pour se dérober à la persécution, étaient venus porter à Amsterdam leur industrie et les connaissances qu'ils avaient acquises dans le commerce, depuis que, par la réunion des Pays-Bas comme du Portugal à la monarchie Espagnole, ces villes étaient devenues des entrepôts de toutes les marchandises venues des deux Indes, ce qui y avait été cause de l'élévation subite de tant de brillantes fortunes.

Les Hollandais profitèrent habilement de l'union forcée du Portugal à l'Espagne, pour travailler à faire perdre aux Portugais la considération et l'influence qu'ils s'étaient acquises chez tant de peuples étrangers et à se les procurer à eux-mêmes, puis à leur enlever successivement la meilleure partie de leurs colonies ou de leurs établissemens; et l'on vit bientôt s'élever dans l'île de Java, sur les ruines de Jacatra, la superbe ville de Batavia. L'île de Ceylan leur assura le monopole de la cannelle; celle d'Amboine, l'une des Moluques si fertiles en poivres, le monopole des clous de girofle; celle de Banda le monopole des noix muscades.

Les Anglais avaient fait des découvertes dans le nord de l'Amérique, sous leur reine Elisabeth. C'est vers la fin du règne de cette habile mais artificieuse princesse, que la compagnie des Indes Orientales fut établie sur la demande de plusieurs riches marchands de Londres, d'après les rapports fournis par Drake, Cavendish et autres navigateurs qui étaient allés dans ces riches contrées. On ne borna pas à ces contrées la permission qui fut concédée à cette seule compagnie de trafiquer, on l'étendit à l'Asie, l'Afrique et l'Amérique, jusqu'au détroit de Magellan. La compagnie fut composée, d'après la patente de son érection, d'un gouverneur dont le premier nommé par cette patente est Thomas Smyth alderman de Londres, et de vingt-quatre directeurs. La patente donne à la compagnie le droit de choisir un sous-gouverneur, et d'élire dans la suite le gouverneur et tous les autres membres. L'octroi est pour quinze ans, durée qui fut ensuite prolongée à vingt, au bout desquels la compagnie a besoin d'une nouvelle confirmation.

Faute de ports et de lieux fortifiés pour y déposer ces marchandises, les mettre à couvert et les expédier en temps opportun, ses progrès furent d'abord lents; mais ayant obtenu de l'empereur du Mogol la permission d'établir des comptoirs à Surate, à Amadabad et ailleurs dans ses vastes états, elle commença à exciter, par sa prospérité toujours croissante, la jalousie des Portugais. Ceux-ci vinrent attaquer sa petite escadre commandée par Thomas Best, qui, malgré l'inégalité de ses forces, non seulement résista deux fois à leurs attaques réitérées et leur fit éprouver de grandes pertes, mais encore les mit enfin hors de combat. Cet avantage acquit aux Anglais une grande réputation à la cour du Mogol qui jusqu'alors avait cru que les Portugais étaient sur mer sans rivaux pour l'habileté et la valeur. Une ambassade anglaise fut envoyée à cette cour, en cette occasion, par le roi Jacques I, d'après le conseil du gouverneur de la compagnie, ce qui valut à celle-ci de nouvelles faveurs, de nouveaux priviléges. Bientôt, et en l'année 1616, la compagnie avait des établissemens et des comptoirs à Bamtam, à Jacatra, à Surate, à Amadabad, à Agra, à Brampour, à Calicut, à Masulipatan, à Patna, à Siam, à Macassar, à Achen, à Banda, au Japon et ailleurs; elle avait acquis, par son adresse, l'île de Banda à l'Angleterre; les habitans s'étaient soumis à cette couronne. Les Anglais, cette même année 1616, triomphèrent, sous leur commandant Downton, d'une flotte portugaise dix fois plus nombreuse et plus forte que la leur, mais la compagnie eut bientôt sur les bras de nouveaux adversaires: les Hollandais devenus bien plus redoutables que les Portugais qu'ils avaient commencé de dépouiller. Ils les avaient en effet entièrement chassés de l'île de Ceylan, vers l'an 1606. Ils leur enlevèrent, par trahison, Malaca dont ils étaient en possession depuis si long-temps, le gouverneur ayant vendu la ville pour 80 mille écus au lieu desquels il reçut la mort pour récompense de son infâme marché, sort ordinairement réservé aux traîtres. En 1653 ils prirent également sur eux le Cap situé sur la pointe la plus méridionale de l'Afrique, au pays des Caffres; ils y plantèrent des vignes dont ils tirèrent le plant de la Perse et qui produisent des vins excellens.

La compagnie Anglaise, sous le faible gouvernement du roi Jacques, sous celui si agité du malheureux Charles I, déclina sensiblement; elle perdit ses relations commerciales dans les îles de Java, de Banda et d'Amboine, mais Cromwel s'occupa beaucoup de la marine de sa nation. D'habiles marins se formèrent dans son sein sous l'administration de cet usurpateur régicide. Les forces de mer de la Grande-Bretagne qui curent à lutter avec celles de la Hollande, s'en tirèrent avec honneur et ses amiraux balancèrent ceux qui leur furent opposés par les États généraux de la république Batave.

Charles II ayant été rétabli sur le trône de ses pères par les soins de Monk, songea, en négociant son mariage avec l'infante de Portugal, la princesse Catherine, à acquérir, à titre de dot, la cession de quelque bon port pour la compagnie des Indes à laquelle, en confirmant son droit exclusif par de nouvelles lettres patentes données en 1661, il avait accordé de brillans priviléges, comme l'autorité civile et militaire, le pouvoir de faire la guerre ou la paix, la permission d'exporter en argent la valeur de 150 mille livres sterling à chaque voyage, moyennant qu'elle importât, pour pareille somme, des marchandises étrangères. C'est sur l'île de Bombay, importante par sa situation, qu'on jeta les yeux : cette île fut cédée à la couronne d'Angleterre par celle de Portugal, malgré l'opposition du clergé et du vice-roi de Goa, et la remise en fut faite à la compagnie. Ce fut là sa première possession territoriale dans l'Inde, du moins de quelque importance. L'établissement du fort Saint-

Georges, sur la côte de Coromandel, donna naissance à la ville de Madras, devenue depuis si considérable. La ville de Calcutta fut aussi fondée dans le Bengale.

Un lieu de repos dans une si longue traversée que celle des Grandes-Indes, au milieu du vaste Océan, semblait nécessaire : l'île de Sainte-Hélène, située entre le cap de Bonne-Espérance et les îles du cap Vert, à distance inégale du continent de l'Afrique et de celui de l'Amérique, mais plus proche du premier dont elle n'est éloignée que de 350 lieues, ce qui fait qu'on la met au nombre des îles de l'Afrique, doit son nom aux Portugais qui la découvrirent les premiers, en 1502, le jour de Sainte Hélène. Ils la fournirent d'animaux domestiques et d'arbres à fruits, tels que citronniers, orangers, grenadiers, figuiers, qui y multiplièrent extrêmement, la destinant pour le rafraîchissement de leurs vaisseaux venant des Indes-Orientales. Elle devint encore la proie des Hollandais, mais les Anglais la leur enlevèrent en 1660; ceux-ci en demeurèrent tranquilles possesseurs jusqu'en l'année 1673, que les Hollandais la reprirent par surprise ; mais il ne jouirent pas longtemps de cette conquête. Une petite baie connue des Anglais, où deux hommes de front seulement pouvaient se glisser et grimper à la sourdine, leur facilita les moyens de s'en ressaisir. Ils ont depuis fortifié cette baie en élevant une batterie de gros canon à son entrée, en sorte que l'île, parfaitement défendue d'ailleurs contre une attaque régulière, est même à l'abri d'une surprise aujourd'hui. Cette île est devenue à jamais célèbre par l'exil, le séjour et la mort du plus grand capitaine de nos temps modernes et qui a joué un si grand rôle en Europe, au commencement de ce siècle.

A peine la compagnie Anglaise venait-elle d'être mise en possession de l'île de Bombay, qu'elle se vit exposée à la perdre par la conduite extravagante d'un gouverneur, le général Schild, d'une avarice sordide, d'un orgueil insupportable, d'une cruauté raffinée, d'une obstination indomptable, emporté dans ses vengeances, d'un despotisme révoltant; il voulut tout asservir à ses passions haineuses, tout soumettre à son avidité; il osa lutter, dans son délire, contre un aussi puissant prince qu'Aureng-Zeb, en faisant saisir tous les navires des négocians de Surate, sujets de ce grand monarque, partout où ils étaient rencontrés: à Moka, à Bassora, sur les côtes de Perse, du Bengale, à Achen, aux Moluques, à Siam. Les passe-ports qu'il avait lui-même accordés ne mettaient pas à l'abri du brigandage qu'il faisait exercer sur toutes les mers. Il enleva lui-même un convoi chargé de blé pour l'armée du grand Mogol. L'Empereur songea enfin à tirer réparation de tant d'insultes. Il envoya son général Sédée-Yacoub, à Bombay, pour en assiéger le fort principal. Schild, aussi peu prévoyant qu'il était présomptueux, vain et insolent, avait négligé ses moyens de défense; l'île fut bientôt réduite et le fort dans le plus grand danger d'être emporté. Schild désespérant de pouvoir tenir davantage, eut recours à la soumission, et envoya une députation à la cour du Mogol, pour s'excuser humblement et faire agréer son repentir avec l'aveu de ses fautes. Avant d'entendre à aucune proposition, l'Empereur demanda qu'au préalable l'auteur de l'offense, Child, se retirât des Indes sans retour ; et comme il ne tarda pas à mourir, la réconciliation de la compagnie avec Aureng-Zeb, ne souffrit plus aucune difficulté.

Cette affaire fit néanmoins un tort infini à la compagnie, et lui suscita grand nombre d'ennemis en Angleterre même. La guerre qu'elle avait été obligée de soutenir contre Aureng-Zeb lui avait coûté de grands sacrifices ; elle n'éprouva pas de moindres pertes dans la lutte sanglante qu'amena, entre la France et l'Angleterre, l'usurpation de Guillaume III, sur les droits au trône de la Grande-Bretagne, que tenait de sa naissance Jacques II. Les captures de nos armateurs la réduisirent aux abois. Il fut question de la supprimer, d'en établir une nouvelle, d'abolir même le monopole. Mais cette abolition ne parut pas avantageuse à l'état. On en vint à l'établissement d'une nouvelle compagnie, mais l'ancienne eut assez de crédit parmi les seigneurs anglais pour se faire continuer pendant un temps, c'est-à-dire jusqu'au temps fixé par la patente de son érection et qui n'était pas encore expiré, temps qu'elle employa à traiter, à s'accommoder avec la nouvelle, et à obtenir leur réunion, ce qui doubla leur force, surtout quand la compagnie unie eut obtenu, sous le gouvernement de la reine Anne, tout ce qui pouvait favoriser son commerce. Georges I parvenu au trône de la Grande-Bretagne ne se montra pas moins empressé à prévenir tout ce qui pouvait nuire à la sûreté de ce commerce qui devint par là très-florissant, et a enfin absorbé celui de presque tous les peuples. Si les Français commandés par M. de La Bourdonnais, prirent Madras aux Anglais, en 1745, ceux-ci leur enlevèrent peu à près le Cap-Breton; ces deux places furent échangées trois ans après par le traité général d'Aix-la Chapelle. Les Anglais avaient échoué cette même année, 1748, contre Pondichéry.

Dans ce mouvement général de la plupart des peuples de l'Europe, la France, comme l'on voit, n'était pas restée en arrière. Elle triompha des forces maritimes des deux pays, l'Angleterre et la Hollande, sous Louis XIV, dont le règne ne fut étranger à aucun genre de gloire militaire ou civile. Le Canada et la Louisiane, avec les îles de Terre-Neuve dans l'Amérique Septentrionale, des établissemens considérables dans les Grandes-Antilles et à la Guyane au sud; d'autres en Afrique, au Sénégal ou dans l'Océan Oriental ou Indien; d'autres sur les côtes de Coromandel et du Malabar, ouvrirent à la France de nombreux débouchés. Après avoir humilié à diverses reprises les pavillons Hollandais et Anglais, elle a aidé les colonies anglaises du nord de l'Amérique, à secouer le joug de la métropole devenue trop exigeante, et s'est procuré par là des alliés fidèles et des auxiliaires dévoués.

Notre révolution à laquelle l'Angleterre eut tant de part, par représaille, lui facilita les moyens de nous soustraire nos colonies et d'augmenter les siennes. La guerre que les révolutionnaires français déclarèrent à l'Europe, devint fatale à la Hollande et heureuse pour l'Angleterre. Contiguë à la Belgique qui touche à la France et qui ne pouvait être que le premier théâtre des opérations militaires, la Hollande éprouva le sort de la Belgique et fut aussi envahie par nos armées. Les Anglais saisirent avidement cette occasion de se dédommager de la perte d'une partie de leurs anciennes possessions dans l'Amérique Septentrionale, par une grande augmentation de nouvelles possessions coloniales, aux dépens de leurs anciens rivaux de gloire maritime. Dès lors, rien ne put arrêter leur système d'envahissement sur toutes les mers. Leurs efforts s'étaient d'abord tournés vers l'Inde, dont la situation se prêtait merveilleusement au projet ambitieux qu'ils avaient formés depuis long-temps, de dominer exclusivement sur l'Océan. L'ancien gouvernement de la France, malgré ses fautes et ses revers, avait senti le besoin de s'opposer, de tout son pouvoir, à des prétentions aussi exagérées et incompatibles avec la dignité des peuples. On s'était mis en mesure de résister avec avantage à ce système injuste d'envahissement. Notre marine, qui avait éprouvé tant d'échecs sous le règne de Louis XV, avait été restaurée par les soins de Louis XVI; tout semblait devoir présager son triomphe. Nous avions su nous faire des alliés et les soutenir dans leurs courageux efforts.

Deux princes guerriers avaient, en effet, retardé le progrès des armes anglaises dans l'Inde, Hider-Ali-Khan et Tippo-Saëb, son fils et successeur dans le gouvernement de Mysore et des Marattes; l'un et l'autre après avoir su maintenir leur indépendance contre le Grand-Mogol, s'étaient alliés avec la France, contre les Anglais bien plus redoutables, qu'ils combattirent néanmoins avec le plus grand succès. Privé de ses alliés, par l'effet de la révolution française, et réduit à ses seules forces, Tippo-Saëb lutta avec désavantage contre une puissance qui prenait de jour en jour de plus grands accroissemens en trompant et divisant les populations indiennes. Il éprouva de grands revers et fut enfin entièrement défait dans la bataille de Travanore, en 1790. L'année suivante, il vit la ville de Bengalore tomber au pouvoir de ses ennemis sans la pouvoir défendre, et son général Killodar tué sur la brèche. Défait encore par le général Cornwalis, en 1792, il fut forcé de demander la paix, qui ne lui fut accordée qu'aux plus dures conditions. On exigea de lui 3,000,000 de livres sterling, une partie de ses places fortes, et deux de ses fils pour ôtages. L'intention des Anglais était de l'affaiblir pour pouvoir le détruire plus facilement ; il ne leur fallait qu'un prétexte de rupture, qu'ils firent naître. La guerre s'étant rallumée en 1799, elle se termina par la conquête entière du royaume de Mysore et la mort de Tippo-Saëb, tué à l'âge de 52 ans sur les remparts de sa capitale, en combattant vaillamment pour la défendre. Il était plus soldat que général, dédaignait de se faire aimer de ses peuples qu'il pressurait par ses exactions. Ses vues peu judicieuses, avaient plus de brillant que de solidité. Il cultivait les arts, aimait les sciences et avait recueilli une bibliothèque précieuse, renfermant plusieurs ouvrages en langue sanscrite, dont l'ancienneté remonte au dixième siècle. Les Anglais en ont mis en possession l'Académie qu'ils ont fondée à Calcutta.

C'est ainsi que la révolution française a servi à l'agrandissement de l'Angleterre et à l'extension prodigieuse de sa marine. L'expédition de Napoléon Buonaparte en Egypte, qui n'a été d'aucune utilité pour la France, a valu aux Anglais l'île de Malte, qui s'est trouvée ainsi avoir été conquise pour eux, et dont la possession leur manquait après celle de la forte place de Gibraltar, sur le détroi de ce nom, monument éternel d'opprobre pour la nation espagnole.

Les îles Ioniennes, au nombre de sept, Corfou, Paxo, Céphalonie, Sainte-Maure (l'ancienne Leucade), Théaki (l'ancienne Ithaque), Zante ou Zacinthe, Cérigo (l'ancienne Cythère), et quelques îlots qui dépendent des unes ou des autres, avaient été annexées à l'empire formé par Napoléon Buonaparte. L'Angleterre a eu soin de se les faire adjuger par le traité de 1814; car, quoiqu'elles aient été constituées en république aristocratique-fédérative, s'en étant fait donner le protectorat perpétuel, elle y exerce la puissance militaire à ce titre, tenant garnison dans ses principales places, et disposant de toutes ses forces de terre et de mer.

FASTE DE LA COUR DE PERSE.

Il n'est pas de cour plus somptueuse que la cour de Perse. Ses fêtes et ses festins, au rapport de certains ambassadeurs ou secrétaires d'ambassade, tiennent du merveilleux, de l'enchantement, de la féerie. Les aromates les plus odorans, les parfums les plus suaves, des eaux de rose et d'autre senteur distillées, tombant des plafonds et se répandant en tous sens en bien fine rosée pour rafraîchir et embaumer l'air, des représentations gaies et bouffonnes, des tours de force ou de souplesse surprenans, une musique harmonieuse, des chants mélodieux, la danse la plus voluptueuse; l'or, l'argent, les pierreries prodigués et dont l'éclat est rendu plus étincelant encore par le reflet bien ménagé des lumières, les mets les plus exquis, les fruits les plus savoureux, tout est artistemen et agréablement combiné pour charmer, eniver la vue, l'ouie, l'odorat, le goût, tous les sens. Sans égard pour la loi musulmane, les vins délicieux de Schiraz, et d'ailleurs servis dans des flacons du plus pur cristal, animent la gaîté des convives, et le roi s'y livrant avec une espèce de fureur, nouvel athlète dans ce nouveau genre de combat, fait assaut d'intempérance avec ses hôtes qui ne refusent pas cet honneur sans danger. Eh ! combien de serviteurs fidèles sacrifiés à la suite de ces excès de table ! combien d'odalisques exposées dans leur vie même ! ces odalisqus sorties la plupart de la Géorgie et de la Circassie, pays où le sexe est si beau, alors que ces pays dépendaient du royaume de Perse, séduisantes de jeunesse, de fraîcheur et d'attraits, étroitement renfermées, pour servir en si grand nombre aux plaisirs, aux passe-temps d'un seul homme ; soustraites à tous les regards autres que ceux de leurs odieux gardiens et d'un maître jaloux, soupçonneux et systématiquement cruel, plus odieux peut-être, périssent souvent victimes de l'humeur, des caprices, de l'emportement d'un tyran dur et impitoyable, qui n'emploie, à la moindre offense, d'autres instrumens de ses terribles vengeances, que le poison, le fer ou la flamme, et qui, au moindre signal, trouve mille esclaves, automates muets, prêts à exécuter ses ordres les plus révoltans.

Ce fut ainsi que dans un moment d'ivresse, Schah-Séfi perça lui-même de cinq à six coups de poignard la sultane, reine de noble race, qu'il avait fait appeler auprès de lui dans ses appartemens, et qui s'était cachée dans une niche, en attendant le réveil de son époux ; trompé à cet instant même par les artifices de la sultane sa mère, de commune extraction, qui haïssait la jeune princesse par un sentiment de basse jalousie.

Schah-Abbas II, celui de la famille des Sophis, le plus vanté pour son humanité, son affabilité, sa justice, son aversion pour la flatterie, fit brûler vive une de ses femmes d'une beauté remarquable, pour avoir refusé ses caresses sous un prétexte qu'il vérifia être feint.

Ces malheureuses victimes attendent avec la plus grande impatience qu'elles soient mariées à quelques seigneurs, que le roi en gratifie pour leur faire honneur et à titre de récompense, quand elles ne sont pas devenues enceintes, ce qu'elles redoutent en conséquence extrêmement, dans la crainte de ne jamais sortir du harem royal.

DESCRIPTION GÉOGRAPHIQUE DE LA PERSE.

Le royaume de Perse ou d'Iran qui comprenait jadis toutes les contrées situées entre le Tigre et l'Indus, et celles renfermées entre le Caucase, la mer Caspienne et le golfe Persique, se trouve aujourd'hui infiniment réduit, grand nombre de provinces en ayant été détachées pour former des états particuliers, d'autres étant tombées au pouvoir de la Russie. Cette réduction date de la mort de Thamas-Kouli-Khan ou Schah-Nadir, assassiné le 8 juin 1747, à l'âge de cinquante-neuf ans, à l'instigation de son propre neveu, qui voulant régner à sa place, complota ce crime avec Saleh-Beg, commandant de la garde Afghane. Les Afghans étaient les restes des Tartares des environs du Schirvan au nord-ouest de la Perse, que Tamerlan avait amenés avec lui dans l'Inde, après les avoir réduits si difficilement, et qu'il dispersa ensuite dans les montagnes du Kandahar, où ils se sont depuis extrêmement multipliés. C'était une milice pareille à celle des anciens Mamelucs qui subjuguèrent l'Egypte. Les Afghans ont eu la plus grande part aux révolutions qui ont désolé la Perse dans ces derniers temps. Mis à la raison par Schah-Nadir, ils relevèrent la tête après sa mort, renouvellèrent leurs brigandanges, et après avoir détaché plusieurs provinces du royaume de Perse, établirent un nouvel état sous un de leurs chefs, Ahmed-Schah, en 1750.

Ali-Kouli-Khan ne jouit pas du fruit de son parricide, il en porta la peine. La mort violente d'un homme aussi extraordinaire que Nadir, en réveillant toutes les ambitions, plongea le royaume dans l'anarchie et la confusion, et ce ne fut qu'affaiblie et morcelée, que la Perse, après de longues et sanglantes guerres civiles, respira enfin de lassitude. L'un des généraux de Kouli-Khan,

Kerim-Kan, vainqueur de Zachi-Khan, qui périt dans le combat, régna sur une partie du royaume qu'il gouverna avec sagesse et justice. Il mourut en 1779, âgé de soixante-quatorze ans. Son fils aîné Abulat-Kan fut placé sur le trône, déposé et renfermé la même année. Ali-Murat-Khan, généralissime des troupes, se fit donner la régence, en 1780, et après avoir fait crever les yeux à tous les rejetons de la famille royale, se rendit maître successivement de toutes les provinces restées à la Perse, et sur lesquelles il établit peu à peu son autorité et régna despotiquement.

Bornes.

Le royaume de Perse est aujourd'hui borné au nord par l'Empire de Russie, la mer Caspienne et le Turkestan ; à l'est, par les royaumes d'Hérat, de Kaboul et le Beloutchistan, qui en ont été détachés ; au sud, par le golfe Persique et le détroit d'Ormus ; à l'ouest, par la Turquie ou les possessions de l'empire turc, en Asie.

Climat.

Ce pays n'a ni forêts ni rivières navigables ; l'air en est sain, du moins dans les provinces du milieu ; le ter-

Terroir.

roir généralement sec et sablonneux : il faut en excepter les provinces voisines de la mer Caspienne qui y procure beaucoup d'humidité, comme le terrible *Samiel* qui souffle de l'Arabie sur les côtes du golfe Persique et de la mer d'Oman en rend la climat brûlant. Les mon-

Productions.

tagnes sont assez productives : le gibier y abonde, on y trouve des mines d'or, d'argent, de fer et de sel minéral. Les vallées ont d'excellens pâturages. Ses principales productions sont le riz, le blé, le vin, le coton, la soie ; les fruits y sont exquis et particulièrement les melons qui y parviennent à une grosseur vraiment extraordinaire, puisqu'il s'en trouve plusieurs qui pèsent jusqu'à dix kilogrammes. Il se fabrique en Perse des tapis de la plus grande beauté. Les perles que l'on pêche près de l'île Karck, dans le golfe Persique, sont estimées.

Culte.

Les Persans sont de beaux hommes, mais bruns; ils sont presque tous Mahométans de la secte d'Ali, c'est-à-dire Schiites. Quelques-uns professent l'ancienne religion, mais en secret, et on les appelle Guèbres ou Gaures, c'est-à-dire infidèles comme adorateurs du feu; on en trouve un plus grand nombre dans les Indes où il se sont réfugiés pour fuir la persécution, plus particulièrement à Bombay où ils ont un temple dans lequel ils entretiennent nuit et jour le feu sacré avec du bois odoriférant.

Provinces et villes.

Les principales provinces du royaume sont l'Irak-Adjemi ou Persique, grande province qui renferme la majeure partie de ce qu'on appelait autrefois la grande Médie et le pays des Parthes, et où l'on trouve Téhéran, nouvelle ville et la résidence du Schah, située dans une vaste plaine; Ispahan, ancienne capitale, traversée par le Zendeh-Roud, sur lequel sont établis de superbes ponts. C'était une belle et grande ville, riche et commerçante qui comptait, au temps d'Abbas-le-Grand, sept cent mille habitans; aujourd'hui elle est réduite à deux cent mille, tristes effets des révolutions qu'a essuyées la Perse. Julfa est un des faubourgs d'Ispahan. Hamadan, ville grande et florissante au nord-ouest d'Ispahan : c'est l'ancienne Ematha ou Ecbatane ; d'autres veulent que ce soit Tauris. Casbin au nord d'Ispahan, grande ville industrielle et commerçante, riche et peuplée. On vante les amandes, les pistaches, les raisins et les melons que produit son territoire. Entre Ispahan et Casbin, Kachan, renommée par sa riche manufacture de brocards, de velours et de tapis; entre Kachan et Casbin, mais beaucoup plus près de Kachan, Kom, l'une des plus grandes villes de Perse, dans un pays plat, abondant en riz, en excellens fruits et particulièrement en grosses et délicieuses grenades; Yesd, renommé par ses manufactures d'étoffes, et situé à l'est d'Ispahan, vers le Sistan ou Segestan (l'ancienne Drangiane), qui fait aujourd'hui partie du royaume de Caboul.

L'Adherbéjan qu'on appelait autrefois la petite Médie ou la Médie Atropatène, dont la capitale est Tauris, la seconde ville du royaume, et remarquable par sa beauté, sa grandeur, sa population (cent mille habitans), ses richesses, son commerce et sa grande place qui est la plus vaste que l'on connaisse. On y fabrique des étoffes d'or, de soie et de coton et des peaux de chagrin; ce sont des peaux de cheval ou de mulet, préparées, sur lesquelles on a répandu et pressé de la graine de moutarde pour leur donner ce beau grain qui en fait le mérite. A l'Orient de Tauris, on trouve Ardebil où l'on voit la sépulture des Sophis qui en étaient originaires.

Le Pars, Fars ou Farsistan (l'ancienne Perside), province délicieuse, tant pour la pureté de son air que pour sa fertilité, où l'on trouve Schiraz située sur le Roknâbâd ou le Bendemir, renommée par les excellens vins que l'on recueille dans ses environs et aussi par son essence de roses. On prétend que c'est l'aucienne Cyropolis ; elle a un collége pour l'enseignement des sciences cultivées en Orient. A douze lieues de cette ville environ et au Sud-Est, se voient les ruines de Persépolis (l'ancienne Pasargade).

Le Khusistan (l'ancienne Susiane) où l'on trouve Suster ou Chouster (l'ancienne Suse), située au pied des monts Bakhtiary, sur le Keroun. L'air de cette province est fort chaud, aussi produit-elle des cannes à sucre.

Le Kerman (l'ancienne Caramanie) abonde en arbres fruitiers et surtout en figuiers et en dattiers. Sa capitale porte le même nom : c'est dans cette province particulièrement que l'on trouve des Parsis ou anciens Perses, adorateurs du feu ou plutôt du vrai Dieu, sous le symbole du feu qui est, selon eux, celui de sa pureté. Ils sont d'une grande rigidité de mœurs.

Le Khorasan occidental (l'ancienne Margiane), province assez fertile en grains et qui fournit beaucoup de soie, dont la capitale est Meched, place importante par son commerce, et dont la population est de 32,000 habitans.

Le Laristan qui tire son nom de Lar, ville située sur un rocher, près du golfe Persique. Bender-Boucheher, sur le golfe, est aujourd'hui le premier port du royaume : on y compte 15,000 habitans.

Le Mazanderan (l'ancienne Hyrcanie) où l'on trouve Sari, résidence du gouverneur de la province; Farhâbâd, ville maritime près de la mer Caspienne, et importante par ses manufactures de soieries, avec une population de 60,000 habitans; Balfrouch, situé également près de la mer Caspienne, et où il se fait un commerce très actif, 100,000 habitans.

Le Chilan où l'on trouve Recht, peu distant de la mer Caspienne.

Le Thabaristan, dont le chef-lieu est Damavend.

La partie du Kurdistan soumise à la Perse a Kirmanchah, ville grande et florissante, peuplée de 40,000 habitans, sur le Kerah.

Une partie de cette vaste contrée, appelée autrefois Arménie Majeure, a reçu le nom de Turcomanie, des Turcomans, race Tartare qui est venue s'y établir au onzième siècle. Elle fut partagée entre les Persans et les Turcs. L'Orientale qui dépendait de la Perse, est aujourd'hui possédée par les Russes; on y trouve Erivan, ville forte par sa position, et située à quelque distance de l'Araxe, rivière rapide qui s'indigne, ainsi que nous l'apprend si énergiquement Virgile, de tous les obstacles qui s'opposent à l'écoulement de ses eaux qui vont se rendre dans le Kur. Les environs d'Erivan sont très fertiles; le vin y est excellent et les perdrix y sont communes. A trois journées de cette ville est un lac d'eau douce fort profond qui a 25 lieues de tour et une petite île au milieu; il est extrêmement poissonneux, et les carpes et les truites énormes par leur grosseur, en sont délicieuses. La rivière de Zengui, qui passe au dessous du rocher sur lequel est bâtie Erivan, sort de ce lac et se réunit à l'Araxe, assez loin de cette ville. C'est sur les montagnes voisines d'Erivan, que les Arméniens prétendent que l'arche s'est arrêtée.

Les Russes, devenus maîtres de la Circassie et de la

Géorgie, se sont aussi emparés du Chirvan (l'ancienne Albanie), où l'on trouve Chamaki, au centre de la province, renommée par ses manufactures d'étoffes de soie et de coton; Bakou, port le plus fréquenté de la mer Caspienne, et dont l'importance est due à la pêche des phoques, qui se fait dans ses parages; Derbent, port sur la mer Caspienne, ville riche et commerçante, dans un défilé appelé autrefois les portes Caspiennes, était une des clés du royaume de Perse, du côté du nord. Elle a été souvent prise et reprise par les Turcs, les Perses et les Russes auxquels elle est restée.

FIN DE LA PREMIÈRE PARTIE.

SECONDE PARTIE.

RÉSUMÉ HISTORIQUE SUR LA CHINE.

Cin, Tsin ou *Chin* est le nom que les habitans de la Cochinchine et de Siam ont donné à l'empire dont nous allons résumer l'histoire, et les Portugais en ont fait le nom de *Chine*, inconnu à ses propres habitans, mais que tous les Européens ont adopté et conservé. Nom.

La Chine proprement dite a au nord la Mantchourie du côté de l'est, et la Mongolie du côté de l'ouest, deux pays faisant partie de la Grande-Tartarie ; à l'orient, le Grand-Désert et le Tibet ou Boutan ; au midi, le Tonquin et l'Océan qui la borne aussi à l'orient. Elle surpasse toutes les autres régions de l'Asie par son étendue, la fertilité de son terroir, la grande variété de ses productions, la multitude de ses habitans, le nombre et la grandeur de ses villes, la douceur et la bonté de sa température : on n'y ressent le froid que dans Borne.

Climat.

les parties les plus septentrionales, à cause des hautes montagnes couvertes de neiges qui s'y trouvent; et le chaud, que dans les parties les plus méridionales voisines du tropique; partout ailleurs la température est fort douce et l'air d'une grande salubrité.

Etendue.
Les géographes lui donnent 500 lieues environ de longueur, sur 400 de largeur, ce qui fait 200,000 lieues carrées de superficie. On convient généralement qu'il n'est point de pays où la population soit aussi considérable dans une égale étendue de terrain.

Ancienneté.
Le peuple Chinois est, sans contestation, le plus ancien et le plus considérable des peuples modernes. Il ne s'ensuit pas néanmoins, comme nous l'avons fait voir ailleurs, que son ancienneté soit aussi reculée que

Prodigieuse antiquité réfutée.
quelques savans l'ont prétendu. L'antiquité prodigieuse que s'attribuent les Chinois est aussi chimérique que celle que s'attribuaient les anciens Egyptiens. C'est une manie commune à tous les peuples célèbres comme à chaque famille tant soit peu élevée du genre humain, effet de l'orgueil inné dans nos âmes et qui prend sa source dans notre nature corrompue. Réduite à ses justes bornes, l'antiquité chinoise n'excède pas les limites posées par la chronologie si solidement établie de nos livres saints, et qui s'accorde d'ailleurs si bien avec l'état de la société à ses différentes époques, tel que nous le trouvons décrit même par les historiens profanes, ainsi qu'il a été généralement remarqué. Les anciens, ni les Perses, ni les Grecs, ni les Romains ne font mention des Chinois. Les Seres, que quelques modernes ont confondu mal à propos avec eux, étaient les

peuples marchands de la Bucharie qui faisaient le commerce de la soie appelée pour cette raison *Sericum*. Si l'Empire de la Chine eut été aussi étendu, aussi populeux, aussi puissant, aussi sagement gouverné, dès les temps les plus reculés, que quelques auteurs modernes veulent le faire accroire, les Perses qui avaient étendu leurs conquêtes et leurs relations jusque dans les Indes, en auraient eu quelque connaissance; les Grecs, si curieux, si avides de sciences, de doctrines étrangères, dont les philosophes allaient chercher la sagesse jusque chez les Gymnosophistes de l'Inde, n'eussent pas manqué de profiter de l'heureuse découverte qu'en avaient faite les Chinois si long-temps auparavant, si leur célébrité qu'on prétend, sans le moindre fondement, s'être répandue dans la haute Asie, fut parvenue jusqu'à eux. On a cru, sans peut-être aucun fondement bien solide, que le pays dont Ptolémée fait mention sous le nom de *Sinarum regio,* est la Chine, mais il est plus probable que c'est la Cochinchine. Quant au royaume Sophitien dont parle Quinte-Curce, appelé Cathea par Strabon, nom qui approche beaucoup du nom Kitay, Katay que les Tartares Occidentaux donnent à la partie septentrionale de la Chine et aux royaumes du Tibet, du Tangut, etc., il ne saurait non plus avoir été la Chine, puisqu'il était situé à l'occident du Gange, et faisait en conséquence partie de l'Inde en deçà du Gange. Ce royaume fut traversé par Alexandre dont les conquêtes ne s'étendirent jamais jusqu'aux frontières du Tangut ni du Tibet.

C'est des contrées situées dans les environs du Caucase, du Pont-Euxin et de la mer Caspienne, que l'on présume n'avoir commencé à se peupler que treize ou quatorze cents ans avant J.-C., vu leur éloignement de Babel, que les contrées plus éloignées à l'est du Volga ont dû recevoir leurs premiers habitans : donc celles-ci étaient inhabitées à cette époque. Des bords de la mer Caspienne dont ils dûrent faire le tour, les descendans de Magog, de Mosoch et de Tubal, par des transmigrations successives, pénétrèrent peu à peu et de proche en proche à travers ces vastes régions connues des anciens sous les noms de Scythie et de Sarmatie; et des modernes, sous ceux de Moscovie, de Tartarie et de Chine. Or combien de temps ne leur a-t-il pas fallu pour accroître leur population au point de remplir une aussi immense étendue ? Les détails de l'expédition des Perses, en Scythie, sous Darius, prouvent que ce pays était alors médiocrement peuplé.

Origine présumée de sa population

Il est incontestable que la Chine a reçu sa première population de l'une des colonies qui, sorties de la plaine de Sennaar, se sont étendues successivement et de proche en proche dans la partie supérieure et orientale de l'Asie. Or combien y a-t-il fallu de temps pour que tout cet espace se trouvât surchargé d'habitans ? On convient généralement que la première province de la Chine qui reçut des habitans, fut celle de Chensi si remarquable par la fertilité de son sol et où fut bientôt élevée la ville de Singan, qui passe chez les Chinois pour la plus ancienne de leurs villes. (*) Ces premiers habitans y étaient

---

(*) Les Chinois qui regardent Fo-hi comme le premier fondateur de leur Empire, le font naître dans la province de Chen-si, l'une des plus occidentales de la Chine, dont ils prétendent que les habitans le choisirent pour chef à cause de la supériorité de son mérite.

donc arrivés de l'Occident, c'est-à-dire par la Tartarie ou ancienne Scythie. Or nous avons fait voir ailleurs, par de solides argumens, que ce vaste pays était médiocrement peuplé l'an 1300 avant notre ère et qu'une partie considérable devait être absolument déserte 637 ans avant J.-C., lors de la terrible irruption que firent les Scythes dans la haute Asie, sous le Madyès d'Hérodote, le même probablement que l'Oghuz-Khan des Tartares, comme il a été remarqué.

On a supposé néanmoins que la colonie qui se fixa dans le Chensi avait traversé une partie de la Tartarie ou Scythie sans s'y arrêter long-temps, l'ayant trouvée peu propre à être habitée à cause de son peu de fertilité, ou par quelqu'autre cause, et que s'étant extrêmement multipliée dans une contrée aussi richement féconde que le Chensi, elle se répandit dans les provinces de Ho-nan, de Pe-tcheli et de Chan-tong, voisines du Chensi, s'étendant le long des rives septentrionales du fleuve Yang-tsu-Kiang, c'est ainsi que le raconte le père du Halde, jésuite, sur la foi des mémoires historiques de l'Empire. Les Chinois voyant leur population s'accroître de plus en plus, tant par leur multiplication extraordinaire que par l'arrivée d'un grand nombre d'étrangers attirés par la douceur et la bonté de leur gouvernement, s'avisèrent de dessécher quantité de terres basses submergées par les eaux, en resserrant, par de fortes levées, les bornes de la mer et le lit des fleuves et des rivières qui auparavant n'étaient pas contenues, augmentant ainsi l'étendue de leurs campagnes, et faisant sortir du sein des eaux les provinces de Kiang-

Nan et de Tché-Kiang. On s'étendit ensuite toujours vers le midi qui était inhabité, mais qui aurait pu cependant recevoir quelques habitans de la partie de l'Inde au-delà du Gange, qui lui est contiguë. Mais combien y avait-il fallu de temps pour que cette partie si éloignée du berceau du genre humain, eut pu elle-même se peupler convenablement avant d'envoyer ailleurs de nouvelles colonies?

<small>Les autorités qu'on invoque, peu sûres.</small> Sur quels titres enfin s'appuyent les partisans de la prodigieuse antiquité de l'empire chinois? Sur l'autorité du Chu-King, le plus ancien des livres sacrés de ce peuple, sur les témoignages tirés des écrits du philosophe Confucius, et sur cette longue suite d'observations d'éclipses, dont les Chinois, et, à leur exemple, les partisans de leur antiquité, font un si grand étalage. Mais ne peut-on pas s'amuser à calculer des éclipses jusqu'au commencement du monde et bien au-delà, comme on a fait de la période Julienne, qui précède l'origine du monde de 720 ans? Et d'ailleurs les Chinois étaient-ils fort habiles en astronomie, avant l'arrivée des Jésuites chez eux? Ils en étaient réduits à recourir à des astronomes mahométans, pour la composition de leur calendrier, et n'avaient que des notions très imparfaites des mouvemens célestes et des mathématiques. Et comment auraient-ils été en état de calculer les éclipses, quatre mille ans auparavant? Ces éclipses ne peuvent-elles pas avoir été calculées après coup? Ces observations astronomiques ne peuvent-elles pas avoir été insérées frauduleusement dans leurs livres? On a reconnu dans leurs annales grand nombre d'erreurs et de supercheries de

ce genre, de fausses conjonctions de planètes ou autres phénomènes célestes impertinens, pour flatter l'orgueil de leurs princes, surtout au commencement d'une révolution qui place sur le trône une nouvelle dynastie. Le Chun-Cieu, qui est un ouvrage de Confucius, contenant un histoire informe des dynasties qui ont précédé les temps de ce philosophe, a été composé sur de mauvais matériaux, comme il le reconnait lui-même, se plaignant, dans ce même livre, de la disette des monumens historiques dans le temps où il écrivait, les anciens manuscrits ne subsistant plus depuis longues années. Quant au Chu-King, c'est un livre rempli de fables extravagantes et auquel il n'est pas permis d'ajouter le moindre degré de croyance. Il faut donc se tenir justement en garde contre cette antiquité prodigieuse que l'on se plait si gratuitement à accorder à l'empire de la Chine. {Absence des anciens mémoires historiques.}

Avant les vingt-deux dynasties ou familles de souverains qui ont gouverné successivement la Chine pendant un si long espace de temps, on a coutume de placer un certain nombre d'empereurs que l'on augmente ou diminue arbitrairement, selon que l'on veut étendre ou resserrer l'espace de temps qui a précédé l'établissement de la première dynastie. Les uns font commencer ce nombre par Fo-hi, qui a bien plutôt l'air d'avoir été un caractère de l'écriture primitive, un signe hiéroglyphique, dont le type était un dragon qui est devenu le symbole de l'empire, qu'un souverain qui ait régné. On lui attribue néanmoins la civilisation des Chinois, la distinction des vêtemens dans les deux {Fo-Hi.}

sexes, l'institution du mariage, l'établissement des juges, des magistrats, des gouverneurs pour l'aider dans l'administration, d'un code de lois pour diriger leurs actes et faire connaître les devoirs de la vie civile, l'invention de la pêche, de la chasse, de la musique pour le délassement des travaux. L'invention de l'agriculture est attribuée à son successeur Chin ou Xin-nung, après lequel on place Wang ou Hoang, auquel on rapporte plusieurs découvertes utiles, comme l'invention de la sphère, l'usage des poids et des mesures, l'arpentage, l'arithmétique, la construction des ponts, l'art de filer la soie, la teinture, l'invention des arcs et des flèches, des machines à piler le riz, des barques, des chariots, de la médecine. Ces trois empereurs et leurs successeurs immédiats Chau-hun, Chwen-ye, Tiko et Cheu ou Chi occupent un espace de 595 ans. D'autres rejettent Fo-hi et ses six successeurs, et font commencer la monarchie chinoise par Yao, croyant pouvoir garantir, depuis ce règne, la certitude de la chronologie et de l'histoire chinoise (*).

<small>Hoam-ti.</small>

(*) On trouve dans les annales de la Chine que, sous le règne d'Yao, le septième empereur depuis Fo-hi, le soleil fut dix jours sans se coucher. Ce fait merveilleux ne peut être, selon les missionnaires et quelques savans, que le miracle obtenu par les prières de Josué et consigné dans le livre qui porte son nom (Chap. 10, v. 12). Si l'annaliste Chinois fait durer dix jours ce phénomène au lieu d'un seulement, ce peut être une exagération, a-t-il été observé, suite assez naturelle de la frayeur occasionnée par un prodige aussi extraordinaire et qui fit craindre, au rapport de l'annaliste, un embrâsement universel; ou une erreur de copiste qui a pris le trait hiéroglyphique qui exprime une partie de jour pour celui qui voulait dire un jour entier. Il suit de l'expression de l'annaliste Chinois que le soleil était à son déclin par rapport à la Chine, or telle devait être sa po-

Les Chinois racontent qu'il y eut un grand déluge au temps d'Yao, c'est pourquoi il a été confondu par quelques savans avec Noé. D'autres en disent autant de Fo-hi, trouvant une grande conformité entre l'histoire que racontent les Chinois de leur premier législateur, et celle

Yao

sition, puisqu'il était au méridien par rapport à la terre de Canaan située à l'occident de la Chine.

On a remarqué à ce sujet que le nombre et la durée des règnes entre Fo-hi et Yao s'accorde parfaitement avec celle des générations rapportées par Moïse, entre Abraham et Josué; savoir: Isaac, Jacob, Lévi, Kebath, Amram, Moïse.

A dater de 2114 ans avant J.-C. Fo-hi règne...............	115 ans.
Chin-nong...............	140 »
Wang-ti...............	100 »
Chao-hao...............	84 »
Chuen-hie...............	78 »
Ti-co...............	70 »
Cheu ou Chi déposé...............	8 »
Yao, son frère, monte sur le trône 1519 ans avant J.-C.; la 67ᵐᵉ année de son règne répond à la 1ʳᵉ de l'administration de Josué, 1451 ans avant J.-C.; selon la chronologie hébraïque il règne...............	90 »
Chun...............	50 »

Préférant Yu à ses propres enfans à cause de son rare mérite, il l'associa à l'empire, et ils gouvernèrent ensemble 17 ans. Yu, surnommé *Ta* ou le Grand, régna seul dix ans et fut chef de la première dynastie appelée *Hia*, qui commença 1379 ans avant J.-C., d'après le calcul fourni par la durée des règnes ci-dessus et en supposant Yao contemporain de Josué.

De 1451, année du phénomène rapporté par le livre de Josué, selon la chronologie hébraïque, ôtez 663, somme de la durée de ces règnes, en y comprenant 68 ans du règne d'Yao, cela vous conduit à l'année 2114 avant J.-C., commencement du règne de Fo-hi; et ôtez 22 ans, reste du règne d'Yao, et 50 ans pour la durée du règne de Chun, en tout 72 ans, de 1451, reste 1379 avant J.-C., pour l'année de l'établissement de la première dynastie appelée Hia.

que l'on trouve dans l'écriture du Saint-Patriarche (*), ce qui les détermine à en faire descendre immédiatement le peuple Chinois, supposant que lors de l'évacuation des eaux, après le déluge, l'arche qui portait Noé et sa famille, s'arrêta sur une chaîne de montagnes peu éloignées des frontières de la Chine, que Noé vint s'établir avec ses enfans dans cette région, que ces derniers ou une partie y séjournèrent 70 ans ; et que Noé y termina sa vie après un séjour de 350 ans, ce qui est cause que l'Écriture sainte n'en parle plus lors de la réunion de ses fils et de leurs descendans, pour la construction de Babel : c'est l'hypothèse de M. Shuckford. Une des raisons sur lesquelles ce savant s'appuie, c'est que l'Écriture fait partir les descendans de Noé de l'*Orient,* avant de les réunir dans la vaste plaine de Sennaar. Nous verrons plus tard que Fo-hi a été pris aussi pour Adam.

Les règnes d'Yao et de son successeur Chun ou Xun, précèdent, dit-on, de 1500 ans, l'époque où fleurissait Confucius que les uns placent vers l'an 550, les autres vers l'an 483 avant J.-C. Du temps de ce célèbre philo-

---

(*) Il est dit dans les livres chinois que l'arc-en-ciel présida à la conception de Fo-hi, qu'il avait coutume de sacrifier au souverain du ciel et de la terre *sept* espèces différentes d'animaux qu'il élevait avec soin pour cette destination, qu'il proscrivit l'usage du vin comme dangereux, autant de traits de ressemblance qu'on croit y découvrir avec l'histoire de Noé. On a remarqué en outre que les jonques chinoises ont la forme que l'on attribue à l'arche ; que la fête des lanternes, dont l'origine se perd dans la nuit des temps, pourrait bien être regardée comme un souvenir de celles qui furent allumées dans l'arche pendant tout le temps que dura le cataclisme universel.

sophe, il y avait plusieurs royaumes à la Chine, ceux de Lu dont il fut mandarin et ministre d'état, de Tci, de Sin, où le philosophe, révolté de la corruption de la cour qu'il servait, se retira pour se livrer tout entier à la philosophie qu'il enseigna après avoir renoncé à ses emplois et dignités (*). Mais faut-il l'avouer? ce que les Chinois racontent de Confucius, de ses actions, de ses ouvrages, est tiré de sources suspectes; or si l'on est si peu fixé sur l'histoire chinoise en des temps si modernes comparativement aux autres, comment espérer de

---

(*) Ceci prouve que du temps de Confucius, la Chine, qui n'était pas aussi étendue ni aussi peuplée qu'elle l'est devenue depuis, était partagée entre plusieurs princes, comme l'était la terre de Canaan quand les Israélites en firent la conquête, l'Italie au temps de Romulus, la Gaule quand Jules-César y porta les aigles romaines. Lorsque le peuple se fut multiplié dans la Chine, on choisit un monarque suprême pour centraliser le pouvoir, lier plus fortement les volontés, faciliter la subordination. C'est ainsi que, selon l'Écriture, Chedorlaomer, roi d'Elam, avait sous lui plusieurs rois qui cependant exerçaient une autorité souveraine sur leurs sujets; qu'Agamemnon, chez les Grecs, est représenté au siége de Troie, comme roi des rois; que les Étrusques avaient douze chefs ou Lucumons qui obéissaient tous à un chef supérieur. Cette forme de gouvernement était usitée en Orient dès les temps les plus reculés. Les premirs empereurs Chinois eurent une autorité générale mais non despotique, excepté dans des occasions pressantes qui exigeaient une concentration du pouvoir, comme il arrivait chez les Romains quand on y avait recours à un dictateur temporaire. Ils présidaient dans les assemblées des princes et officiaient seuls dans les cérémonies religieuses. Ce gouvernement subsista pendant plusieurs siècles, jusqu'à ce que l'empereur Shi-Whang-ti, prince conquérant, dépouilla de leur autorité les princes qui ne l'ont plus recouvrée depuis. Maintenant la Chine est l'état le plus despotique de la terre; l'autorité de l'empereur est comme celle de la divinité même; tout le monde, jusqu'aux plus proches parens du monarque, ne lui parle qu'en fléchissant le genou; mais cette autorité est néanmoins tempérée par l'opinion et le droit de remontrance, ainsi que nous l'expliquerons ailleurs.

pouvoir éclairer la nuit qui enveloppe le berceau de cette vaste monarchie ?

Les historiens chinois célèbrent à l'envi la justice, la libéralité, la modération, l'extrême piété d'Yao; ses vertus lui méritèrent l'amour et la vénération de ses peuples. Chun ou Xun, successeur d'Yao, dont il épousa les deux filles, suivit les traces de son beau-père qui l'avait associé à l'empire, à cause de son mérite. Il fut béni de ses peuples et son nom est en grande vénération à la Chine. Il mourut l'an 2207 avant J.-C., selon la chronologie généralement reçue(*), âgé, dit-on, de 110 ans, dont il en avait régné 50 seul, et 28 avec Yao.

Xun.

Nous voici arrivés aux différentes dynasties qui ont occupé successivement le trône de la Chine, l'espace d'environ 4,000 ans jusqu'à nos jours, s'il faut s'en rap-

Dynasties.

(*) De ce que les historiens Chinois disent que les Tartares firent leur première irruption dans la Chine, sous le règne de Shun, Chun ou Xun, il faut en conclure que ce monarque est beaucoup moins ancien qu'ils ne le prétendent, puisque les Tartares, suivant leurs propres historiens même, ne commirent jamais d'hostilités contre les Chinois avant Oghus-khan, qui, étant le même que le Madyès d'Hérodote, n'a précédé le commencement de notre ère que de 637 ans; encore les conquêtes d'Oghus-khan, en Chine, ne sont-elles qu'imaginaires, les Tartares qu'on doit naturellement regarder comme les descendans des Scythes, ne pouvant avoir pénétré dans la Chine que plusieurs siècles après Madyès, puisque les Scythes eux-mêmes n'ont commencé à se faire redouter des nations voisines que sous le règne de ce prince, étant demeurés resserrés jusqu'alors sur le bord oriental du Volga. La première irruption des Scythes dans la haute Asie, se borna, selon Hérodote, à soumettre le pays des Cimbres, l'Arménie, la Médie et les pays contigus à l'Egypte et à la Palestine. Les conquêtes d'Oghus-khan n'ont été étendues, jusqu'à y comprendre la Chine même, que par les derniers historiens tartares, ignorant de leur propre antiquité, mais voulant flatter l'orgueil national.

porter du moins à la chronologie généralement adoptée (*); nous ne nous arrêterons qu'aux empereurs les plus célèbres dans chaque race. Ce fut, selon le témoignage des écrivains chinois, un choix libre et volontaire des peuples qui plaça sur le trône la première race, comme les princes élus qui l'avaient précédée. Toutes les autres furent redevables de l'empire à l'ambition de leurs chefs, secondée de la mauvaise conduite du dernier souverain, et de la révolte des peuples qu'elle avait excitée. Les trois premières races ou familles ont produit les meilleurs princes, et par une conséquence naturelle, se sont maintenues sur le trône beaucoup

(*) Il en est sans doute des dynasties de la Chine comme de celles de l'ancienne Egypte : plusieurs, au lieu d'être successives, ont pu être contemporaines. L'empire ne fut-il pas divisé en septentrional et austral vers l'an 421 de J.-C. Les Topa, Tartares orientaux, possédant les provinces septentrionales (*), pendant que la dynastie de Sum ou Song, la VIIIme, régnait à Nan-kin? On trouve que 600 ans environ après J.-C., Kao-tson-Venti, chef de la XIIme dynastie, ajouta à l'empire les provinces septentrionales situées au-delà du fleuve Yang-tsu-kiang, qui composaient l'empire du nord, réunissant ainsi tout l'empire sous l'autorité d'un seul monarque. La même division avait déjà eu lieu plusieurs fois : sous la dynastie des Goéi, qui ne put conserver la Chine méridionale, puis après la destruction de celle des Tçin, qui ayant mis fin à la dynastie des Goéi, avait réduit le midi et réuni l'empire sous un seul chef. Le renversement de cette dynastie des Tçin, la VIIme, fut suivie de la plus affreuse anarchie, tant il est vrai que les états ont le plus grand intérêt à conserver l'ordre de succession au trône !

C'est un vrai chaos que toutes ces dynasties, ou successives, ou contemporaines, indépendamment de ce grand nombre de royaumes indépendans qui s'établissaient au milieu de la confusion et du désordre inséparables de cette multitude de souverains acharnés à se détruire réciproquement et se disputant les lambeaux de la monarchie.

(*) C'est la dynastie des Ouey qui devint si puissante dans la Tartarie et la Chine septentrionale.

plus long-temps que les autres, puisqu'elles remplissent seules, dans les annales chinoises, l'espace de près de 2,000 ans, tandis que les dix-neuf suivantes occupent à peine le même espace.

1.re Dynastie.
Yu.

Yu, fut le fondateur de la première dynastie, que l'on prétend avoir commencé l'an 2207 avant J.-C., à l'époque où il commença de régner seul, car il avait gouverné 17 ans conjointement avec Chun qui l'avait associé à l'empire. C'était un prince humain, affable, bienfaisant, appliqué aux soins du gouvernement, ennemi de la dissipation et des plaisirs, uniquement occupé de faire le bonheur de ses peuples. Son palais était ouvert à toutes les heures, mais ce n'était pas assez pour son excellent cœur : afin de se rendre encore plus accessible, il fit attacher à la porte de son appartement une cloche, un tambour et trois tables de différens métaux. On frappait sur ces divers instrumens suivant la nature des affaires, et l'empereur s'empressait de tout quitter pour donner audience sur-le-champ. On raconte qu'au son de la cloche, il se leva un jour deux fois de table, et qu'un autre jour il sortit trois fois de suite du bain, pour écouter les plaintes de quelques particuliers. Il était si passionné pour l'agriculture qu'il regardait avec raison comme la source des prospérités d'un grand peuple, qu'il composa lui-même un excellent traité sur cette matière ; c'est à lui qu'on attribue la division de l'empire en neuf tcheou ou provinces, dont cet empereur fit graver le plan sur neuf vases d'airain. Sous son règne, plusieurs contrées furent découvertes du côté du midi, et comme elles étaient ou désertes ou peu habitées, ce prince et ses successeurs y envoyèrent plusieurs colonies, ayant à leur tête des princes du sang impérial à qui ces pays furent délaissés moyennant un tribut annuel ; de là plusieurs petits royaumes tributaires qui, réunis par la suite à l'empire, en augmentèrent l'étendue. Il est à présumer que les grandes vertus d'Yu, qui lui méritèrent le surnom de Grand, *Ta,* engagèrent le peuple chinois à perpétuer sa famille sur le trône et à rendre en sa faveur la couronne héréditaire, d'élective qu'elle était auparavant, ce qui se fit ou de son vivant ou après sa mort.

Sous le règne de Chang-kang, quatrième empereur de cette première dynastie, une éclipse fut observée selon les historiens chinois, et cette éclipse rapportée dans le Chu-king, a été vérifiée par le missionnaire jésuite Adam-Schaal, et tombe sur l'année 2155 avant J.-C. Ceux qui ne sont pas si entichés des antiquités chinoises, révoquent en doute cette observation astronomique, persuadés que les Chinois ne se trouvèrent en état de faire des observations astronomiques passables, que bien des siècles après le règne de Chang-kang.

L'an 2037 avant J.-C., sous le règne de Ti-hoai (*Ti* signifie empereur ou seigneur), huitième empereur de la même dynastie, plusieurs nations éloignées envoyèrent des ambassadeurs aux Chinois, et se soumirent volontairement à un tribut annuel, sur la réputation de la bonté de leur gouvernement et de la sagesse de leurs lois.

La première dynastie compte dix-sept monarques, dans l'espace de 458 ans. Elle finit dans la personne de

2.me Dynastie.

Kié, que les historiens peignent comme un monstre de cruauté et de débauches. Sa mémoire est encore en exécration à la Chine. On prétend qu'un jour il noya 3,000 de ses sujets dans une fosse qu'il avait fait remplir de vin dans cette intention. Il n'y avait rien de sacré pour lui : ses excès en tous genres soulevèrent le peuple qui appela Tchin-tang, prince tributaire, et lui offrit le trône impérial. Tchin-tang accepta avec regret cet offre. Kié parut se repentir de sa conduite passée. Tchin-tang eut la générosité de lui rendre un sceptre qu'il avait pris malgré lui. Kié oublia bientôt ses promesses et ses résolutions. Il se replongea dans le désordre. Tchin-tang retiré dans son petit état fut rappelé par le peuple lassé des vices du prince et de son opiniâtreté dans le mal, et se vit contraint, pour la seconde fois, d'accepter le fardeau de l'empire qu'il gouverna sagement. Quant à Kié qui avait oublié qu'il devait à son peuple l'exemple de toutes les vertus et qu'il n'avait été placé si haut que pour servir de modèle à tous, il n'est plus question de lui et on ne dit point ce qu'il devint : sans doute qu'il périt, comme c'est l'ordinaire, misérable victime de ses fureurs et de ses passions indomptées.

A Tchin-tang succéda Tai-kia, qui, séduit par le prestige de la grandeur, s'égara un instant. Il avait un premier ministre nommé Y-yn, à qui les annales chinoises accordent les plus grands éloges. Son âge et ses services lui avaient acquis une grande autorité dont il se servit pour corriger l'empereur. Après lui avoir présenté inutilement plusieurs mémoires remplis d'excellens conseils, il eut recours à un expédient bien hardi : après avoir fait construire une cellule près du tombeau du dernier Empereur, il l'y renferma et l'y tint trois ans, jusqu'à ce que le prince ayant profité de sa disgrâce par les réflexions qu'elle lui suggèra, fut revenu de ses erreurs. Le ministre bien assuré de sa conversion, le tira de son affreuse prison pour le replacer sur le trône. Tai-kia rendit ses peuples heureux et ils le durent au sage Y-yn.

Sur la fin de la deuxième dynastie, 1200 ans environ avant J.-C., des colonies chinoises allèrent peupler plusieurs îles en s'étendant du côté de l'Orient. Quelques auteurs même prétendent, et peut-être sans fondement, qu'une de ces colonies fonda l'empire du Japon.

Une révolution à peu près semblable à celle qui avait mis fin à la première dynastie, termina la seconde appelée Cham, et qui prit le nom d'Yn, depuis qu'un de ses princes nommé Puon-kang, monté sur le trône, donna les plus sages réglemens à l'empire. Elle avait donné vingt-huit empereurs à la Chine, dans l'espace de 644 ans. Tcheou, dernier prince de cette race, se rendit odieux par ses cruautés, ses profusions et ses débauches. Les peuples opprimés eurent recours à Vouvang, roi d'un petit état tributaire, qu'ils élevèrent à l'Empire pour le récompenser de les avoir délivré de leur tyran qui fut réduit à se brûler dans son palais avec ce qui lui restait de ses trésors, fruits de ses exactions. Ce tyran fut le Phalaris de la Chine. A l'instigation de sa concubine Tai-kia, qui cachait sous des formes séduisantes et la figure la plus gracieuse, une âme atroce, il avait imaginé un instrument de supplice épouvantable : c'était une colonne creuse de bronze, dans l'intérieur de laquelle on allumait un grand feu, et dont on faisait embrasser étroitement la surface extérieure aux criminels, pour les y faire rôtir. Le prince et la princesse surtout repaissaient leur vue d'un si horrible spectacle. La mémoire de ces deux monstres est encore en exécration à la Chine.

3.me Dynastie   Le fondateur de la troisième dynastie commit, dès les premières années de son règne, une faute capitale qui, dans la suite des temps ayant occasionné dans l'empire de grandes révolutions, influa prodigieusement sur tous les malheurs de sa race. Voulant gratifier les princes de son sang et certaines familles qui avaient contribué à son élévation, il érigea, en leur faveur, plusieurs principautés et même de petits royaumes, sans songer qu'en démembrant son empire, il affaiblissait sa puissance. Ils relevaient bien de l'empire dans le principe, mais ils ne tardèrent pas à affecter l'indépendance, à secouer toute sujétion. L'empereur ne se trouva plus assez puissant pour les faire rentrer dans le devoir, et l'ancien ordre de choses ne put être rétabli. Sous le treizième empereur de cette dynastie (Pin-vang), vers 760, ces petits princes se firent une guerre cruelle; leurs divisions déchirèrent l'empire qui fut inondé de sang pendant plusieurs siècles. L'autorité impériale fut avilie et les empereurs reçurent la loi de ceux qui avaient été originairement leurs tributaires et leurs fidèles vassaux. Ces rois rebelles et indépendans les installaient et les déposaient au gré de leurs caprices ; ils en fesaient leurs jouets.

Ce fut vers les derniers temps de la troisième dynastie, dite de Tcheou, que naquit Kong-fou-tse (Confucius), l'an 520 avant J.-C.

Vers l'an 434 avant J.-C. régnait Lye-vang. M. Fouquet, évêque titulaire d'Eleuthéropolis publia, en 1729, une table chronologique de l'empire chinois, rédigée par Nyen, seigneur tartare, vice-roi de Canton, en 1720, qui fixe le commencement de la véritable chronologie chinoise, au règne de Lye-vang. Nyen l'avait tirée du Kang-nen ou des grandes annales de la Chine. Les auteurs de cet ouvrage important ne remontent pas plus haut, convenant que la chronologie des temps qui précèdent, est remplie d'erreurs et d'incertitudes.

Tcheou-kiun, trente-cinquième et dernier empereur de cette race qui occupe 873 ans dans la chronologie, trouva un ennemi formidable dans Tchao-siang, son vassal, roi de Tsin, à qui il se vit obligé de résigner la couronne impériale : la mort surprit l'usurpateur. Son fils qui lui succéda, ne lui survécut guère ; enfin le fils de ce dernier, appelé Tchuang-siang, Vang, profita de l'ambition de son aïeul, jouit seul de ses crimes, et fonda la quatrième dynastie qui n'a donné que quatre empereurs à la Chine, dans l'espace de 43 ans. 4 me Dynastie

Chi-hoang-ti, qui régnait environ 200 ans avant J.-C., fut le second empereur de cette dynastie ; bien différent de la plupart de ses prédécesseurs qui avaient été clémens, modérés, pacifiques, il fut cruel, ambitieux, entreprenant. Quelques écrivains ont prétendu que jusqu'alors les empereurs chinois n'avaient pas exercé une autorité despotique sur leurs peuples; que l'autorité suprême, tempérée par les lois, avait résidé dans un conseil dont l'empereur était le chef ou président, mais que Chi-hoang-ti changea cette forme de gouvernement qu'il rendit absolu en le concentrant dans sa personne. Il fit la guerre avec succès aux princes tributaires; les dépouilla de leurs souverainetés; les extermina eux et leurs familles, en sacrifiant tous les mâles et n'épargnant que les filles. Il étendit fort loin sa domination, au nord et au midi. Sans doute que ce fut lui qui fit la conquête du royaume de Tonquin et qui étendit les limites de l'empire jusqu'au royaume de Siam, car les historiens le représentent comme le premier et presque le seul conquérant qu'ait eu la Chine. Capable des plus hautes entreprises, en cinq ans de temps il fit construire cette fameuse muraille qui sépare la Chine de la Tartarie, vraie merveille de son siècle. Conquérant farouche, ne faisant cas que des armes et des arts qui se rattachent à cette profession, il méprisa tellement les sciences, qu'il rendit un édit qui ordonnait, sous peine de la vie, de brûler tous les livres à l'exception de ceux qui traitaient de l'agriculture, de médecine et d'architecture, seuls arts utiles selon lui, les sciences ne servant qu'à entretenir l'oisiveté et à nourrir l'orgueil. Par son ordre, on fit une recherche exacte et la plus minutieuse des livres d'histoire et de morale, pour les livrer aux flammes. Plein d'orgueil, il ne pouvait souffrir dans les premiers, les éloges prodigués à grand nombre de ses prédécesseurs; il voulait les anéantir pour qu'il n'y eût que son nom qui passât à la postérité. Pour les seconds, il les trouvait en quelque manière bons pour le peuple, mais il trouvait au fond qu'ils nuisaient au despotisme, son grand principe étant de faire plier la morale sous la politique. Il fut donc le Machiavel de la Chine, bien long-temps avant que celui-ci parut en Italie. Les censeurs lui étaient à charge et il prit tous les moyens de s'en affranchir, voulant aussi éviter qu'on soufflât parmi le peuple l'esprit de révolte et de sédition.

D'après cette extinction de tous les monumens historiques commandée et exécutée par Chi-hoang-ti, quel degré de confiance peuvent mériter les mémoires composés depuis sur des ouï-dire et une tradition incertaine? On a bien dit que l'empereur Vou-ti, 73 ans après la mort de Shi-Whang-ti, ayant fait rassembler tous les fragmens épars des mémoires historiques échappés à la destruction presque générale qui en avait été faite, donna une édition de ces fragmens. Mais ces fragmens ne méritent-ils pas d'être comparés aux fragmens qui furent faits des vers Sybillins, après que ceux-ci eurent été réduits en cendres avec la capitale, durant la guerre civile entre le Sénat et Marius? Or si les modernes écrivains de la Chine n'ont pu avoir d'autres matériaux pour composer leur propre histoire, qu'elle confiance mérite-t-elle ?

Le célébre historiographe Sumaquam, qui vivait sous le règne du Vme empereur de la XIXme dynastie, qui commença à régner en 1064, ne fait remonter ses annales qu'à Hoam-ti, que les Chinois éclairés regardent comme le vrai fondateur de leur Empire. Ces annales représentent la Chine comme peu habitée et presque déserte à une époque qui coïncide avec l'année 1400 avant J.-C., et ses habitans nomades n'ayant pour demeures que des cabanes ou des trous de rochers.

5.me Dynastie. La cinquième dynastie qui a duré 426 ans, sous vingt-cinq Empereurs, eut pour fondateur un aventurier nommé Lieou-pan, d'abord simple soldat, ensuite chef de brigands. Il s'éleva à l'Empire par les voies les plus injustes et s'y maintint par de grandes vertus. Sa famille connue sous le nom de Han, a produit plusieurs grands hommes, entr'autres Ven-ti, le troisième de cette race, si renommé par son aversion pour le luxe, et Vou-ti, le cinquième. Les annales chinoises mettent celui-ci au rang des plus grands princes et des meilleurs qui aient gouverné l'Empire. Prudent, modéré, courageux, appliqué aux affaires, amateur des sciences, protecteur éclairé des savans, il fit la gloire et les délices de son peuple. Guerrier par goût, il sut contenir dans de justes bornes son ambition qui le portait aux plus grandes entreprises, et ne s'occupa, dans les commencemens de son règne qui fut long pour le bonheur de ses peuples, que du soin de faire fleurir l'abondance et la paix qui en est la source. Il fit recueillir précieusement tous les anciens livres échappés à la destruction ordonnée par le barbare Chi-hoang-ti, et les fit enseigner dans les écoles publiques pour répandre l'instruction. Les Tartares établis au-delà de la grande muraille, ayant entrepris de franchir ce rempart, Vou-ti se mit à la tête d'une armée, remporta sur eux quatre victoires signalées, et s'étant emparé de la majeure partie de leur pays, il y établit des colonies chinoises. Ces succès réveillèrent bientôt son humeur belliqueuse, il porta la terreur de son nom et de ses armes jusque dans les royaumes les plus voisins de l'Inde, deux cents ans environ après qu'Alexandre eût pénétré dans cette région. Le Pégu, les royaumes de Siam, de Camboge et du Bengale reçurent ses lois et devinrent ses tributaires. Quelques-uns de ces états le sont encore de nos jours ou dépendent de la Chine. Vou-ti mourut vers l'an 117 avant J.-C. L'histoire ne lui reproche d'autre défaut qu'un penchant aveugle pour les sciences occultes, et une puérile crédulité en cette matière. Il revenait néanmoins facilement aux avis sages de ses mandarins ou de ses ministres.

Ven-ti et Vou-ti ne furent pas les seuls princes estimables que produisit la cinquième dynastie. Il y en eut plusieurs autres qui se distinguèrent par leur prudence, leur douceur, leur tempérance, leur affection pour le peuple confié à leurs soins. Mais les derniers princes de cette dynastie ayant donné leur confiance et abandonné toute l'autorité aux eunuques, tombèrent dans l'avilissement et devinrent odieux aux peuples révoltés déjà contre de si indignes favoris. Il y eut un soulèvement général, et plusieurs chefs profitant de ces mouvemens insurrectionnels pour satisfaire leur ambition, se mirent à la tête des factions dont ils se servirent à leur avantage et dans leurs propres intérêts. L'empire fut déchiré, bouleversé. Après bien des guerres cruelles qui n'avaient d'autre objet de la part des meneurs que le partage de la monarchie pour assouvir leur cupidité, elle fut divisée en quatre parts, qui eurent chacune un souverain particulier.

6.me Dynastie. Cet état de choses ne dura pas long-temps; la Chine fut bientôt réunie sous un seul chef portant le titre d'empereur, nommé Tchao-lie-vang, qui fut le fondateur de la sixième dynastie des Cho-han ou Han, de la province de Cho, Heu-han ou Han modernes(*), l'an

---

(*) La VIme dynastie ne put se maintenir unique; celle des Goéi se forma dans la partie septentrionale, et sous la dynastie des Goéi, dont le fondateur fut un homme de la plus basse extraction, Sun-kiven, ayant obtenu le titre de roi d'Ou, prit celui d'empereur et régna dans la partie méridionale qui resta dans cette maison 59 ans, au bout desquels l'empereur des Tçin la réunit au reste de l'empire.

Tçhao à qui l'empereur des Goéi avait conféré le titre de roi de Tçin, le transmit à son fils Suma-yen, lequel prit celui d'empereur et renversa les Goéi, en 265, fondant ainsi la VIIme dynastie.

Lieou-you, de la plus basse extraction quoique se donnant pour un descendant de l'illustre famille Han, s'était élevé aux plus hautes dignités sous Gau-ti, empereur des Tçin, qu'il avait défendu contre un rebelle avec le plus grand succès. Devenu premier ministre, il déposa son maître et força, deux ans après, le frère et successeur du prince déposé, à abdiquer et à lui céder le titre d'empereur. Il fonda ainsi la VIIIme famille appelée *Sum*. Cette dynastie dura 60 ans, jusqu'à l'an 479 de notre ère.

Un des derniers empereurs de cette race, avait élevé au pouvoir Tao-tching qui sut habilement profiter des circonstances pour s'élever encore plus haut, le désordre de la conduite de son maître lui ayant facilité les moyens de s'en défaire, de prendre le titre de roi et enfin celui d'empereur de Tçi. Sa famille régna 23 ans à Nan-kin, jusqu'en 502 de notre ère, que Siao-Yen s'étant emparé peu à peu de toute l'autorité, fit périr une grande partie des princes de cette famille, renferma l'empereur Ho-ti et se fit donner le titre d'empereur de Leam, dynastie qui dura 55 ans, jusqu'en 557.

Tchin-pa-sien ayant fait périr le dernier empereur Vou-ti, fonda la dynastie des Tchin, qui subsista à Nan-kin, 33 ans, jusqu'en 589.

Yam-kien, qui avait servi sous les Goéi et les Tcheou de l'empire du

224 depuis J.-C. Ce prince ne régna que trois ans, et laissa un fils nommé Héou-ti, qui après avoir possédé le trône impérial 41 ans, l'abandonna lâchement à l'usurpateur Chi-tsou-vouti, chef de la septième race appelée Tçin, qui, dans un espace de 155 ans, a donné quinze empereurs à la Chine, presque tous indignes du trône qu'ils avilirent par leur indolence et leur lâcheté. Le dernier de ces princes nommé Kong-ti, fut détrôné et inhumainement massacré la deuxième année de son règne, par Lieou-you, qui, de cordonnier s'étant fait soldat, devint général d'armée et ensuite empereur. Sa famille qui est la huitième dynastie et les quatre suivantes ne comprennent que 198 ans, dans lequel espace on compte néanmoins vingt-quatre règnes ; mais leurs fastes n'offrent que guerres sanglantes, que révolutions rapides, des monarques faibles ensevelis dans la mollesse, livrés à la superstition, obsédés par leurs bonzes et leurs ministres, et ensuite trahis par eux, renversés du trône et indignement massacrés. Enfin l'empire commença à respirer sous les premiers empereurs de la treizième dynastie fondée par Chin-yao-ti, dont le premier nom était Li-yven, roi tributaire.

<small>7.me Dynastie.</small>

<small>8.me Dynastie.</small>

<small>13.me Dynastie.</small>

Le culte d'une fausse divinité nommée Fé, Fo ou

---

nord, profitant de l'indolence du dernier empereur de la famille des Tchin, la XIe, renversa cette dynastie par la mort du dernier empereur de cette race, et devint chef de la dynastie des Souy. Il mit également fin à la division de la Chine en deux empires, qui avait subsisté jusqu'alors.

La dynastie des Souy dura 38 ans, jusqu'en 619, que Li-yven, devenu roi de Tam, saisit l'occasion de se faire proclamer empereur, et fonda ainsi une nouvelle dynastie appelée Tam, qui subsista 290 ans.

Foé, dont l'origine est incertaine (*), ayant été introduite à la Chine sous le règne de Ming-ti, quinzième empereur de la cinquième famille, l'an 65 de J.-C., y corrompit le culte primitif qui consistait dans l'adoration du roi du ciel (Xam-ti), et la vénération pour les ancêtres; conséquences des deux vérités les plus importantes: l'existence de Dieu et l'immortalité de l'âme humaine. Les prêtres de cette idole nommés bonzes, infectèrent le peuple d'horribles superstitions; ils affectaient la continence, quoique se livrant aux plus honteuses débauches. Plusieurs empereurs s'appliquèrent à les réprimer et à diminuer l'influence que ces fanatiques exerçaient sur le peuple: l'empereur Chin-yao-ti, fondateur de la treizième dynastie, ainsi que nous l'avons dit plus haut, prince guerrier, pour augmenter le nombre de ses soldats, obligea cent mille bonzes à se marier. Sa famille qui se maintint l'espace de 289 ans, donna vingt empereurs, sous la plupart desquels la Chine fut sagement administrée.

Tai-tsong, second empereur de cette famille, apporta sur le trône toutes les qualités qui peuvent faire chérir un souverain. Il était doux, accessible, populaire, et à

(*) On prétend que Confucius, avant de mourir, avait annoncé que le sage et le saint par excellence serait trouvé dans l'Occident, et que ce fut d'après cette annonce consignée dans les écrits laissés par ce philosophe et sur un songe qui le lui rappela, que l'empereur Ming-ti ou Men-ti, fit partir une députation avec mission de s'occuper de cette recherche, et que les députés s'étant arrêtés dans l'Inde et y ayant trouvé le culte de Fo ou Foé établi, crurent que c'était lui qui avait été désigné par Confucius, et que bornant là leurs investigations, il revinrent à la Chine, fatigués d'ailleurs de leurs courses, et y apportèrent cette horrible superstition qui s'étendit avec la plus grande rapidité dans tout l'empire.

toutes ces vertus joignait une si grande frugalité, qu'il ne permit jamais qu'on servît sur sa table plus de huit plats. Il aima les sciences et établit dans son palais une académie composée des plus beaux génies de l'Empire. Il institua une autre école pour les armes, où l'on s'exerçait à tirer de l'arc. Il assistait lui-même souvent à ces exercices et aimait à se mêler familièrement avec ses soldats. On cite de lui grand nombre de maximes et de réponses qui font honneur à son caractère et à son cœur, et qui font voir quel était son amour pour ses peuples et combien il craignait de les fouler. La seconde année de son règne fut remarquable par un fléau assez ordinaire en Chine, dans les années de sécheresse qui succèdent aux années pluvieuses et aux grandes inondations. Les campagnes furent couvertes d'une multitude innombrable de sauterelles qui dévastèrent les moissons, dévorèrent toutes les productions de la terre. L'Empereur, ami de ses peuples, eut à soutenir une rude épreuve : combien de fois soupira-t-il sur les malheurs publics ! Quels furent ses efforts pour venir au secours de la classe indigente et pour soulager la misère d'un grand nombre de ses sujets ! De combien de sacrifices ne fut-il pas capable ! Ce bon prince mourut à l'âge de 53 ans, et fut amèrement pleuré de ses peuples. Sa mémoire est encore bénie aujourd'hui à la Chine. Il était contemporain de Dagobert Ier, roi de France, qui vivait au commencement du VIIe siècle de l'ère chrétienne. La monarchie chinoise comptait déjà près de 3,000 ans d'ancienneté, selon les partisans les plus modérés de son antiquité.

Il paraît par un monument (*) qu'on trouva à la Chine, en 1625, en creusant les fondemens d'une maison dans un village près de la ville de Singan-fu, qui est la capitale de la province de Chensi, que le christianisme fut prêché à la Chine sous le règne de Tait-song qui favorisa cette prédication et permit l'établissement d'une église chrétienne, en 639; que son successeur, l'empereur Tao-tsong, en 651, fut aussi favorable à cette prédication, et que le christianisme se répandit dans les provinces sans qu'on inquiétât les missionnaires envoyés par un patriarche des Nestoriens de Syrie, et qu'ayant été troublés par les bonzes, en 699, l'empereur Yven-tsong réprima ces mouvemens, et qu'en 757 l'empereur So-tsong témoigna son zèle pour la propagation de l'évangile, en permettant l'établissement de plusieurs églises, exemple que suivirent une partie de ses successeurs. Cette histoire du premier établissement du christianisme à la Chine, consignée dans ce monument et omise dans les livres historiques chinois, prouverait que ces livres auraient été fabriqués dans un temps bien postérieur, où l'on aurait perdu tout souvenir de l'existence de tant de chrétiens à la Chine (**)

La Chine avait joui d'une paix profonde, fruit d'une bonne administration, sous les premiers règnes de la XIII° race. Elle commença à être troublée sous Yven, sixième

---

(*) C'était une table de marbre gravée en caractères chinois et syriaques, qui avait trois mètres trente-trois centimètres de long sur un mètre soixante-sept centimètres de large et onze centimètre d'épaisseurs.

(**) On trouve dans un auteur Mahométant, qui écrivait en 877, que la capitale de la Chine ayant été prise par un rebelle, il y périt un grand nombre de chrétiens.

Empereur de cette race, et les révoltes continuèrent presque sans interruption depuis ce règne jusqu'à celui de Tchao-Suen, dernier empereur de cette race. Les princes de cette dynastie avaient confié un pouvoir sans bornes aux eunuques, dont la tyrannie occasionna ces révoltes qui furent si fatales à Tchao-suen.

Tchou-ven, chef de brigands, profita de ces troubles, 14.me Dynastie. le détrôna, éteignit dans son sang la XIII° race, et devint ainsi le fondateur de la XIV°, nommée Heou-leang. Celle-ci et les quatre autres qui la suivirent, n'ont duré qu'un peu plus de cinquante ans, et dans ce court espace, on compte treize empereurs qui n'ont fait que paraître, et qui, pour la plupart, périrent de mort violente.

Les derniers empereurs de la XIII° race avaient cédé aux Tartares la province la plus septentrionale de la Chine, appelée le Leao-tong, située au-delà du fleuve Yang-tsu-kiang, conquise autrefois vers l'an 600, par Kao-tson-ven-ti, chef de la XII° dynastie, et où ils s'étaient établis. Kao-tson, chef de la XVI°, qui leur dût son élévation (*), leur céda encore seize villes de la province de Pe-tche-li, indépendamment d'un tribut de trois cent mille pièces de soie qu'il s'obligea de leur payer. Ces lâches complaisances ne firent qu'accroître la puissance et l'audace de ces peuples, qui tinrent un

---

(*) Son premier nom était Che-king-tang. Il avait épousé la fille de Ming-tsong, deuxième empereur de la XV° dynastie nommée Heou-tang. A la mort de son beau-père, il se révolta contre son fils et successeur, à la tête d'une armée de cinquante mille hommes qui lui avait été fournie par les Leao ou Kitans, et lui ravit la couronne et la vie, fondant ainsi la XVI° dynastie, sous le nom de Heou-tsin.

empire, lequel rivalisa avec celui de la Chine, et qui fut connu, pendant plusieurs siècles, sous le nom d'empire du nord. Ce voisinage devint la source d'une infinité de guerres qui désolèrent les belles contrées de la Chine, pendant 400 ans. Ce fut sous les cinq dynasties dont nous venons de faire mention, que ces Tartares commencèrent à se rendre formidables à l'empire (*).

Sous le règne du dernier empereur de la XVIIIe dynastie, Tai-tson s'acquit une si grande considération par sa valeur et ses services, que lorsque le trône fut vide, tous les grands se déterminèrent à l'élever à l'empire, au préjudice du trop jeune Kong-ti, à qui le sceptre appartenait de droit et dont l'empereur précédent Chitson, lui avait confié la tutelle en mourant. Ce fut ainsi

19.me Dynastie. que Tai-tson fut le fondateur de la XIXe dynastie, celle des Song, vers la fin du dixième siècle de notre ère, à peu près dans le même temps et de la même manière que Hugues-Capet jetait en France les fondemens de la troisième race de nos rois. La sagesse, l'application, la modestie et la clémence surtout, montèrent sur le trône im-

---

(*) Tsi-vang neveu et successeur de Kao-tson, ayant confié le commandement de l'armée destinée à repousser les nouvelles incursions des Kitans ou Leao au général Lieou-chi-iven, celui-ci aspirant à la couronne de son maître, le trahit, s'entendit avec les ennemis pour le leur livrer, et se mettant à sa place, devint, sous le nom de Kao-tson le fondateur de la XVIIe dynastie dite de Heou-han.

Les Tartares Kitans continuant leurs incursions, le général Ko-Guei fut envoyé contr'eux. De retour triomphant de cette expédition et trouvant tout en combustion à la cour, par les troubles qu'y avaient excité les eunuques, il se fit proclamer empereur sous le nom de Tai-tson, fondant ainsi la XVIIIe dynastie de Heou-Cheou.

périal avec lui. Il justifia par ses grandes qualités le choix des peuples. Simple dans ses vêtemens, il interdit à ses femmes et à ses filles l'usage des perles et des pierreries, et par cet exemple, il contribua beaucoup à bannir le luxe de l'empire sans employer la rigueur. Son humanité, dont on rapporte des traits si touchans, lui concilia tous les cœurs. Il voulut que son palais fut comme son cœur, ouvert indistinctement à tous ses sujets. Les Tartares du Leao-tong firent de grands progrès sous son règne : ses armées furent presque toujours aux prises avec ce peuple. Durant un hiver très-rude, Tai-tson se dépouilla d'une robe de fourrure, pour l'envoyer au général de ses troupes qui étaient aux mains avec les Tartares, en ajoutant ces belles paroles : « Je vous assure, général, que j'aurais bien voulu en donner une pareille à chacun de mes soldats ». Cependant les Tartares s'avancèrent toujours dans l'intérieur de l'empire : la ville de Nan-kin fut prise. Tai-tson se vit obligé de l'assiéger pour recouvrer sa capitale. Pendant le siége, ce bon prince prévoyant le carnage qu'entraînerait infailliblement la prise d'une si grande ville, se mit au lit, feignant d'être dangereusement malade. Ce ne fut qu'un sentiment de douleur universelle dans l'armée ; la consternation y fut générale ; les principaux officiers accoururent, la mort dans l'âme, le désespoir dans le cœur : *Cessez de vous allarmer*, leur répondit l'empereur quand ils furent en sa présence et qu'il eut entendu leurs accens de douleur, *vous pouvez me guérir ; il ne tient qu'à vous d'effectuer mon rétablissement sur-le-champ ; jurez-moi d'épargner le sang de vos anciens compatrio-*

tes et mes sujets, le sang des habitans de Nan-kin, ancien domaine de l'empire. Le serment en fut fait et quelques jours après, la ville emportée d'assaut, n'eut à souffrir aucune violence, à déplorer aucune perte.

Sous les successeurs de ce bon prince, les Chinois fatigués des incursions sans cesse renaissantes et des insultes toujours renouvellées des Tartares du Leao-tong, appelèrent à leur secours d'autres Tartares orientaux nommés Niu-tche, par le moyen desquels ils exterminèrent les Tartares du nord et renversèrent leur empire qui avait duré 209 ans. Ce service fut payé bien chèrement par les Chinois; les Niu-tche se firent céder non seulement le Leao-tong, mais ils se saisirent des provinces de Pe-tche-li et de Chensi; bientôt ils envahirent celle de Ho-nan, et ne bornèrent pas là leurs prétentions. Quelques années après, ils firent des incursions jusque dans le cœur de l'empire, prirent la capitale Nan-kin, réduisirent en cendres le palais impérial, et forcèrent les Chinois d'accepter une paix honteuse, par laquelle ceux-ci se reconnurent sujets et tributaires des Tartares.

D'autres Tartares nommés Tan-yu, établis à l'occident de la Chine, dans le pays qui s'étend depuis la province de Chensi jusqu'au Tibet et jusqu'à Samarcande, se liguèrent assez long-temps après avec les Chinois contre les Tartares Niu-tche. Ils parvinrent, après plusieurs guerres, à chasser ceux-ci qui possédaient la Chine septentrionale appelée *Cathay*, et qui se virent obligés d'abandonner le Leao-tong et les autres provinces qu'ils avaient usurpées, de sorte que leur

Empire fut détruit après 117 ans de durée. Mais il s'en forma aussitôt un troisième fondé par les Tartares Tan-yu, qui exigèrent pour prix des services qu'ils avaient rendus aux Chinois, qu'on les laissât s'établir dans ces mêmes contrées septentrionales dont ils avaient chassé les Tartares Niu-tche. Ces nouveaux Tartares sont les Tartares Occidentaux si fameux par Genghiz-khan. Non contens de cette session, ils se répandirent dans les provinces d'Yun-nan, de Se-tchuen et de Hou-quang qu'ils désolèrent. Dans moins d'un demi-siècle, leur puissance s'accrut à un tel point, qu'ils subjuguèrent tout l'Empire, et par une révolution dont il n'y avait point encore eu d'exemple, on vit une famille étrangère monter sur le trône des Chinois.

Ce fut Chi-tson, quatrième fils de Tai-tson qui avait fondé le troisième empire Tartare dont nous venons de parler, qui opéra cette grande révolution. Roi ou Khan des Tartares Tan-yu ou Occidentaux, ce fut à l'âge de 75 ans qu'il entreprit de se rendre maître de la Chine, sur le dix-huitième empereur de la XIXe dynastie qui avait duré jusqu'alors 319 ans. Ce grand dessein exécuté en 1280, il prit toutes les mesures nécessaires et pour se maintenir et pour faire chérir sa domination. Il ne changea rien dans la forme extérieure du gouvernement, il laissa à ses nouveaux sujets leurs lois et leurs usages, et il eut la prudence de se conformer lui-même aux mœurs et au génie de la nation conquise. Il gouverna ses peuples avec tant de sagesse et d'habileté, que les Chinois se souviennent encore aujourd'hui de son administration qu'ils appellent par excellence le sage

20.me Dynastie.

gouvernement. Tel fut le fondateur de la XX⁰ dynastie qui prit le nom d'Yven, et qui donna neuf empereurs dans l'espace de 89 ans. C'est au règne célèbre du premier de ces princes qu'on rapporte la construction d'un fameux canal connu sous le nom de *Canal royal*, qui, coulant du nord au midi dans l'espace de six cents lieues, ouvre une communication facile d'une extrémité de l'Empire à l'autre. Cet ouvrage, dit un auteur, eut seul été capable de rendre la mémoire de Chi-tson immortelle, si ses vertus ne lui eussent déjà érigé dans tous les cœurs un monument plus durable.

Quelques-uns des successeurs de ce prince firent encore chérir leur domination. Mais les derniers princes de cette dynastie s'étant laissé amollir par les délices de ce climat voluptueux, dégénérèrent du courage de leurs ancêtres et trouvèrent, dans les Chinois même qu'ils avaient subjugués, un peuple aguerri qui sut leur arracher leur conquête.

Hong-vou, qui avait été cuisinier dans un monastère de bonzes, profita des circonstances heureuses qui se présentaient. Un grand mérite joint à ces circonstances propres à le développer, l'élevèrent à l'empire; il attaqua la dynastie qui régnait. Les Mongols ou Tartares Occidentaux furent chassés et poursuivis jusqu'à l'entrée du grand désert. La dynastie Tartare ayant ainsi été éteinte dans la personne de Chun-ti, prince indolent, livré aux femmes et esclave de ses ministres; les Chinois délivrés de l'esclavage d'une domination étrangère, mirent sur le trône leur libérateur, malgré la bassesse de sa première condition, à l'exclusion de Chun-ti, en qui finit la dynastie Tartare, en 1368.

Hong-vou conféra le titre d'empereur à son père, à son aïeul, à son bisaïeul et à son trisaïeul, pour n'avoir point à rougir de ses aïeux. L'histoire nous dépeint ce prince comme un modèle de vertus. Il signala les commencemens de son règne par les plus sages réglemens. Il exclut les eunuques de toute charge civile et militaire; il abaissa les princes tributaires et leur interdit toute connaissance des affaires du gouvernement; il défendit aux moines d'admettre à la profession aucune personne des deux sexes avant l'âge de quarante ans : il avait vécu parmi eux, il n'est pas étonnant qu'il fit ces réformes dont il sentait mieux qu'un autre l'importance. Hong-vou, prince pacifique, sage administrateur, se fit admirer par la douceur et la bonté de son gouvernement, la protection qu'il accorda aux gens de lettres, et l'amour extrême qu'il avait pour son peuple, dont il donna bien des preuves, soit par les belles maximes qui sortirent de sa bouche, soit par les instructions qu'il donna à son fils aîné dans les voyages qu'il entreprit avec lui dans l'étendue de l'Empire, pour son avancement. Ses leçons n'avaient point pour but l'art de conserver le trône à force de politique, mais l'art plus nécessaire de veiller au bonheur des peuples en leur procurant non-seulement l'indispensable, mais encore l'aisance et le bien-être. Sa maxime favorite était qu'un empereur ne doit être attentif qu'aux besoins de ses sujets, et être toujours dans la crainte qu'ils manquent du nécessaire, quelque soin qu'il prenne de modérer les impôts et de diminuer ses dépenses. Il eut toujours

21.me Dynastie.

les plus grands égards, la plus grande prédilection pour la condition si estimable des laboureurs qui nourrissent l'état pour lequel l'agriculture est une source inépuisable de richesses. Il les recommanda expressément à son fils, en lui défendant de les surcharger d'impôts. Il mourut la dernière année du XIV° siècle de l'ère chrétienne, âgé de 71 ans. Hong-vou avait pris le nom de Tai-tson, en montant sur le trône impérial. La dynastie qu'il fonda s'est maintenue 276 ans, sous seize empereurs. Les dissensions qui s'élevèrent sous cette race, entre les mandarins et les eunuques, plongèrent l'Empire dans de graves désordres, affaiblirent l'autorité du prince, enhardirent les peuples opprimés à secouer le joug, et préparèrent cette révolution fameuse qui éleva, pour la seconde fois à l'Empire, une famille Tartare qui occupe encore le trône, de nos jours.

Les Tartares Niu-tche ou Orientaux qui, ainsi que nous l'avons déjà observé, avaient été chassés du Leao-tong et de tout l'empire, s'étaient retirés dans leur ancien pays voisin du Leao-tong, où ils se partagèrent en sept hordes ou peuplades différentes. La division se mit parmi eux, ils se firent long-temps la guerre les uns aux autres. Enfin, pour le malheur de la dynastie régnante, ils se réunirent sous l'obéissance d'un seul chef; leurs marchands qui commerçaient dans la province du Leao-tong, reçurent quelque insulte des marchands chinois; ces peuples s'en plaignirent aux mandarins de la province. Non seulement leurs plaintes ne furent point écoutées, mais non contens de négliger cette affaire et de ne leur en faire aucune raison, les mandarins attirèrent le roi Tartare dans une embuscade, s'en saisirent et lui firent trancher la tête. Les Tartares irrités de cette perfidie, entrèrent avec une forte armée dans le Leao-tong, ayant à leur tête Tien-ming, fils du feu roi, aux mânes duquel il avait juré d'immoler deux cent mille Chinois. Il s'empara du Leao-tong et du Pe-tche-li, mais bientôt après il fut chassé de ces deux provinces.

La conquête de la Chine était réservée à Tsong-té, son petit-fils, prince courageux, entreprenant et d'ailleurs affable, humain, compatissant et qui, élevé secrètement chez les Chinois, apprit leur langue et s'appliqua à étudier le génie et le caractère de ce peuple, comme s'il eut prévu devoir un jour lui commander.

La guerre continuait cependant avec les Tartares Niu-tche, et toutes les forces de l'empire se portèrent de ce côté là. La monarchie des Chinois était alors dans une crise violente ; l'empereur Hoai-tsong régnait, prince vertueux, mais monarque faible, se laissant gouverner tour à tour par ses mandarins et ses eunuques, qui, sous son nom, commettaient les plus odieuses vexations. Hoai-tsong, malgré ses vertus, était haï de ses peuples qui faisaient retomber sur lui les fautes de ses ministres qu'il ne savait pas surveiller, et méprisé en même temps de ses propres favoris à qui il laissait tout faire impunément. Dans cet état des choses survint une famine qui réduisit le peuple aux plus fâcheuses extrémités, et qui acheva de le révolter contre ses oppresseurs. Les mécontens, ou pour mieux dire les factieux, surent mettre à profit toutes ces circonstances pour lever l'étendard de la rébellion ; il se forma jusqu'à huit corps d'armée, qui avaient chacun leur chef. Ces différens partis se réduisirent à deux, et bientôt après se réunirent sous un seul chef appelé *Li*, qui, s'étant emparé des provinces de Ho-nan et de Chensi, prit le titre d'Empereur, puis marcha vers la ville impériale, et à la faveur des intelligences qu'il y avait pratiquées, il entra à la tête de 300,000 hommes dans Pé-kin, où les empereurs de la Chine avaient transporté leur siége impérial depuis l'an 1405. L'empereur indolent par caractère, se tenant renfermé dans l'enceinte de son palais, n'apprit l'arrivée de l'usurpateur que lorsqu'il se trouva maître de la ville. Il ne lui restait plus que six cents gardes, avec lesquels il voulut sortir de son palais, mais les lâches abandonnèrent ce malheureux prince et prirent honteusement la fuite. Hoai-tsong se trouvant sans ressources, descendit dans les jardins de son palais, accompagné de sa fille chérie. Après lui avoir tranché la tête pour la soustraire aux insultes de l'ennemi, il se pendit lui-même à un arbre. Son premier ministre, ses femmes et ses plus fidèles eunuques suivirent son exemple et se donnèrent la mort.

La triste nouvelle de cette horrible catastrophe étant parvenue à l'armée qui faisait la guerre en Tartarie, Ou-san-guey qui la commandait, refusa de reconnaître le tyran. Celui-ci, à la tête d'une nombreuse armée, se mit en devoir de l'y contraindre par la force des armes, et alla le combattre. Ou-san-guey ne se sentant pas assez fort pour triompher, s'enferma dans une place bien fortifiée, prévoyant que le siége qu'en ferait l'ennemi l'arrêterait long-temps, et que, dans l'intervalle, il pourrait survenir des circonstances favorables à la cause qu'il défendait si honorablement. Li, qui s'était assuré du père d'Ou-san-guey, le fit amener chargé de fers au pied des murailles de la forteresse, faisant déclarer au fils qu'il allait faire égorger, sur l'heure, l'auteur de ses jours, s'il ne la rendait à l'instant, avec toutes ses forces. Ou-san-guey sacrifia, en cette occasion, les sentimens de la nature, sa tendresse filiale, à l'amour qu'il devait à sa patrie, à quoi l'exhorta même son généreux père. Les portes ne furent point ouvertes au tyran, qui, sur ce refus, fit massacrer inhumainement le respectable vieillard, aux yeux de son fils. Celui-ci se sentant incapable de résister seul à la puissance qu'avait acquise Li, non seulement fit la paix avec les Tartares Niu-tche, mais les engagea à se joindre à lui, contre l'usurpateur.

Tsong-té régnait alors sur ces peuples réunis à une partie des Mongous, ce qui avait doublé leurs forces. Tsong-té amena au fidèle Ou-san-guey quatre-vingt mille hommes, formidable renfort qui fit lever le siége au tyran. Tsong-té le poursuivit jusqu'à Pé-kin, et dissipa tellement ses troupes, que l'usurpateur se vit réduit à fuir et à s'aller réfugier dans la province de Chensi, où depuis il mena une vie obscure et misérable. Les peuples regardèrent Tsong-té comme leur libérateur, s'habituèrent à recevoir ses ordres. Tout plia sous l'autorité du prince Tartare. Ou-san-guey reconnut bientôt qu'il avait fait une faute de s'être associé un collègue aussi puissant. Tsong-té, arrivé vainqueur à Pé-kin, songea à mettre à profit sa victoire et l'heureuse disposition des peuples en sa faveur, pour se rendre possesseur du trône de la Chine, mais la mort l'enleva presqu'immédiatement après son entrée dans la capitale. En mourant, il déclara Empereur son jeune fils qui n'avait encore que six ans. Ce choix fut confirmé par les grands et le peuple qui, en considération des services du père, oublièrent la jeunesse du fils. Le nouvel Empereur prit le nom de Chun-chi, et on le regarde comme le chef de la XXIIe dynastie qui règne aujourd'hui sur la Chine.

22.me Dynastie.

Ce fut ainsi que se termina, en 1644, cette mémorable révolution qui réunit une portion considérable de la grande Tartarie à l'Empire chinois. Elle a été avantageuse à cette monarchie, en ce que l'humeur fière et belliqueuse des Tartares a contribué à aguerrir les Chinois trop livrés peut-être aux arts pacifiques, et le commerce des Chinois a humanisé les Tartares et adouci leur caractère qui tenait de la férocité, en sorte qu'on peut dire que les deux peuples y ont autant gagné l'un que l'autre, cette fusion leur étant nécessaire. Depuis la réunion des Tartares avec les Chinois, l'empire ne s'est plus trouvé d'ennemis à combattre au dehors, n'étant environné que de nations tributaires ou trop faibles pour pouvoir l'attaquer. Il est aujourd'hui au plus haut point de grandeur où il se soit trouvé depuis sa fondation ; son étendue est plus vaste qu'elle ait jamais été, et sa domination sur tant de provinces, affermie sur les plus solides fondemens (*).

(*) Nous observerons que dans quelques parties de la Chine et sur-tout dans ses parties méridionale et occidentale, comme dans les montagnes du Youn-nan, dans celle qui se trouvent entre le Koéi-tchéou et le Sé-tchuen,

Peu s'en fallut qu'un fameux pirate Chinois n'enlevât aux Tartares leur nouvelle conquête, ne vengeât tout le sang qu'ils avaient répandu, et ne rendît à son pays l'indépendance qu'ils venaient de lui faire perdre. Chin-chi-lung, tailleur de profession, mais d'un génie supérieur, d'un courage à toute épreuve, hardi, entreprenant, lequel après avoir d'abord servi à Macao les Portugais qui y avaient formé de si brillans établissemens (*), puis les Hollandais qui avaient supplanté les Portugais dans l'île Formose, en 1635; s'être ensuite livré au métier de pirate, y avoir ramassé de grandes

---

il existe des nations belliqueuses qui ont conservé en quelque sorte leur indépendance. Les premières sont les Lo-los et les Mien-ting, les autres, les Miao-tsé. Ils se permettent souvent des incursions sur les terres de l'empire, pour y faire le dégât, et toutes les expéditions guerrières des Chinois consistent à les réprimer.

(*) Voici ce qui procura l'établissement des Portugais dans la petite île de Macao. Le gouvernement Chinois leur avait permis d'abord d'envoyer quelques-uns de leurs vaisseaux à l'île de Sancian, pourvu qu'ils se bornassent à dresser des tentes sur le rivage pendant la seule durée de tems qu'il leur faudrait pour débiter leurs marchandises. Vers la fin du XVIe siècle, un pirate nommé Tchang-si-lao, devenu puissant par ses brigandages sur les côtes, s'empara de la petite île de Macao, bloqua le port de Canton et assiégea cette ville. Les mandarins de la province, allarmés, eurent recours aux Portugais qui se trouvaient alors à Sancian avec leurs vaisseaux. Ceux-ci s'empressèrent de répondre à cet appel, forcèrent Tchang-si-lao de lever le siége, le poursuivirent jusqu'à Macao et l'y tuèrent. En récompense de ce service dont le vice-roi ne manqua pas d'instruire l'empereur, ce prince rendit un édit par lequel il accordait la petite île de Macao aux Portugais, pour s'y établir. Ce don fut accepté avec empressement. Les Portugais, y bâtirent une ville qu'ils eurent soin de bien fortifier, et d'où ils commencèrent à trafiquer avec les îles du Japon peu éloignées, ce qui rendit Macao une des villes les plus riches et les plus importantes des Indes.

richesses, fruit d'un commerce très-actif qu'il avait fait des marchandises des Indes avec les négocians des îles du levant, était devenu si puissant, qu'il conçut le projet de renverser la domination des Tartares, qui n'était pas encore bien établie sur la Chine, et de s'en faire Empereur. Il attendit que les Tartares eussent entièrement éteint les membres de l'ancienne famille régnante, pour mettre son projet à exécution, entreprendre la défense des Chinois et se mettre ainsi à la tête de cette vaste monarchie. Les Tartares qui le redoutaient et qui éclairaient en conséquence sa conduite, pénétrant ses desseins, le créèrent roi du Quang-tong et de Fo-kien, pour le contenir dans le premier moment et même se l'attacher. Mais après s'être rendu maîtres, par son moyen, de la province de Fo-kien, la seule qui eut encore résisté à leurs armes et qui fut restée à conquérir, ils se saisirent de lui, par surprise, à Fou-tcheou où ils l'avaient attiré sous prétexte de lui donner l'investiture des deux belles provinces qu'ils lui avaient promises, le jetèrent dans les fers, l'envoyèrent avec sûre garde à Pé-kin où il fut empoisonné, et firent ainsi avorter ses projets, jusqu'à un certain point cependant, car son fils Coxinga, dont le nom chinois est Ching-chi-kong, prit le commandement de sa flotte à la nouvelle de son arrestation, et demanda aux Hollandais de l'aider à venger son père, leur faisant les plus pompeuses promesses, si, par leur secours, il obtenait des succès contre les Tartares. Le refus que lui firent les Hollandais l'irrita au point de le déterminer à tourner toutes ses forces contr'eux, dans l'île de Formose où il entretenait des intelligences; il réussit à les en chasser malgré les secours qu'ils avaient reçus de Batavia. Coxinga, maître de Formose et de ses dépendances, ne borna pas là ses conquêtes; il s'empara de plusieurs îles entre celle-là et la Chine, et poussa même jusque sur le continent. L'empereur Tartare, aussi intéressé que les Hollandais à s'opposer aux entreprises de Coxinga, qui troublaient le commerce entre la Chine et le Japon, fit cause commune avec eux. Une flotte considérable fut envoyée de Batavia, pour agir de concert avec les Tartares, mais ceux-ci restèrent dans l'inaction, pendant que les Hollandais étaient aux mains avec les soldats de Coxinga qui fit des prodiges de valeur. Dans une seconde bataille navale, dont le général tartare fut encore simple spectateur, et dans laquelle les jonques de Coxinga furent bien maltraitées, celui-ci perdit la victoire et la vie. L'île d'Amoy fut conquise, et l'oncle de Coxinga se disposait à traiter avec les Tartares, quand Tching-king-mai, fils de Coxinga, aussi déterminé que son père, se mit à la tête des troupes chinoises, fit jeter dans les fers le vieux Sauja qui se tua de désespoir, et parvint, par sa bonne conduite, à chasser les Hollandais. Il ne survécut pas long-temps à son triomphe et laissa l'île de Formose à son fils Tching-kesan, encore mineur. Ses tuteurs ruinèrent ses affaires; en sorte qu'à sa majorité, craignant le sort du roi de Fo-kien, son allié, que les Tartares venaient de faire mourir, après l'avoir pris, il fit la cession de ses états à l'empereur de la Chine. On l'obligea de venir résider à Pé-kin, où on le laissa vivre avec une modique pension, ce qui arriva en l'année 1683. C'est ainsi que l'île entière de Formose revint à l'empire de la Chine, auquel elle est toujours demeurée réunie depuis, et ce fut par la réduction de cette île, que les Tartares achevèrent la conquête entière de la Chine. Les habitans naturels de l'île de Formose, relégués dans la partie orientale et restés libres et indépendans, paraissent être descendus des Tartares de la partie la plus septentrionale de l'Asie, qui ont pu passer de la Corée dans cette île.

La mort d'Ou-san-guey, arrivée en 1680, et dont la révolte et les premiers succès avaient donné de l'inquiétude à la dynastie tartare, acheva de la consolider.

Nous avons anticipé, revenons sur nos pas. Le jeune Chun-chi avait été établi sur le trône sous la tutelle de son oncle qui, après avoir gouverné l'état pendant sa minorité, donné les plus grands soins à son éducation, achevé de soumettre les provinces les plus éloignées, remit fidèlement à son neveu les rênes du gouvernement, quand il fut devenu majeur.

Cang-hi. A Chun-chi, succéda, en 1662, Cang-hi, contemporain de Louis XIV, avec lequel il eut, dit-on, de grands traits de ressemblance. Les missionnaires, que ce prince honora toujours d'une protection toute particulière, nous le représentent comme un monarque appliqué aux affaires, attentif au besoin de ses sujets, adroit et heureux dans le choix de ses officiers et de ses ministres, économe dans le particulier, magnifique dans les occasions d'éclat, juste, digne appréciateur du mérite et sachant le découvrir là où il se cachait, intrépide dans le danger, pourvu enfin de toutes les qualités qui font le grand roi. Ce prince était très versé dans la littérature chinoise; il montra du goût pour les sciences de l'Europe, et dans les momens de relâche que lui laissaient les soins du gouvernement, il prenait des leçons de physique, d'astronomie, de géométrie et d'algèbre. Les pères jésuites Gerbillon et Bouvet, tous deux célèbres, lui composaient ces leçons en langue tartare, et les lui expliquaient deux fois par jour ou à Pé-kin ou dans ses maisons de plaisance, ou dans le cours de ses voyages, en Tartarie et ailleurs. Cang-hi vivait si familièrement avec eux, que souvent il les faisait asseoir à ses côtés. Les pères Schaal et Verbiest eurent aussi beaucoup de part à la confiance de ce monarque. Le premier avait été son précepteur. Ces illustres missionnaires obtinrent de lui plusieurs graces, dont la plus signalée fut l'édit de 1692, qui permit la publication du christianisme dans toute l'étendue de l'Empire. Cependant les jésuites ne purent jamais persuader et convertir ce monarque. Nous apprenons par leurs mémoires même, qu'en favorisant les missionnaires, Cang-hi sacrifiait ses vues politiques à l'affection qu'il avait pour eux, et qu'il se faisait une espèce de violence en approuvant le christianisme. Les réponses dures et brusques qu'il faisait quelquefois aux jésuites qui ne perdaient aucune occasion pour le solliciter d'embrasser la religion chrétienne, prouvent qu'il n'était point persuadé. Cependant les mêmes mémoires des missionnaires lui attribuent, dans d'autres endroits, d'avoir témoigné quelque penchant pour le christianisme. C'est une contradiction qui peut s'expliquer par les différentes dispositions où pouvait se trouver le prince dans telle ou telle circonstance, comme il arrive à tous les hommes dont l'inclination est si sujète au changement, ce qui a fait dire à un célèbre écrivain : que l'homme d'aujourd'hui n'est pas l'homme d'hier. Cang-hi prenant le divertissement de la chasse du tigre, vers le milieu de décembre de l'année 1722, fut saisi d'un froid mortel qui coagula tout son sang. Il mourut le vingtième jour du même mois, âgé de 69 ans, dont il avait régné soixante. Il avait conquis le Tibet sur les Eluths, en 1720, époque où il reçut une superbe ambassade du fameux czar Pierre-le-Grand, au sujet de la limitation des deux empires. Le chef de cette légation ayant refusé de se soumettre à l'étiquette chinoise, l'empereur Cang-hi eut le bon esprit de ne pas s'en offenser, et l'adresse de trouver un tempérament qui put satisfaire à toutes les exigences, concilier toutes les prétentions, et ménager surtout l'extrême susceptibilité des hauts mandarins et ministres de sa cour, plus entichés de l'antique cérémonial que le monarque chinois lui-même. Yong-tchin, son fils quatrième, fut son successeur.

Les missionnaires profitant de la permission qui leur avait été accordée par l'empereur Cang-hi, avait propagé la foi chrétienne dans plusieurs provinces de l'Empire. On y comptait bien à sa mort cent vingt mille chrétiens fervens. Trois cents églises avaient été élevées. Son successeur Yong-tchin, suivant un autre politique, s'est déclaré contre toute religion étrangère, et a ordonné la démolition des trois cents églises chrétiennes, dès l'année 1723, et il ne consentit à garder de missionnaires auprès de lui, que les jésuites professeurs de géométrie, d'astronomie et de physique. Le règne d'Yong-tchin fut de treize ans. Il a eu pour successeur, en 1735, son fils Kien-lung.

Le caractère doux et bienfaisant de ce nouveau prince, l'empressement qu'il mit au commencement de son règne à rappeler et à rétablir, dans leur premier état, tous ceux qui avaient été bannis ou dégradés pour cause de religion ou autres, n'exceptant de ses bonnes graces que les bonzes, firent espérer aux missionnaires qu'il se relâcherait des édits rendus par son prédécesseur, contre la foi chrétienne. Mais prévenu et obsédé même par les lettrés, il permit que la persécution fut renouvelée.

Kien-lung.

Ce prince, dans un voyage qu'il fit dans l'intérieur de ses états, se laissa captiver par les charmes, l'esprit et les talens d'une jeune et intéressante personne. L'impératrice apprit par un eunuque cette nouvelle passion de l'empereur son époux, et craignant qu'elle ne lui fît perdre son affection, elle en conçut un tel déplaisir, qu'elle se pendit de désespoir. A la nouvelle d'un évènement si tragique, l'empereur revint consterné à Pékin. L'un des fils qu'il avait eu de la malheureuse impératrice, se présenta devant lui à son arrivée, ayant mis sur ses habits de deuil qu'il craignait de faire voir à son père, de peur qu'il ne le regardât comme un reproche de sa conduite, une robe de cérémonie, suivant l'avis de l'un de ses instituteurs. L'empereur, à cette vue, outré de voir son fils si peu respecter la mémoire de sa mère, comme il en jugeait par les apparences, lui donna un si violent coup de pied dans le bas-ventre, que le jeune prince, après avoir langui quelques jours, en périt. L'empereur demeura inconsolable de cette double perte. Tel est le résultat des passions : elles portent toujours de malheureux fruits, elles ont constamment les suites les plus funestes.

L'empereur Kien-lung donna, dans le cours de son règne, un grand exemple de sévérité et de justice qui eut du retentissement dans tout l'Empire, et qui fit une si vive impression sur les esprits, que le souvenir s'en est conservé jusqu'à ce jour; il était d'autant plus remarquable, qu'il fut donné en haut-lieu.

Le mandarin Fang-hi jouissait d'un grand crédit à la cour, il se distinguait par ses lumières et sa capacité; sa naissance était illustre. L'empereur lui avait confié le gouvernement de la riche province de Chen-si, et lui avait donné en mariage une princesse de la famille impériale. Fang-hi était d'une avarice sordide et d'une cupidité insatiable. Ses exactions, ses rapines furent portées à un degré accablant pour les populations confiées à ses soins. Fort de son alliance et de la haute fortune à laquelle il s'était élevé, il ne mettait plus de bornes à ses concussions, à ses cruautés. Parmi ses victimes se trouva un orfèvre nommé Fo-am, établi à Singan-fou, auquel Fang-hi avait extorqué quatre-vingts lingots d'or et d'argent, sous la promesse d'exempter ses trois fils de la milice. Nonobstant cet énorme sacrifice qui avait fait une brèche considérable à la fortune de cet orfèvre, deux de ses fils furent enrôlés et le troisième obligé de s'employer gratuitement dans les bureaux des douanes de Canton. L'orfèvre se rendit au palais du mandarin-gouverneur, pour se plaindre et réclamer ses fils ou ses lingots. Il fut maltraité par les gardes, battu, chassé ; et comme, révolté de tant d'injustice, il renouvelait ses plaintes avec plus d'énergie, il fut arrêté et renfermé dans une étroite prison, avec sa femme et ses deux filles, et ne recouvra la liberté que par une nouvelle extorsion de quinze lingots et de trente perles. L'infortuné fut ruiné sans retour et réduit à descendre de la première classe des bourgeois à la troisième, ce qui était pour Fo-am le comble de l'humiliation. Ce changement opéré dans la position sociale de Fo-am, fixa l'attention de l'empereur qui connaissait cet orfèvre sous les rapports les plus avantageux. Fang-hi fut mandé à Pé-kin pour y rendre compte de sa conduite. Sa grande fortune, qu'il ne devait cependant qu'à tant de concussions, son alliance avec la famille impériale, lui donnaient une pleine confiance, une entière sécurité. Il était bien loin de s'attendre au sort qui le menaçait.

Aussitôt après son arrivée dans la capitale de l'Empire, il fut arrêté et confiné dans la forteresse attenante au palais impérial. La haute-cour de justice fut convoquée, le procès instruit. Plus de six cents témoins furent entendus. Les charges étaient accablantes et surtout la conduite atroce du prévenu envers Fo-am. Il fut condamné unanimement, malgré l'habileté de sa défense qui dura trois jours. Le détail de ses prévarications attestées par une infinité de témoignages concluans, le cri de tant d'opprimés qui se faisait entendre, l'emportèrent

dans l'esprit des juges sur son éloquence et son adresse oratoire. Son arrêt de mort fut prononcé, ainsi que la confiscation de ses biens qui devaient être répartis entre les nombreuses victimes qu'il avait faites. L'arrêt portait en outre que sa maison serait rasée jusqu'aux fondemens. La sentence fut confirmée par l'empereur qui, du haut de son trône, prononça ces belles paroles :
« Fang-hi, la haute cour de justice vous condamne à
« la perte de la vie, à la confiscation de vos biens qui
« seront vendus au profit des malheureux que vous
« avez faits, et moi, fils de *Tien*, en ma qualité de sou-
« verain de cet empire, père des affligés, des pauvres
« et des orphelins, protecteur et vengeur des opprimés,
« je ratifie la sentence, car je vous avais confié une
« portion de mon peuple pour le rendre heureux, et
« vous l'avez rendu misérable ; je vous avais délégué
« un degré de ma puissance, et vous avez converti ce
« degré en un vent pestilentiel ; je vous avais revêtu
« des armes de la justice, de l'honneur, de la probité,
« et vous les avez jetées, comme un mauvais soldat,
« pour prendre celles plus légères de la fraude et de
« l'iniquité. Fang-hi, vous êtes indigne du titre de
« mandarin que je vous avais confié, je vous en dé-
« pouille et je vous condamne. Mais toujours votre
« père, je vous pardonne vos crimes, et je prie *Tien*
« d'accepter, comme expiation, le sacrifice de votre
« vie. »

Après ces paroles prononcées avec tant de dignité, l'empereur s'étant retiré, les gardes reconduisirent le condamné dans sa prison, d'où il sortit le lendemain, une heure avant le coucher du soleil, debout et la tête découverte, sur un chariot traîné par quatre chevaux borgnes, sans crinière et sans queue, pour aller subir le supplice de la strangulation, sur l'une des principales places de Pé-kin.

Cette exécution, qui eut lieu en l'année 1747, en présence d'une immense population, contint les méchans dans le devoir, dont ils ne pouvaient s'écarter sans le plus grand danger, et encouragea les bons en leur inspirant la plus grande confiance dans un gouvernement sage, ferme et attentif à réprimer la fraude, la violence et l'injustice, partout où elles pouvaient se trouver, chez le puissant comme chez l'homme obscur.

En 1782, un tremblement de terre ayant renversé une partie de la ville capitale de l'île Formose et occasionné plusieurs autres désastres dans le port et le détroit, l'empereur Kien-lung envoya les ordres les plus pressans au vice-roi du Fo-kien, pour qu'il eût à fournir des secours aux malheureuses victimes de ce fléau. Un an après cet affreux évènement, une sécheresse qui dura trois ans, ayant désolé les provinces de Kiang-nan, de Tché-kiang, de Ho-nan et de Chan-tong, il s'ensuivit une disette qui réduisit une partie des habitans de ces provinces à la plus grande misère, au plus affreux dénuement. L'empereur s'empressa de pourvoir à leur subsistance, par l'ouverture des magasins où étaient tenus en réserve les grains pour les temps calamiteux; et fit venir à grands frais, des provinces qui n'avait pas été atteintes par la sécheresse, du blé et du riz en abondance, ne négligeant aucun des moyens qu'il avait en son pouvoir pour secourir les malheureux, se montrant, dans des circonstances si importantes, le sauveur de son peuple et digne de la couronne qu'il portait.

Parvenu à l'âge de quatre-vingt-six ans, dont il en avait régné glorieusement soixante-un, cet excellent prince, l'un des plus vertueux et des plus instruits qui aient régné sur la Chine, voulant se reposer des soins du gouvernement auxquels il s'était donné tout entier jusqu'alors, abdiqua, en 1796, en faveur de Kia-king ou Ki-king, l'un des quatre fils qui lui restaient, et termina, en 1799, sa longue carrière, au sein des lettres qu'il cultivait avec succès. On lui attribue plusieurs poèmes : l'un entr'autres qui est fort long, sur la ville de Mugden et son territoire; l'autre, est une ode ayant pour sujet l'éloge du thé, qui a été peint sur toutes les théières de l'empire. Par son ordre, avait été formée, pendant son règne, une immense et magnifique collection de bons livres, montant à six cent mille volumes, parmi lesquels, chose étrange, on a fait entrer trois ouvrages excellens sur la religion chrétienne, composés autrefois par de célèbres missionnaires jésuites.

Ce fut vers la fin du règne de Kien-lung, qu'eurent lieu deux ambassades européennes, à la Chine : celle de lord Macarteney, en 1793; et celle des Hollandais, en 1795; on en trouve les détails dans toutes les gazettes de l'époque.

Kia-king. Le successeur de Kien-lung, Kia-king, d'un caractère bien différent, capricieux, emporté, adonné aux boissons enivrantes, fit regretter le règne précédent. Aussi éclata-t-il plusieurs révoltes sous celui-ci, et il ne faut pas s'étonner que la persécution ait sévi plus fortement que jamais, contre les missionnaires et leurs prosélytes. Elle a donné lieu aux fidèles de l'un et de l'autre sexe, affermis dans la foi, en ces pays lointains, d'y faire admirer la constance héroïque qu'accompagne toujours la confession des vérités révélées, en renouvelant, de notre temps, les merveilles de la primitive église, dans la courageuse persévérance de ses martyrs.

Tao-koan ou Taou-kwan, successeur de Kea-king, Kia-king ou Ki-king, a pris le nom de Juen-hung en montant sur le trône, le 2 septembre 1820, à l'âge de trente-quatre ans. Les Chinois vantent la douceur de son caractère et son humeur enjouée. Après trois années d'une union parfaitement heureuse, il est devenu veuf de l'impératrice Newkooluth, princesse du plus grand mérite, dont il a extrêmement regretté la perte. Sa piété filiale, vertu si estimée à la Chine, et les autres qualités aimables qui la distinguaient, lui avaient gagné le cœur de l'empereur son époux. Il l'a remplacée par la fille de son premier ministre qui, par cette haute alliance, a obtenu le plus grand pouvoir auprès du monarque Chinois.

Tao-koan.

La prétention des Anglais qui avaient voulu introduire l'opium à la Chine et qui avait été suivie de justes représailles de la part du gouvernement chinois attentif au bien-être de la population, avait occasionné la guerre entre les deux nations. Les voies de la providence sont incompréhensibles, parce qu'elles demeurent long-temps cachées à notre faible vue. L'injustice a prévalu : en moins de deux campagnes, les armes

Appendice.

anglaises ont triomphé des armes chinoises, et la prise de l'importante ville de Chin-kiang, qui avait facilité les approches et l'attaque même de Nan-kin, ayant arrêté les hostilités, l'empire *sous le ciel* dérogeant à ses vieilles maximes, a consenti, par un traité définitif du 29 août 1842, à recevoir dans son sein une nation étrangère et *perverse*. La possession d'une île riche et fertile (Hong-kong), la libre entrée dans cinq places maritimes importantes (Canton, Amoy, Foo-chou-foo, Ning-po et Ching-hai), une indemnité de 21 millions de dollars (125 millions de francs environ), deux îles en nantissement jusqu'à parfait paiement de l'indemnité (Chusang et Kolang-soo) ont été pour l'Angleterre les fruits d'une agression injuste. Il est probable que la religion chrétienne gagnera à ce traité, pour le bonheur du monde et la parfaite civilisation de ces contrées lointaines si populeuses.

D'après une lettre reçue à Rome, de la province chinoise de Hou-quang : par un temps calme et serein, l'air étant dégagé de toute vapeur atmosphérique, une grande croix lumineuse, sur laquelle était étendu le rédempteur du monde crucifié, aurait été vue dans le ciel vers midi, deux heures de suite, à deux différentes reprises, c'est-à-dire deux jours consécutifs, par un grand nombre de Chinois païens et chrétiens. A la nouvelle de cette apparition surnaturelle, l'empereur de la Chine, touché d'une inspiration subite, a fait demander au pape, des missionnaires pour venir prêcher l'évangile dans son empire et y convertir ses peuples à la foi chrétienne. Plusieurs lettres de Rome confirment une si importante nouvelle, qui, si elle est vraie, serait l'accomplissement de l'annonce faite en 1837, par un des glorieux athlètes chrétiens martyrisés dans la partie occidentale du Tong-King. Au moment où il présentait intrépidement le cou au bourreau, il prédit que le temps n'était pas éloigné où ces contrées allaient embrasser et confesser la foi chrétienne qu'elles persécutaient encore avec tant d'acharnement.

Ainsi se renouvelerait de nos jours le prodige contesté par l'école des sophistes du XVIIIme siècle, et qui convertit l'empereur Constantin, fit cesser une atroce persécution de trois siècles, contre tant de généreux confesseurs des vérités révélées, et une révolte aveuglément obstinée *contre le Seigneur et contre son Christ,* opéra un salutaire et merveilleux changement dans l'esprit et le cœur de l'homme, et plaça la croix triomphante, source de salut pour le genre humain, au-dessus du diadème des Césars et sur la plupart des édifices de l'empire qui s'étendait dans presque tout le monde alors connu. Des résultats aussi immenses, renouvelant entièrement la face du monde moral (*), ne pouvaient être les effets d'une cause naturelle.

Des nouvelles plus récentes encore de la Chine, annoncent que les missionnaires catholiques, jusqu'alors cachés dans cet empire et obligés de revêtir le costume national pour se déguiser, se promènent aujourd'hui librement sous le vêtement ecclésiastique. Ce change-

---

(*) *Emitte spiritum tuum et creabuntur et renovabis faciem terræ.* La prophétie s'est accomplie.

ment subit ne peut provenir que d'un évènement extraordinaire, qui aura frappé les esprits, changé les dispositions et du peuple et du gouvernement Chinois, et les aura rendues favorables au christianisme.

Gouvernement.   Le gouvernement était bien loin du despotisme à la Chine, dans son origine, s'il faut s'en rapporter au témoignage de quelques écrivains. L'autorité souveraine, partagée entre les principaux de l'état, distingués par leur mérite, leur savoir, leurs vertus, résidait dans ce conseil de sages présidé par l'empereur qui y avait néanmoins une voix prépondérante, à cause de sa haute dignité qui lui donnait le droit et la prérogative du premier rang dans toutes les circonstances et en tous lieux, et surtout d'officier seul dans les cérémonies sacrées, ce qui relevait beaucoup son pouvoir aux yeux du peuple qui avait pour sa personne le plus grand respect, qu'il lui témoignait par toutes sortes d'hommages. Cette forme de gouvernement subsista, dit-on, jusqu'au règne de Chi-hoang-ti qui, ayant dépouillé les princes ou les principaux de l'état, de leur ancienne autorité, institua la monarchie absolue deux cents ans environ avant J.-C. Quoiqu'il en soit, toujours est-il certain que tel est le gouvernement qui subsiste encore aujourd'hui chez les Chinois, et depuis un bien grand nombre de siècles. L'empereur y dispose souverainement des finances et de toutes les charges civiles et militaires, il établit et destitue à son gré les vice-rois et les gouverneurs, il a le droit également de disposer de sa succession, et il peut prendre pour héritier du trône celui qu'il en croit le plus digne, ou parmi ses enfans ou même hors de sa famille, ce qui n'est pas sans exemple, étant parfaitement libre pour ce choix. Ce pouvoir néanmoins, quoique absolu, comme la loi qui l'a établi, n'a rien de tyrannique, les mêmes lois qui en sont la source le tempèrent. La maxime d'état si respectée, qui oblige les peuples de lui rendre une obéissance filiale, lui impose pareillement l'obligation de gouverner les peuples confiés à ses soins avec une tendresse de père. Les Chinois ont la plus noble idée de la royauté. Le grand ressort de leur gouvernement roule tout entier sur ce beau principe : que l'empereur est le père de ses sujets, et que les Chinois ne forment qu'une grande famille dont il est le chef. Aussi, parmi les noms qu'ils lui donnent, ils l'appellent leur père et leur mère, et le plus souvent le grand-père du peuple. Ils ont le plus profond respect, qu'ils poussent jusqu'à l'adoration, non seulement pour l'auguste personne de l'empereur, mais encore pour tout ce qui sert à son usage. Tout le monde, ses plus proches parens, son frère même, ne lui parlent qu'à genoux et prosternés, nul n'en est excepté. Les Chinois lui donnent les titres superbes et magnifiques de fils du ciel (Tien-çu), de saint empereur, d'auguste et unique gouverneur de la terre. On s'incline profondément à la vue de son trône, de ses habits. Personne, de quelque qualité qu'elle soit, n'ose passer à cheval ou en chaise devant la porte de son palais. Ce respect, ces égards qui semblent poussés à l'extrême, ont leur source dans la haute idée que se font les Chinois de leur souverain, et qui est en même temps un préservatif puissant pour empêcher leurs empereurs d'en abuser. C'est une opinion généralement établie à la Chine, qu'un empereur doit s'occuper tout entier des intérêts de l'état, que la première charge de sa condition est de veiller sans relâche au bonheur de ses peuples, qu'il n'est si élevé au-dessus des autres hommes que pour leur donner les plus grands exemples de toutes les vertus civiles et morales. Or, si l'empereur veut régner avec autorité, il doit se conformer en tous points à ce louable préjugé des Chinois, les gouverner avec douceur, ne point les fouler ni les tyranniser, chercher au contraire, par tous les moyens, à s'en faire aimer. Si sa conduite ne répond point à l'opinion si enracinée parmi les peuples, il est méprisé, et quand les Chinois cessent d'estimer leur souverain, ils ne tardent guère à secouer le joug salutaire de l'obéissance. L'histoire de la Chine fournit mille exemples de ces sortes de révolutions. Les empereurs gouvernent donc suivant ce précepte. Ils ne vivent point dans le faste ni dans la mollesse, ainsi que les autres monarques de l'Orient. Leur train est modeste, ils sont simples dans leurs vêtemens, leur table est frugale, et ils sont économes pour toutes les autres dépenses.

Chaque province de l'empire est gouvernée par un *Fou-yven* ou vice-roi qui est à la tête d'un conseil souverain où toutes les grandes affaires de la province se portent, se discutent et se décident. Il y a de plus, dans chaque capitale, deux tribunaux, l'un pour le civil, l'autre pour le criminel ; tous deux subordonnés au conseil souverain de la province. Les autres villes n'ont communément qu'un seul tribunal qui connait des matières civiles et criminelles et qui est subordonné aux deux tribunaux de la capitale.

Il y a à Pé-kin six cours souveraines qui ont une inspection générale sur tous les tribunaux des provinces. La première, appelée *Lie-pou* est chargée du soin de veiller à la conduite de chaque magistrat de l'empire et d'avertir l'empereur toutes les fois qu'un office de mandarin vient à vaquer, afin que le prince y pourvoie sans délai. Elle est dépositaire des sceaux de l'empire, elle exerce une espèce de contrôle sur tous les fonctionnaires publics : c'est un conseil de censure.

La seconde, nommée *Hou-pou*, a la direction des finances : tous les revenus de l'état passent par ses mains, elle est la gardienne du trésor impérial. Dans chaque ville de l'empire, les principaux magistrats doivent lever le tribut et l'envoyer au *Pou-tchin-sseë* ou trésorier-général, qui envoie à Pé-kin les deniers qu'il reçoit, et rend ses comptes au tribunal des finances; il y en a un pour chaque province, et après la place de vice-roi, c'est la place la plus considérable.

La troisième, appelée *Li-pou* ou tribunal des rites, est chargée de veiller à l'observation des cérémonies touchant les sacrifices, les fêtes religieuses et publiques, la réception des ambassadeurs, le cérémonial de la cour.

La quatrième, appelée *Ping-pou*, a le département de la guerre.

Les affaires criminelles sont du ressort de la cinquième, qui se nomme *Hing-pou* : c'est à elle à veiller, dans toute l'étendue de l'empire, à l'observation du code de la justice. Toutes les causes capitales contre l'état ou les particuliers y sont jugées en dernière instance. C'est la haute-cour de justice composée ordinairement de trois cents mandarins du premier ordre. Après l'audition des témoins, elle entend la défense de l'accusé qui est tenu de répondre à toutes les interpellations qui lui sont adressées et auquel on accorde plusieurs jours pour rédiger sa défense qu'il prononce lui-même. Le mandarin chancelier (ako-fi) fait le résumé des débats, après lequel on va aux voix, à la pluralité desquelles l'accusé est condamné ou absous. Nul autre tribunal ne peut condamner à mort définitivement, et celui-ci même n'a le droit de faire exécuter un criminel qu'autant que l'empereur a souscrit l'arrêt.

La sixième, nommée *Cong-pou*, préside à tous les travaux publics, temples, arcs-de-triomphes, digues, ponts, canaux, et à leur entretien. La marine est comprise dans son ressort.

Chacune des cours souveraines dont nous venons de faire l'énumération, se sous-divise en plusieurs chambres. Celle des finances seule est composée de quatorze divisions.

Les six juridictions de Pé-kin, qui ont une autorité immédiate sur tous les tribunaux des provinces, relèvent elles-mêmes du conseil de l'empereur, le tribunal le plus absolu de l'empire. Il n'est composé que de mandarins de la première classe, et l'empereur y préside en personne. Toutes les grandes affaires s'y décident en dernier ressort, et ses arrêts sont sans appel.

Quoique l'empereur partage avec ses ministres les

soins pénibles du gouvernement, il est obligé, par la constitution de l'état, à porter lui-même une grande partie du fardeau, et assujéti à un travail pénible et assidu. Il doit prendre connaissance de toutes les grandes affaires qui, discutées dans les six tribunaux de Pé-kin, se portent toujours au grand conseil.

Dans chaque cour souveraine de Pé-kin, il y a un officier préposé par le prince, qui, sans avoir voix délibérative, assiste aux assemblées pour veiller à ce qui s'y passe et rendre compte à l'empereur des délibérations les plus secrètes, et surtout des malversations qui pourraient y avoir lieu. On veille avec la même sévérité sur la conduite des officiers ou magistrats des provinces. Dans toutes les grandes villes il y a des inspecteurs et des surveillans particuliers, outre les visiteurs extraordinaires que la cour y envoie de temps en temps.

Une coutume aussi ancienne que la monarchie, donne à chaque particulier le droit imperscriptible d'adresser directement à l'empereur des mémoires dans lesquels on l'avertit des malversations de ses ministres, magistrats ou agens quelconques et quelquefois même des fautes qu'il peut commettre lui-même dans l'administration, surtout lorsqu'elles tendent au renversement des anciennes lois. Quelques empereurs ont essayé d'abolir cet usage, mais d'autres l'ont confirmé par des déclarations authentiques et solennelles. Le peuple use quelquefois de ce droit avec la plus grande liberté. On présente journellement à l'empereur quantité de requêtes et de mémoires, ou pour demander des graces, ou pour se plaindre de différentes vexations. L'empereur est tenu de lire tous ces placets et d'y répondre. S'il n'y avait aucun égard, ou s'il traitait mal les personnes assez courageuses pour les lui présenter, il se rendrait odieux et s'exposerait aux murmures d'un peuple ennemi de toute violence, et accoutumé à la douceur d'un gouvernement paternel.

Nous apprenons par le père du Halde, qu'on présenta à l'empereur Chi-tsong, un mémoire ou *mémorial* fort insolent, dans lequel on lui reprochait sa négligence à mettre à exécution les lois qui, depuis plus de vingt ans, perdaient insensiblement leur vigueur, à entretenir convenablement le prince héritier; le mépris et les mauvais traitemens qu'éprouvaient ses vassaux les plus fidèles et les plus intègres; les délices et l'oisiveté dans lesquels il passait sa vie; le peu de cas qu'il faisait de l'impératrice sa légitime épouse; les folles dépenses qu'il faisait chaque jour, soit à bâtir des palais somptueux et à former des jardins magnifiques, soit à fournir aux frais des extravagantes cérémonies des bonzes, et qui épuisaient ses finances. On lui représentait aussi qu'il mettait à la tête de ses armées des hommes dont l'inexpérience et l'avidité pour l'or et l'argent faisaient tout le mérite, et qui n'aimaient ni honneur ni gloire. On le rendait responsable de la ruine prochaine dont on prétendait que l'empire était menacé par l'effet de la mauvaise conduite qu'on lui signalait. L'empereur ne put retenir sa colère, à la lecture de cette violente diatribe: il jeta par terre le mémoire, dans un premier mouvement, mais peu après revenu à lui-même, il le ramassa et donna des marques d'un vrai repentir.

Il arrive par fois à l'empereur de visiter en personne les provinces, pour s'instruire, de ses propres yeux de la conduite que tiennent les gouverneurs, et recevoir les plaintes du peuple contre les mandarins. Canghi fit souvent de ces voyages où, par les traits les plus remarquables du discernement et d'équité, il donna des preuves d'un très grand tact et du plus noble caractère.

De trois ans en trois ans, l'empereur se fait présenter une liste qui contient les noms, les qualités bonnes et mauvaises de tous les mandarins en place, et pour cela, dans chaque ville, le principal magistrat dresse un catalogue particulier de tous les mandarins employés dans son ressort, avec des notes et des apostilles qui les font connaître : ces différens catalogues sont envoyés au tribunal souverain de la province qui, les ayant examinés et apostillés de nouveau, les fait remettre au vice-roi qui les fait passer à la cour, après y avoir inséré ses propres notes. L'empereur les livre à la première cour souveraine de Pé-kin, et quelquefois à son conseil même, pour un plus ample examen. Après quoi on les renvoie au vice-roi de chaque province, avec ordre de récompenser ou de châtier les mandarins, suivant les notes bonnes ou mauvaises qui ont été trouvées sur les états. La récompense ou la punition consistent dans l'élévation ou l'abaissement de ces mandarins de quelques degrés. Pour l'ordinaire, ces degrés se comptent, et il en faut un certain nombre pour parvenir aux premières classes du mandarinat; et, l'officier même puni ou récompensé, est obligé de publier, dans sa première ordonnance, le nombre de degrés acquis ou perdus par lui-même, ce qui est très-capable de maintenir parmi eux une grande émulation.

Enfin, il s'imprime journellement à Pé-kin une gazette qui, malgré sa singularité, ne laisse pas de porter d'heureux fruits. Les Chinois sont naturellement indifférens pour l'histoire de ce qui se passe au dehors de la Chine : toutes ses nouvelles, tous ses articles roulent sur le gouvernement intérieur de l'état, et particulièrement sur la bonne ou mauvaise administration de ses agens. On y lit les noms des mandarins dépouillés de leurs emplois et les causes de cette disgrace. L'un par impéritie, l'autre par négligence ou infidélité dans la levée des impôts, un autre par dureté ou trop d'indulgence envers les peuples. Les sentences des tribunaux, les malheurs arrivés dans les provinces, la bonne volonté des mandarins pour secourir les peuples, les dépenses ordinaires et extraordinaires du prince, les nouvelles graces qu'il accorde, les remontrances des tribunaux sur sa conduite et ses édits, les lois nouvelles, les éloges que l'empereur donne à ses ministres ou les réprimandes qu'il leur fait, tout cela est soigneusement inscrit sur ce journal qui contient un détail fidèle et circonstancié de toutes les affaires de l'Empire. Les rédacteurs, avant que de le livrer à la publicité, doivent toujours le présenter à l'empereur qui examine ou fait examiner s'il y a des faits équivoques ou des réflexions ajoutées par eux, et qui viennent d'eux-mêmes, quelque légères qu'elles puissent être ; s'ils ont eu cette hardiesse, c'est un crime puni d'une peine capitale. En l'année 1726, deux de ces gazetiers furent condamnés à mort pour avoir débité quelques faussetés. Rien ne peut donner une plus haute idée de l'attention continuelle du gouvernement à éclairer la conduite des mandarins, que tout ce que nous venons de dire. L'empereur est assujéti lui-même à un usage fort ancien qui est d'assembler, à certains jours de l'année, les grands de sa cour et les chefs des tribunaux souverains, pour leur faire une exhortation dont le sujet est tiré des livres sacrés.

Rien n'est négligé pour perpétuer les bonnes mœurs. On prend note de tous les traits de vertu, de toutes les actions d'éclat, pour les consigner dans les fastes de l'Empire, afin de servir d'exemples à la postérité, exciter par-là les générations suivantes à bien faire et à mériter une insertion aussi honorable.

Un général qui revient victorieux du combat qu'il a livré pour la défense de son pays, est honorablement accueilli, à son arrivée, par toutes les populations empressées d'accourir au-devant de lui, ayant à leur tête le chef de l'état qui, en cette occasion solennelle, descend de son trône si élevé, se dépouille en quelque sorte de sa grandeur pour en revêtir son lieutenant, et lui donner l'accolade en présence de toute sa cour et de tous les grands personnages de l'Empire.

Les deux pivots sur lesquels roule toute la machine gouvernementale à la Chine, sont l'obéissance filiale, l'obéissance due à l'empereur. Ces deux devoirs fondamentaux sont sacrés chez les Chinois et étroitement liés ensemble. Du premier naît le second. Le pouvoir

Autorité paternelle; fondement de l'autorité impériale.

des pères est absolu. Les enfans, quelque âgés qu'ils soient, de quelle charge qu'ils soient revêtus, sont soumis à l'autorité et à la justice paternelle. Sur la seule déposition de son père, un fils accusé par ce père est condamné. Le pouvoir des mères n'est pas moins étendu. Une mère peut faire donner la bastonnade à son fils, fut-il mandarin. L'empereur lui-même est soumis à ce respect filial, tant il est en recommandation chez les Chinois. Le parricide a son corps taillé en pièces et ensuite jeté au feu, sa maison est rasée, ainsi que toutes celles des voisins, et un monument expiatoire élevé sur le lieu de l'attentat, éternise son infamie et l'exécration qu'inspire son auteur. La rébellion contre l'empereur est punie des mêmes peines. Le souverain et les magistrats connaissant toute l'importance de ce préjugé heureux qui a jeté de si profondes racines dans l'esprit de la nation, n'oublient rien pour le perpétuer. Tous leurs soins, tous leurs efforts tendent à s'attacher le peuple par leurs égards pour lui, leur tendresse et leurs soins paternels, se montrant toujours disposés à le soulager, dans les temps de famine et de calamités, par tout ce qui est en leur pouvoir, jusqu'à paraître en public couverts d'un sac de toile, déchirant leurs vêtemens, confessant publiquement leurs fautes, et tâchant, par leurs larmes, d'appaiser la divinité offensée. Ces démonstrations publiques calment le peuple et font sur lui la plus puissante impression. La populace se montre toujours disposée à se consoler de sa misère, lorsqu'elle voit ses supérieurs y paraître sensibles. (*)

(*) Avouons que de tels préjugés valent mieux et ont plus de force que

Disons un mot des lois pénales chez les Chinois. Les trois supplices capitaux parmi eux, sont la strangulation, la décollation, la mise en pièces. L'homicide volontaire est puni par la corde où par le glaive. Le premier supplice passe à la Chine pour moins flétrissant que l'autre. La corde y est le supplice ordinaire des gens de qualité, qui se font toujours conduire au lieu de l'exécution dans leurs chaises, à moins que par une faveur insigne, l'empereur ne leur envoie un cordon de soie en leur permettant de s'étrangler eux-mêmes, ce qui arrive quelquefois. Les Chinois ont attaché une grande idée d'infamie au second ; ils regardent comme honteux pour un mourant, de ne point conserver son corps aussi entier qu'il l'a reçu de la nature. Le troisième, dont les détails font horreur, n'est en usage que pour les plus grands crimes. Après avoir attaché le coupable à un pilier, et lui avoir écorché la tête jusqu'à ce que cette peau descende sur ses yeux, afin qu'il ne puisse pas voir l'exécution des tourmens qui lui sont destinés, on lui coupe toutes les parties du corps successivement, en les déchiquetant l'une après l'autre. Les exécutions se font d'ordinaire sur les places publiques, sans dresser d'échafaud. La charge de bourreau n'a rien de flétrissant dans l'esprit des Chinois ; celui de Pé-kin porte la ceinture jaune qui est la livrée de l'empereur et l'ornement qui distingue les princes de son sang. La bastonnade et le fouet sont les punitions les plus com-

<small>Lois pénales.</small>

---

des lois écrites ou une constitution improvisée. Il y a long-temps qu'il a été dit : *à quoi servent les lois sans les mœurs (quid vanæ prosunt leges sine moribus ?)*

munes et qui n'impriment aucune tache : les mandarins même y sont sujets. Le nombre des coups que l'on donne sur le dos du coupable couché de son long, est vingt, soixante ou cent, mais on ne dépasse jamais ce dernier nombre. Des remercîmens de la part du patient au juge, aux pieds duquel il se prosterne, suivent l'exécution. La bastonnade est la peine de l'adultère. Un voleur convaincu de larcin une première et une seconde fois, est marqué au bras avec un fer chaud ; à la récidive, pour la troisième fois, il est puni de mort. Les esclaves fugitifs étaient autrefois marqués au visage, mais sur les remontrances sensées d'un mandarin compatissant, l'empereur a ordonné de ne les marquer désormais qu'au bras gauche avec un fer brûlant, ce que l'on fait après leur avoir donné cent coups de fouet.

Cangue. — Une peine flétrissante, c'est la *cangue*, châtiment corporel assez commun : c'est une espèce de carcan, composé de deux tables de bois échancrées, épaisses de cinq à six pouces, et larges d'environ deux pieds en carré ; on les assemble avec des chevilles sur les épaules du patient qui, ayant le cou passé dans cette machine, ne peut voir ses pieds ni porter la main à sa bouche ; il est chargé jour et nuit de cet importun fardeau, dont le poids ordinaire est de vingt-cinq à trente kilogrammes, et qui ont, dans les jointures, deux bandes de papier, collées et scellées du sceau public par l'autorité du magistrat, afin que personne ne soit tenté de l'en délivrer ; telle de ces cangues pèse jusqu'à cent kilogrammes. Le coupable est quelquefois condamné à la porter plusieurs mois, et à se montrer tous les jours dans les marchés ou à la porte des temples.

Question. La question, pour tirer l'aveu de certains crimes, est à peu près comme celle des brodequins, usitée autrefois parmi nous : c'est l'ordinaire. L'extraordinaire consiste à taillader le corps avec des ciseaux, et à lever des aiguillettes de chair.

Prisons. Les prisons de la Chine, bien différentes de celles d'Europe, sont commodes, spacieuses et toujours très-propres, malgré le grand nombre de misérables qu'elles renferment (dans celles de la ville de Canton seule, on compte habituellement 15,000 prisonniers). L'état ne les nourrit point; on leur permet de s'occuper à divers travaux qui leur donnent les moyens de subsister. Ces prisons sont bâties à peu de distance des tribunaux de justice. Les plus insignes criminels enfermés dans des cellules particulières, sont enchaînés pendant la nuit; quant aux autres prisonniers, ils ont la faculté de se promener dans les cours jusqu'à la nuit, temps auquel ils sont enfermés dans une vaste salle. Des gardes veillent toute la nuit autour des prisons, et y font observer le plus profond silence. La loi veut que le corps des prisonniers qui viennent à mourir, soit porté au lieu de sa sépulture, non par la grande porte, mais par un passage particulier pratiqué dans l'épaisseur du premier mur, et destiné uniquement à cet usage : cérémonie à laquelle les Chinois ont attaché une telle idée d'infamie, qu'ils en ont fait une imprécation. Aussi un prisonnier de quelque distinction, en danger de mort, fait-il demander aux juges la permission de se faire transporter hors de la prison, pour s'épargner cette honte. Les prisonniers pour dettes sont séparés des autres malfaiteurs, et n'ont avec eux aucune communication.

Pour acquitter ses dettes et éviter par là la prison, on est souvent réduit à se vendre soi et ses enfans. Il est d'autres cas où l'on en vient à cette extrêmité : pour pourvoir aux besoins d'un père tombé dans la détresse, ou pour le faire enterrer convenablement après sa mort. Mais dans ces cas, celui qui s'est vendu est en droit, au bout de vingt ans, de redemander sa liberté s'il a servi d'une manière irréprochable ; mais s'il s'est mal comporté, il demeure esclave toute sa vie.

Il n'y a dans l'empire ni avocats, ni procureurs, ni huissiers ; chacun plaide sa cause devant le juge. Le demandeur rédige par écrit ses griefs, avant que de se présenter ; ensuite il se rend chez le juge, présente son mémoire à un officier de justice, qui, sur-le-champ, le remet au mandarin, lequel mande aussitôt la partie adverse ; l'affaire est bientôt jugée, et le châtiment suit de près le jugement. Celui des deux qui perd son procès, reçoit la bastonnade, excellente méthode d'abréger les procès.

Impôts. Depuis vingt ans jusqu'à soixante, chaque citoyen paye un tribut personnel, proportionné à ses facultés réelles. Vers le temps de la moisson, chaque année, tous les champs sont exactement mesurés, et là-dessus, par approximation, on règle le tribut ; toutes les terres y sont assujéties, même celles qui dépendent des temples. On ne confisque pas les biens de ceux qui sont lents à payer, ce serait surcharger l'état de citoyens réduits à la mendicité; on emploie contre eux la bastonnade ou la prison, ou bien on envoie quelquefois chez eux un certain nombre de pauvres et de vieillards, qui y vivent à discrétion, jusqu'à ce que le prince soit payé. L'empereur a le droit d'augmenter les anciennes impositions, d'en établir de nouvelles; mais il use rarement de ce droit. Presque tous les ans, au contraire, il exempte certaines provinces les plus pauvres, d'une partie des tailles, surtout lorsqu'elles ont éprouvé quelque calamité. Le tribut ordinaire monte à des sommes immenses, à cause de la multitude prodigieuse des contribuables. Du reste, chaque particulier n'est pas beaucoup chargé; le tribut se paye partie en argent, partie en grains, en sel, en charbon, en bois et autres denrées pareilles; partie en étoffes et en marchandises. Toutes ces différentes contributions évaluées en argent, peuvent monter, suivant le calcul qu'en a fait le père du Halde, à la somme de deux cent millions de taëls, c'est-à-dire d'un millier de millions de notre monnaie. Une partie des denrées que le prince reçoit, se distribue manuellement à ses officiers, à qui l'on donne, chaque semaine ou chaque mois, une certaine quantité de rations de riz, une mesure de sel et de charbon, des viandes, du poisson, etc., usage conforme à ce qui se pratiquait anciennement dans la maison de nos rois, où il se faisait des distributions de pain, de vin, de denrées, qu'on appelait *livraisons*. Le reste des provisions impériales, est distribué de la même manière aux princes, aux ministres, aux mandarins de la capitale et des provinces; aux soldats et à quantité de pauvres et de vieillards, que l'état assiste généreusement; de sorte que l'empereur nourrit journellement plus d'un million de bouches. Il possède d'ailleurs des domaines, des fermes, des haras.

Il n'y a point à la Chine de noblesse héréditaire. Toutes les distinctions sont purement personnelles et uniquement attachées aux emplois qu'on exerce. Le fils d'un mandarin n'est pas pour cela plus noble que le fils d'un paysan, cependant les empereurs confèrent certains titres qui semblent répondre à nos dignités de ducs, de comtes, de barons; mais ces dignités titulaires ne passent jamais aux enfans de ceux qui les ont obtenues. Les monarques chinois ennoblissent les ancêtres d'un homme, jusqu'à la neuvième et dixième génération, mais cette faveur ne s'étend point sur ses enfans, et sa postérité n'en est pas plus noble: c'est une espèce d'illustration assez particulière, imaginée depuis long-temps, comme il paraît, par l'histoire des empereurs.

Éducation. Les talens, les arts et les sciences, sont à la Chine le seul chemin des honneurs. Aussi les premières études des enfans sont-elles bien soignées; ils les commencent dès l'âge de cinq ans. Le premier livre qu'on eur met dans les mains, renferme une certaine quantité de caractères qui expriment les choses les plus usuelles et les plus utiles; vis-à-vis des caractères qui les expriment, sont représentées au naturel les images de ces mêmes objets; c'est le premier alphabet des Chinois. Leur langue qui n'a que quatre à cinq cents monosyllabes qui signifient différentes choses, selon le caractère ou l'accent qui y est joint, a néanmoins quatre-vingt mille caractères, ce qui en rend la lecture si difficile, qu'il faut toute la vie d'un homme et encore tout occupé de ce travail, pour y parvenir. Ces caractères étaient, dans leur origine, de véritables hiéroglyphes, comme ceux de l'ancienne Egypte, analogues aux choses qu'ils exprimaient ; ce qui a fait penser à quelques savans que les Chinois ont été une colonie des anciens Egyptiens. Mais cette manière de communiquer les idées des choses, en traçant sur le papier ou sur toute autre matière, les images naturelles de ces mêmes choses qu'on prétendait désigner, ne fut point particulière à l'Egypte. Dans les temps primitifs, pour exprimer un oiseau, on en formait la figure ; un cercle entouré de rayons, signifiait le soleil ; un demi-cercle, la lune ; des lignes ondoyantes, une rivière ; quelques arbres, une forêt. Le dessin linéaire a précédé toute écriture ; tels sont les caractères primitifs que l'on retrouve encore en grand nombre dans la langue chinoise. Les Chinois ont une sorte de vénération pour ces caractères, ou imprimés ou tracés à la main. Ils préfèrent une belle pièce de cette sorte d'écriture, au plus beau tableau, par suite de leur goût particulier pour tout ce qui est ancien, et qui les a portés à rejeter nos lettres, malgré leur immense avantage sur leur vieille méthode qu'ils se sont obstinés à conserver. En même temps que les jeunes Chinois apprennent à se familiariser avec ces caractères, on leur enseigne à les tracer avec le pinceau, car c'est avec le pinceau que les Chinois écrivent de haut en bas, et de droite à gauche. Ils font ensuite connaître à leurs enfans un autre livre nommé *San-tse-king*, qui est un recueil de sentences courtes, terminées par des rimes pour aider la mémoire. Ce livre en contient plusieurs milliers, et ils doivent les apprendre toutes et en répéter un certain nombre tous les jours; si quelqu'un d'eux y manque, il est sévèrement châtié, c'est-à-dire, qu'après l'avoir couché sur un banc, on lui donne neuf ou dix coups de fouet par-dessus ses habits. Les enfans n'ont qu'un mois de vacance dans toute l'année, et cinq ou six jours de congé durant l'année scolaire. Dans un âge plus avancé, on leur donne à étudier le livre nommé *Tse-chu,* qui contient un abrégé de la doctrine de Confucius et de celle de Meng-tsu (Mencius), autre philosophe célèbre, venu un siècle après Confucius, et suivant la même doctrine qu'il avait apprise des disciples qu'avait laissés Confucius, et dans laquelle il il avait excellé et enchéri même. Ils doivent savoir ce livre par cœur jusqu'à la dernière syllabe. Pendant qu'ils l'étudient, ils ne peuvent jeter les yeux sur aucun autre ouvrage. Telles sont les premières classes, après quoi on applique les enfans à la composition du *Ven-chang,* matière qu'on leur donne à amplifier. On prend pour sujet une sentence tirée de certains livres sacrés, qui sont les auteurs classiques et souvent un simple caractère dont il faut deviner et développer le sens; on exige que le style de cette composition soit serré et concis. Les gens riches confient, pour l'ordinaire, l'éducation de leurs enfans à des instituteurs particuliers, qui, bien payés, sont encore honorés dans les familles, où ils ont la première place, et éternellement respectés par leurs élèves auxquels ils apprennent les règles de la grammaire et de l'écriture, les principes de l'histoire nationale, la science des lois et surtout les préceptes de la morale : l'emploi de ces premiers maîtres est recommandable et lucratif.

Ces études domestiques achevées, les jeunes gens commencent alors un nouveau cours de science qui les met en mesure de parvenir aux grades académiques qui leur donnent entrée dans l'ordre auguste des lettrés. Tous ceux qui ne prennent pas ces grades, demeurent sans distinction et confondus dans la foule avec le reste du peuple, incapables de posséder aucun emploi dans l'état.

On distingue trois classes de lettrés qui répondent aux trois différens grades que prennent les savans à la Chine. Pour y parvenir, il y a trois examens à subir, où il faut faire preuve de son habileté. Le premier se fait par un mandarin des premières classes que la cour envoie à cet effet dans chaque province. Il se rend dans les principales villes où il y a des colléges destinés à cet usage, dans lequel il rassemble les étudians. Chacun de ces édifices très-vaste est partagé en une infinité de cellules longues de quatre à cinq pieds sur trois et demi de largeur : on compte jusqu'à six mille de ces cellules dans quelques-uns de ces colléges. C'est là qu'on renferme les étudians ou aspirans, après quoi on leur donne une matière de composition qu'ils doivent travailler d'eux-mêmes, sans aucun secours emprunté. Le mandarin adjuge le prix aux meilleures compositions, et leurs auteurs obtiennent le premier grade qui répond à celui de bachelier dans nos écoles d'Europe. Dès-lors ils sont

Lettrés.

appelés *Sieou-tsai*. Ils ont le privilége de porter une robe bleue avec une bordure noire et l'oiseau d'argent qu'ils arborent sur leur bonnet. Les magistrats ordinaires ne peuvent plus leur donner la bastonnade. Un supérieur particulier les gouverne et a seul le droit de les punir.

Un nouvel examen donne entrée au second grade. Il ne se fait que tous les trois ans, dans la capitale seulement de chaque province, en présence des principaux mandarins et de deux commissaires que la cour y envoie. Les aspirans dont les compositions obtiennent le prix, sont faits *Kiu-giu*, nom affecté au second grade. Ceux qui en sont revêtus, portent une robe brune avec une bordure bleue large de quatre doigts; l'oiseau du bonnet est d'argent doré. Tout Kiu-giu peut être élevé au mandarinat. On en a vu devenir vice-roi.

Le dernier examen conduit au troisième grade qui est le doctorat. Il se fait à Pé-kin, dans le palais de l'empereur qui y préside en personne, et donne souvent lui-même le sujet de la composition. Cinq ou six mille Kiu-giu se présentent d'ordinaire pour cet examen qui a lieu de trois en trois ans. On n'admet au doctorat qu'un petit nombre de candidats. Leur réception se fait avec éclat et une magnificence extraordinaire. Chaque docteur reçoit, pour premier gage de la munificence impériale, une écuelle d'argent, un parasol de soie bleue et une chaise magnifique pour se faire porter. Leurs noms sont inscrits sur des tableaux qu'on expose dans une place publique. Des courriers volontaires et bien récompensés ne tardent point, à la nouvelle de leur admission, d'aller en instruire la famille. La joie est grande dans la ville dont est le nouveau docteur, et elle célèbre, par les plus grandes réjouissances, l'heureuse fortune de son citoyen. Les lettrés de cet ordre supérieur s'appellent *Tsin-sée*, c'est-à-dire docteurs célestes. On écrit leurs noms sur un registre particulier, afin de les élever aux premières charges où la plupart parviennent avec le temps.

Les lettrés du premier ordre se distinguent des autres par la longueur de leurs ongles qu'ils laissent croître d'une manière démesurée. C'est le privilége dont ils se montrent le plus jaloux.

Tels sont les mandarins lettrés, ceux qui appliqués à l'étude des lettres ont pris les divers grades qui conduisent au doctorat. C'est sur eux que roule le gouvernement politique. Leur nombre monte à treize ou quatorze mille, et ils sont partagés en neuf classes. Ceux des trois premiers ordres exercent les principaux emplois de l'Empire. C'est parmi eux que l'empereur choisit les *Colao* ou ministres d'état, les officiers des cours souveraines, les gouverneurs des grandes villes, les trésoriers généraux des provinces, les vice-rois. Les autres exercent les emplois subalternes de judicature et de finance, commandent dans les petites villes, chargés d'y maintenir le bon ordre et la police. Ils sont tellement subordonnés aux trois premières classes, qu'un mandarin de ces trois premières peut faire donner la bastonnade aux officiers des classes inférieures.

<small>Mandarins.</small>

Les Chinois, persuadés que les mandarins représentent la majesté de l'empereur, respectent, autant que lui

<small>Respect des Chinois pour les Mandarins.</small>

à proportion, ces magistrats. Lorsqu'ils sont assis sur leur tribunal, le peuple ne leur parle qu'à genoux. Sont-ils en public, c'est avec l'appareil le plus imposant. Ils sont portés par quatre hommes dans une chaise magnifiquement décorée, précédés des officiers de leur tribunal qui marchent en ordre des deux côtés de la rue. Les uns tiennent devant le mandarin un grand parasol de soie; les autres frappent sur un bassin de cuivre, pour avertir le peuple de se ranger; d'autres portent des fouets, des bâtons et des chaînes de fer, instrumens de supplice. Le peuple témoigne son respect par un profond silence et non par de grandes inclinations. Si les mandarins ont le droit d'exiger du peuple de pareils honneurs, le peuple a aussi le droit d'exiger d'eux la même vigilance, la même affection, le même zèle pour remplir leurs devoirs, que de l'empereur. Un mandarin doit être accessible et aux heures d'audience et à toute heure du jour et de la nuit. Sa maison est toujours ouverte, et à sa porte est suspendue une grosse timbale où doivent frapper les clients. A ce signal, le juge doit s'empresser de donner audience. Les lois interdisent aux mandarins l'usage de la plupart des plaisirs, comme le jeu, la promenade, les visites, les assemblées. Ils ne leur est permis de se procurer quelques divertissemens, que dans l'intérieur de leur palais. Un mandarin, s'il veut se maintenir dans son emploi, doit l'exercer avec douceur et désintéressement : s'il est avare ou impitoyable, il s'expose et aux murmures du peuple et aux réprimandes sévères de la cour. Ils répondent de toutes leurs actions à la cour, et de tout ce qui arrive dans leur gouvernement et à son occasion, comme de la mort d'un particulier qu'ils auraient fait enfermer. S'il tombe malade, ils doivent lui procurer des médecins et le visiter eux-mêmes. Si le malade vient à mourir, il faut qu'ils attestent qu'il n'y a point de leur faute et qu'ils ont pourvu à tout ce que nous venons de dire. Un mandarin convaincu d'avoir reçu un présent, est privé de son emploi, et condamné à mort si la somme monte à quatre-vingts onces d'argent. Personne ne peut exercer l'emploi de mandarin dans sa ville natale, ni même dans sa province. Deux personnes de la même famille ne peuvent être mandarins dans le même canton. S'il se commet un crime ou un délit dans le département d'un mandarin, il est obligé d'en découvrir les auteurs sous peine d'être destitué de son emploi. Si c'est un crime du premier ordre, un parricide, par exemple, tous les mandarins du département sont cassés. Un vice-roi est personnellement responsable d'un soulèvement qui aurait lieu dans sa province. On ne saurait s'imaginer quelle est la sévérité du gouvernement, et jusqu'où il porte l'investigation à cet égard. Une des principales fonctions des mandarins de lettres est de faire de temps en temps des instructions au peuple, et en cela ils imitent l'empereur. Chaque mandarin est obligé d'assembler, deux fois le mois, le peuple de son département, et de lui exposer familièrement quelque point de morale.

On entend par mandarins de guerre ceux sur lesquels roulent le service militaire et les forces de l'Empire. On en compte jusqu'à dix-huit mille qui ont sous leurs ordres plus de sept cent mille soldats d'infanterie et en-

Mandarins de guerre.

viron deux cent mille cavaliers. Il y en a cinq classes : ceux de la première se nomment mandarins de l'arrière-garde ; les autres sont mandarins de l'aile gauche, de l'aile droite, du corps de bataille, de l'avant-garde. Ces différentes classes sont gouvernées par cinq tribunaux militaires subordonnés à un sixième qui dépend lui-même de la quatrième cour souveraine de Pé-kin, chargée du détail de la guerre. Le président de ce sixième tribunal est un des plus grands seigneurs de l'Empire. Son autorité s'étend sur tous les gens de guerre. Il commande toujours l'armée ; sa dignité répond à celle de maréchal général, parmi nous. En temps de guerre, on lui donne pour adjoint un mandarin de lettres qui a le titre de surintendant des armes. On fait éclairer en outre sa conduite par deux inspecteurs tirés du même corps. Le général en chef ne peut former aucune entreprise sans consulter ces trois officiers qui rendent compte de toutes ses opérations à la quatrième cour de Pé-kin, tribunal redoutable dont dépend le général en chef même. Toutes les troupes sont divisées en plusieurs légions, chacune composée de dix mille soldats partagés en cent *un-rous* ou compagnies de cent hommes chacune. Les troupes tartares ont des enseignes jaunes, les milices chinoises de vertes. Les chefs de chaque troupe sont chargés d'exercer régulièrement leurs soldats, c'est-à-dire de les faire marcher, défiler, livrer des combats simulés, se diviser, se rallier. Cet exercice se fait d'une manière assez tumultueuse. Les revues ont lieu de temps en temps. On visite exactement les chevaux, les fusils, les sabres, les flèches, les arcs, les cuirasses. Le soldat mal ordonné est puni sur le champ : le Chinois, de la bastonnade, et le Tartare, du fouet. Ces soldats sont bien vêtus et bien armés. Ils se servent fort adroitement du sabre et de l'arc, mais nous doutons, et la guerre qu'ils ont si mal soutenue contre les Anglais vient de le prouver, qu'ils soient de bons artilleurs, quoique la poudre à canon et les armes à feu eussent été inventées chez eux bien avant nous, suivant l'opinion de quelques-uns. Leur solde se paye régulièrement tous les trois mois. Le soldat d'infanterie a chaque jour cinq sous d'argent fin et une mesure de riz capable de le nourrir. Le cavalier a dix sous et deux mesures de petites fèves pour son cheval. La condition de ces soldats est si bonne, que, pour en avoir, il n'est pas besoin de violence ; il s'en présente toujours un grand nombre, et il faut avoir des protections pour être enrôlé ; chacun est obligé d'employer le crédit de ses protecteurs et même les présens, pour être admis au nombre des enrôlés. Les Chinois, au reste, qui sont naturellement timides, font de mauvais soldats ; et les Tartares se sont eux-mêmes amollis dans ce climat voluptueux ; en sorte, que le moindre effort est capable de rompre ces troupes si peu aguerries. La paix profonde dont l'empire jouit presque sans interruption depuis si long-temps, a achevé d'énerver tous les courages, et l'empire ne résisterait pas à une attaque extérieure bien concertée.

Le célibat est déshonorant à la Chine ; la polygamie y est permise, et c'est ce qui a le plus contribué à éloigner les Chinois de la religion chrétienne qui défend le

Polygamie permise.

concubinage, et qui a rendu au mariage toute sa pureté originelle, en prescrivant l'unité et l'indissolubilité du lien conjugal. L'empereur peut avoir autant de femmes que l'exigent ses goûts et ses caprices, mais il n'y en a que quinze qui portent le titre de *Reines*; encore sur ces quinze, y en a-t-il trois au-dessus des autres, et sur ces trois, une première qui a la prééminence sur les deux autres, lesquelles ne sont, à vrai dire, que ses dames d'honneur, toujours à ses côtés, ce qui les a fait appeler *latérales*, ne lui parlant qu'à genoux, et ce n'est que par leur entremise, que les douze autres correspondent avec la première ou la Reine souveraine, comme on la désigne.

Courtisanes   Les courtisanes sont tolérées dans l'empire, mais avec défense d'habiter dans l'enceinte des villes, et ordre de loger plusieurs ensemble, sous la direction d'une espèce de supérieure qui répond de leur conduite. La police de ces maisons est particulièrement confiée aux trésoriers des temples, et à ceux qui sont chargés du soin d'entretenir ces édifices.

Nous venons d'entrer dans quelques détails sur le gouvernement de la Chine, et sur tout ce qui y a du rapport; ce qui en fait l'éloge, c'est que, malgré les nombreuses révolutions qu'a subi la Chine, ces secousses, quelque violentes qu'elles aient été, n'ont rien changé à la constitution essentielle de l'état; que la même forme d'administration y subsiste depuis grand nombre de siècles, et que les Tartares vainqueurs et maîtres de la détruire, l'ont respectée et s'y sont soumis eux-mêmes, abandonnant leurs propres usages, leurs propres lois, pour ne suivre que les usages, que les lois d'un peuple vaincu. Passons à son culte.

Le savant Bayer, critique estimé en littérature chinoise et qui a examiné attentivement et approfondi le livre chinois intitulé *les Origines Chinoises*, croit que le mot *Puen-ku* de ce livre n'est pas le nom propre d'un homme, mais qu'il signifie la première antiquité, comme aussi le mot *Tay-ku*, la plus haute antiquité, l'immense durée ou plutôt l'éternité qui a précédé la création ; que l'eau ou la masse liquide du même livre terminant la plus haute antiquité ou l'éternité qui a précédé la création, et de plus le système d'êtres créés, qui suivit, ressemblent assez au chaos d'Ovide et au *Tohu Vabohu* de notre histoire sacrée ; que l'auguste famille des cieux, l'auguste famille de la terre et l'auguste famille des hommes (*) qui parurent immédiatement après la masse liquide, désignent la création des cieux, de la terre et des hommes ; qu'on ne doit pas être surpris de l'expression d'auguste famille, appliquée aux cieux ou à la terre, la plus grande partie du monde païen, dans les premiers temps d'idolâtrie, ayant considéré les corps célestes et la terre même comme animés par des intelligences d'une nature mitoyenne entre Dieu et l'homme. Les neuf individus de l'auguste famille des hommes, dont il est parlé dans le même livre, désignent, suivant Bayer, les neuf générations qui ont précédé Noé, qu'on doit regarder

Culte.

(*) On a trouvé un grand rapport entre ces trois familles et les trois dynasties de Dieux, de demi-Dieux et des hommes que les anciennes chroniques égyptiennes font régner successivement en Egypte, dans les premiers temps.

comme le second père du genre humain. Il est dit dans le même livre que Fo-hi, qu'on y place à la tête de ces générations, eut pour femme *Kua;* or *Kua* ne ressemble pas mal à *Chava*, femme d'Adam, d'où l'on pourrait conclure qu'Adam et Fo-hi ont été le même personnage. Fo-hi est représenté avec une tête d'homme et un corps de serpent, animal qui, chez les anciens, était le symbole d'un peuple ou d'un homme sorti de la terre, d'où il semble suivre que les premiers Chinois avaient appris, par tradition, que Dieu forma le premier homme de la poussière de la terre. Il est dit que *Ta-Nau* ou *Ta-nao*, un des ministres de Whang-ti ou Hoam-ti, composa, par son ordre, le cycle sexagénaire, et fut inventeur des barques ou petits vaisseaux. On ne peut nier le rapport qu'il y a entre ce dernier trait et une partie de l'histoire de Noé. On peut conclure de tout ce qui précède, qu'il y a dans l'histoire fabuleuse des Chinois, des traces obscures de la création du monde, de l'origine du genre humain, d'un déluge dont au reste plusieurs de leurs historiens font mention, comme arrivé trois mille ans avant le commencement de notre ère, mais dont ils ne marquent ni la cause, ni la durée, ni l'étendue ; et que les Chinois des derniers siècles ont corrompu leurs propres antiquités, la connaissance qu'ils avaient reçue de leurs ancêtres sur la création, le déluge et autres évènemens arrivés dans les premiers âges du monde, ayant été ridiculement appliquée par eux à l'ancien état monarchique de la Chine, reproche au reste qu'on peut faire à tous les peuples, à l'exception des Juifs, seuls dépositaires fidèles de l'ancienne tradition, parce que

Dieu, dans son infinie miséricorde et dans ses vues de salut pour le genre humain, y avait pourvu.

Il paraît par les anciens livres sacrés ou classiques des Chinois, qui contiennent l'abrégé de leurs sciences et de leur morale, que ce peuple eut d'abord les idées les plus saines de la divinité. Ils l'adoraient sous le nom de *Shang-ti* ou *Xang-ti*, c'est-à-dire de suprême empereur ; ils le désignaient aussi par le nom de *Tyen*, ce mot signifiant, selon les interprètes de ces livres, l'esprit, principe unique de toutes choses qui préside particulièrement dans les cieux, parce que les cieux sont l'ouvrage le plus excellent qu'il ait produit. Ce mot se prend aussi quelquefois pour les cieux matériels. Le père d'une famille en est également appelé le *Tyen ;* de même dans le style Chinois, le vice-roi d'une province en est le *Tyen*, et l'empereur le *Tyen* du royaume. Les Chinois honoraient aussi, mais d'un culte inférieur, les esprits célestes que le souverain être avait établis, selon eux, sur les rivières, les montagnes, les villes, les provinces, les royaumes et sur chaque homme en particulier. Leurs livres parlent du grand dragon, qui, après avoir introduit le désordre dans le ciel et sur la terre, a été détruit ou réprimé par l'esprit céleste, ce qui semble faire allusion à la chute de l'homme ainsi qu'à celle des anges apostats. Les anciens Grecs et Romains avaient aussi leurs démons et leurs génies ; et cette notion des bons et des mauvais esprits étaient si anciennement répandue chez tous les peuples, qu'il est impossible d'en fixer l'origine.

Sacrifier au premier être était une cérémonie si sublime, selon les anciens Chinois, que la première personne de l'Empire était seule digne de la pratiquer. A l'empereur seul était dévolu le pouvoir d'offrir des sacrifices au *Tyen*, dont il était le fils adoptif et l'héritier principal de sa grandeur sur la terre. On trouve le sacerdoce ainsi réuni à la dignité royale chez d'autres nations, dans les temps primitifs. Les anciens Chinois offrirent d'abord à Shang-ti ou Xang-ti les prémices de leurs fruits. Ils lui immolèrent ensuite des animaux. Ces sacrifices lui étaient offerts deux fois par an, aux deux solstices. A ces sacrifices solsticiaux, on en ajouta deux autres qui furent fixés aux équinoxes. Le prince se préparait aux fonctions pontificales par les plus rigoureuses expiations. Pendant qu'il s'en acquittait, les tribunaux demeuraient fermés, le cours du commerce suspendu. Le peuple ne devait entreprendre aucun voyage, mais se joindre intérieurement et extérieurement à son chef pour mieux honorer Shang-ti. L'empereur labourait et ensemençait quelques sillons dont il offrait le produit au *Tyen*. Les anciens sages Chinois avaient sur le *Tyen* les notions les plus exactes, persuadés qu'il était impossible d'approfondir ses desseins; que rien ne lui était caché de ce qui se passe dans le plus secret du cœur de l'homme; qu'il préside à tous les évènemens : récompense la vertu et punit le vice, même dans les rois qu'il dépouille de leur autorité quand ils s'en sont rendus indignes; reconnaissant non seulement que le *Tyen* infligeait des châtimens nationaux, mais encore que ces châtimens étaient annoncés par des prodiges propres à engager les coupables à les prévenir par le repentir. Leurs livres sacrés insistent partout sur la crainte de Dieu comme étant le plus puissant moyen de réprimer le vice. Ils enseignent à regarder toutes les pensées saintes comme inspirées par le *Tyen*. Ce furent là sans doute les préceptes fondamentaux enseignés par Noé à ses descendans; ceux-ci en conservèrent le souvenir plus ou moins long-temps, sans altération. Les Chinois ne furent pas exempts de ce changement, et quoique Shang-ti ou le *Tyen* fut au commencement le premier et le principal objet de leur culte, dans la suite ils adressèrent leurs hommages aux cieux matériels. C'est ainsi que la première idolâtrie dont les Egyptiens, les Assyriens, les Babyloniens, les Phéniciens, les Arabes et presque tous les peuples se rendirent coupables, fut cette transition là même du culte de la divinité à celle de la plus belle partie du monde matériel.

L'idolâtrie s'était introduite à la Chine dès avant Confucius, puisque ce législateur philosophe y rétablit l'ancienne croyance. Plusieurs siècles après sa mort, l'idolâtrie de Fo, né dans les Indes, vint infester la Chine. On croit qu'après la conquête de l'Egypte par Cambyse, les prêtres Egyptiens se répandirent dans l'Inde, la Tartarie et même la Chine, et que c'est des hiéroglyphes de leurs divinités que naquirent ces idoles difformes et monstrueuses, adorées depuis ce temps là dans ces différens pays.

Trois religions partagent aujourd'hui la Chine et y sont également dominantes : celle qui suit la morale de Confucius; une autre, qui reconnait pour fondateur

Lao-kium ; et une troisième, qui est celle de Fo ou Foé.

Confucius.

Cum-fu-cu ou Con-fou-tse, Confucius, d'après la prononciation européenne, naquit, selon la commune opinion, 520 ans avant J.-C., à Kio-feou, dans le royaume de Lu ou Lou, aujourd'hui la province de Chan-tong ; il était contemporain du philosophe grec Pythagore. Dès ses plus tendres années, disent ses historiens, il montra beaucoup de sagesse et une aversion extrême pour la frivolité, inséparable des goûts de la jeunesse. La philosophie et principalement la morale fut son unique étude, à laquelle il s'adonna pleinement. Il se maria à dix-neuf ans, et sa femme lui ayant donné un fils, il la répudia ou se sépara d'elle, pour vaquer plus librement à son étude favorite. Ayant acquis un assez grand fonds de connaissances utiles pour la science des mœurs, il commença à se vouer à l'instruction des autres, et parcourant les provinces, il tâcha d'inspirer aux peuples l'amour de la vertu, le mépris des richesses et la fuite des plaisirs trompeurs. Plus prudent que le philosophe grec Socrate et d'autres réformateurs célèbres, il évita un écueil dangereux, contre lequel tous ont échoué : il eut soin de ne pas heurter directement les préjugés populaires en matière religieuse. Bientôt sa réputation se répandit dans tout l'empire, et attira à sa suite trois mille disciples, parmi lesquels il en choisit soixante-douze qu'il s'attacha plus particulièrement, et qui allèrent prêcher sa doctrine en divers lieux. A l'âge de 55 ans, il fut élevé à la dignité de premier ministre du royaume de Lu, sa patrie. La sagesse avec laquelle il gouverna, lui acquit tant d'autorité, qu'en peu de temps il changea toute la face du pays; mais ces heureux fruits de son zèle et de sa vertu ne furent pas de longue durée. Le roi de Lu, séduit par une femme, oublia, dans le sein de la volupté, les sages avis de son ministre, qui, après avoir inutilement tenté de le ramener à la vertu, désespéré de n'avoir pu réussir, renonça au ministère et s'éloigna à regret de son pays natal, pour chercher, dans d'autres royaumes, des princes plus dignes d'écouter ses leçons. Tous les rois à l'envi, voulurent l'attirer dans leurs états; ses instructions fructifièrent dans le royaume de Sun où il s'était retiré. Elles roulaient toutes, ou sur les vertus morales dont la pratique fait l'honnête homme, ou sur l'art de raisonner, et l'éloquence, ou sur le gouvernement de l'état et le devoir des magistrats, ou sur tout ce qui regarde la science des mœurs et l'art de discourir noblement sur un si digne sujet: quatre points fondamentaux qui forment les quatre divisions qu'il établit dans sa doctrine, ainsi que le même nombre de classes parmi ses disciples. Ses discours étaient pleins de sagesse et assaisonnés d'une éloquence douce et persuasive qui entraînait les esprits. Confucius vint mourir dans son pays, âgé de 73 ans. On lui éleva un tombeau magnifique, proche de la ville de Kio-feou, dans le lieu où il avait coutume de réunir ses disciples pour leur donner ses leçons. Les Chinois conservent la plus profonde vénération pour sa mémoire. Dans presque toutes les villes, on lui a érigé un oratoire où les mandarins et les lettrés s'assemblent certains jours de l'année, pour lui faire des offrandes qui présentent l'idée d'un véritable sacrifice. On y apporte des fleurs, du riz que l'on met sur une table, parmi des flambeaux et des cassolettes où l'on fait fumer l'encens et les aromates. Après plusieurs inclinations profondes, le premier mandarin prend successivement les objets de l'offrande et les présente devant la tablette de Confucius, tandis qu'on chante quelques vers en son honneur ou à sa louange. On enterre le sang et le poil d'un cochon égorgé la veille, et l'on brûle une grande pièce de soie. Ces honneurs, presque divins, que les lettrés rendent à Confucius, n'auraient pas été approuvés de ce philosophe qui était bien loin de prescrire de rendre à la créature de tels hommages, et c'est ainsi que ses sectateurs se sont étrangement éloignés de ses principes, comme il est arrivé aux disciples de tous les philosophes. On peut juger de l'estime qu'ont les Chinois pour Confucius et qui s'étend sur tout ce qui tient à lui, par les prérogatives uniques qui ont été accordées à ses descendans. Il n'y a proprement à la Chine que deux familles où la noblesse et les distinctions se perpétuent : celle de l'empereur régnant, et celle du célèbre philosophe. Ainsi les princes du sang impérial, surtout ceux qui appartiennent de plus près à l'empereur, ont un rang et des prérogatives considérables : de même, les descendans de Confucius jouissent de plusieurs priviléges qui les distinguent, depuis deux mille ans, du commun des citoyens ; aussi est-ce, sans contredit, une des plus nobles familles de l'univers. L'empereur nomme toujours un lettré de cette race, pour gouverneur de Kio-feou, ville de la province de Chang-tong, qui a eu la gloire de donner le jour à cet illustre philosophe.

Lao-kium naquit environ 600 ans avant J.-C., selon la chronologie chinoise, dans la province de Hou-quang. Si l'on veut ajouter foi aux fables débitées par ses disciples, sa naissance eut quelque chose de merveilleux. Son père, nommé Quang, simple laboureur, n'ayant pu parvenir, jusqu'à l'âge de 70 ans, à se faire aimer d'aucune femme, toucha enfin le cœur d'une pauvre villageoise âgée de 40 ans, qui l'épousa. Cette femme se trouva enceinte tout d'un coup, par la seule vertu vivifiante du ciel et de la terre, et au bout de 80 ans de grossesse, elle accoucha, sous un prunier, d'un fils qui avait les cheveux et les sourcils blancs comme neige. Le peuple surpris de cette blancheur, le nomma Lautse, c'est-à-dire vieil enfant. Il se fit connaître dans la suite sous le nom de Lao-kiun ou Lao-kium. En âge d'apprendre, il s'appliqua à l'étude des sciences et il s'instruisit à fond de l'histoire de son pays et des usages particuliers de l'empire. Il composa un ouvrage intitulé Tau-tsé, qui contient une infinité de sentences morales (cinquante mille, dit-on). Après avoir mené une vie solitaire, il mourut dans un lieu appelé *Ou,* où l'on voit encore aujourd'hui sa tombe. Il recommandait à ses disciples de fréquenter la solitude, à son exemple, s'ils voulaient élever leur âme au-dessus des choses terrestres, comme en étant le plus sûr moyen. Il paraît que sa doctrine, aussi bien que ses ouvrages, ont été altérés par ses disciples qui professent un matérialisme grossier, et néanmoins ils admettent des génies, des esprits (*) auxquels ils adressent leur culte, et qu'ils prétendent évoquer par des prestiges, des enchantemens, des conjurations et toutes les superstitions magiques; accompagnant ces cérémonies de contorsions, de hurlemens, d'un bruit de tambours et de bassins de cuivre; le tout pour connaître l'avenir qu'ils se mêlent de prédire. Leur maître enseignait qu'il avait trouvé le secret de prolonger la vie humaine au-delà de ses bornes ordinaires : sans doute par la tempérance et la modération en toutes choses; ils allèrent plus loin, et prétendirent qu'ils avaient un breuvage qui procurait l'immortalité, ce qui les fit appeler la secte des immortels.

Foé. Fé ou Foé naquit, dit-on, dans les Indes, environ mille ans avant J.-C. Ce fut lui qui, si long-temps avant Pythagore, enseigna le dogme singulier de la métempsycose ou transmigration des âmes, et qui fut le fondateur de l'ordre monacal des Bonzes, qui, dans la suite, l'adorèrent comme un Dieu. Son idole est l'objet du culte le plus superstitieux. Ses prêtres appelés Bonzes à la Chine, Fakirs dans l'Inde en deçà du Gange, Talapoins à Siam, Lamas en Tartarie, se livrent, en son honneur, à des pratiques de pénitence qui révoltent la nature humaine, étrange effet du fanatisme le plus extravagant, et qui prouve combien l'homme a besoin d'être dirigé dans les objets et les motifs de sa croyance. La doctrine de Foé est ce qu'on appelle le Bouddhisme (**), qui a infecté de

---

(*) Les Chinois croient à l'existence des esprits célestes, ministres du Dieu suprême et présidant par son ordre à toutes les parties de la nature.

(**) Culte de Bouddha, le même que Foé.

ses superstitions l'Inde, la Chine, la Grande-Tartarie, où il a établi son siége principal (dans le Tibet ou Boutan).

Certains de ses sectateurs sont très-dangereux pour l'État et ont souvent excité des révoltes, dans la persuasion, vraie ou feinte, parmi les adeptes, de l'avènement d'un nouveau Foé qui doit ramener l'âge d'or, que les mécontens ou les esprits brouillons savent exploiter pour séduire le peuple ignorant, crédule, superstitieux et avide de nouveautés, et par là, former des partis dans l'État. C'est ainsi que les premiers mouvemens séditieux qui ébranlèrent la dynastie des Yven qui fit place à celle des Ming, furent excités par ces sectaires, ayant à leur tête un nommé Lieou-fai-thong. Ils forment des sociétés secrètes, tiennent leurs assemblées ou conciliabules la nuit, engagent, par les sermens les plus terribles, les initiés à ne rien divulguer de ce qui s'y passe et s'y décide. Le gouvernement a toujours les yeux ouverts sur leurs menées clandestines, mais parvient difficilement à les surprendre et à découvrir leurs horribles complots. Tout s'y passe à huis-clos, et l'on raconte, de ces assemblées, beaucoup d'infamies et d'extravagances, dans le genre des mystères chez les anciens payens. Ce qui nuit à la prédication du christianisme, c'est qu'on le confond souvent avec cette secte de brouillons et de fanatiques.

On a trouvé des juifs établis à la Chine depuis plusieurs siècles, et y possédant une synagogue bâtie dans la ville de Kai-fong-fou, capitale de la province de Honan. Le père Gozani, jésuite italien, chargé de la direction d'une église chrétienne dans cette même ville, *Juifs à la Chine.*

est le seul qui ait publié quelques particularités au sujet de leur établissement et de leur manière de vivre. Il raconte, comme une tradition constante parmi eux, que leurs ancêtres entrèrent à la Chine sous la V⁰ dynastie qui commença à régner l'an 206 avant J.-C. C'est donc dans l'espace de temps qu'a duré cette dynastie, qu'il faut chercher l'époque incertaine de l'établissement des juifs à la Chine ; et ce qui prouve que cet établissement eut lieu avant l'incarnation du Verbe, c'est que le père Gozani leur ayant parlé de l'avènement du Messie promis dans les saintes écritures et des progrès merveilleux du christianisme, ils répondirent qu'ils n'avaient jamais entendu parler d'autre nom de Jésus, que de celui du fils de Sirrach.

Mahométans. Quelques auteurs prétendent que les mahométans s'introduisirent à la Chine, où ils sont en bien plus grand nombre que les juifs et les chrétiens, sous la XIIIme dynastie qui commença vers l'an 636 de l'ère chrétienne. D'autres soutiennent qu'ils n'y vinrent que sous le règne de Tai-tson, qui fonda la XVIII⁰, vers l'an 951 de J.-C.

Chrétiens. Le christianisme, assure-t-on, n'est guère moins ancien dans l'Empire que le mahométisme. On prétend que, dès la XIII⁰ dynastie, dans la VIII⁰ année du règne de Tai-tsong, vers le milieu du VII⁰ siècle de l'ère chrétienne, on vit arriver à la Chine des missionnaires chrétiens envoyés par le patriarche des Indes. On ajoute que quatre ans après, l'empereur Tai-tsong permit de prêcher l'Évangile dans l'étendue de ses états. L'an 1625, on trouva, dans la province de Chen-si, une table de pierre, longue de dix pieds et large de cinq, sur laquelle on lisait les noms de soixante-dix prédicateurs venus de Judée ou de Syrie, pour annoncer l'Évangile aux Chinois. On lisait à la suite un abrégé de la loi chrétienne. Le tout était écrit en caractères syriaques. L'inscription portait que ce monument avait été élevé en 782. On prétend que l'arrivée de ces hommes apostoliques est encore confirmée par divers manuscrits arabes, dont l'original se voit à Rome, dans la bibliothèque du collége des jésuites, et dont il y a des copies à Paris, dans la bibliothèque royale. Non seulement bien des gens contestent l'authenticité de ces manuscrits, mais l'histoire du monument trouve même des incrédules. Ce qu'il y a de certain, c'est que sur la fin du XVIe siècle, lorsque les missionnaires européens entrèrent pour la première fois à la Chine, ils n'y trouvèrent aucun vestige de christianisme. Ce fut sous le règne de l'empereur Ching-tsong, treizième empereur de la XXIe dynastie, que le père Michel Roger, jésuite napolitain, ouvrit à ses confrères, en 1581, cette belle carrière où leur zèle se signala. Le père Mathieu Ricci, de la même compagnie, continua l'œuvre et y obtint tant de succès, que les jésuites le regardèrent comme le fondateur de cette mission. Quarante ans après, les dominicains et les franciscains vinrent glaner dans le champ où les jésuites avaient fait une si abondante moisson. Des disputes ne tardèrent pas à éclater au sujet de certaines cérémonies concernant le culte de Confucius et les devoirs excessifs rendus aux morts. Les uns furent plus et les autres bien moins indulgens. Les jésuites s'étaient introduits à la cour des empereurs, y avaient brillés par leurs talens et avaient été élevés aux premières charges. Ils avaient profité de leur crédit pour jeter les semences du christianisme qui fructifièrent d'abord au-delà de leurs espérances : mais malheureusement ces succès ne furent pas de longue durée. Indépendamment des disputes qui arrêtèrent l'œuvre commencée et nuisirent même beaucoup aux progrès du christianisme déjà très florissant avant l'arrivée des dominicains et des franciscains, on peut dire que le plus grand obstacle vint du génie des Chinois. Les lettrés, la portion la plus éclairée de ce peuple, qui possède toutes les charges, et est la seule capable d'entraîner toute la nation, ont toujours montré un grand éloignement pour le christianisme, tant ils sont scrupuleusement attachés au culte de Confucius et à leurs cérémonies superstitieuses incompatibles avec les grands principes et la pureté du culte évangélique, quelque indulgence qu'on ait eue pour eux à cet égard pour conserver la religion naissante en tolérant certains usages comme des pratiques indifférentes. Nous leur avons parus trop exigeans ; ils ne voyent et ne veulent adorer rien de plus grand que Confucius. Les ministres et les mandarins, d'un autre côté, jaloux du crédit des jésuites et allarmés de leurs desseins, se sont continuellement déchaînés avec passion contre les missionnaires, et à force d'importuner les empereurs par leurs remontrances, ils ont enfin obtenu ce qu'ils désiraient si ardemment : la révocation des édits favorables au christianisme. Notre religion commença donc à être persécutée vers la fin même du règne de Cang-hi qui avait permis son établissement, et ensuite entièrement proscrite sous son fils et successeur Yong-tchin. Tous les missionnaires furent relégués à Canton, plus de trois cents églises détruites ou converties en des usages profanes, et le christianisme, dont les semences encore tendres n'avaient pu jeter de bien profondes racines, périt presque entièrement faute de culture. Cette douloureuse catastrophe arriva en 1723. Depuis lors les affaires de la religion n'ont point pris une meilleure face; elle est aujourd'hui plus persécutée que jamais, et le peu de défenseurs qui lui restent, sont exposés aux plus cruels supplices. Quelques jésuites restèrent encore néanmoins à la cour, non à titre de prédicateurs de la foi, mais en qualité de mathématiciens qui, forcés au silence de peur de perdre un reste de crédit dont en certaines circonstances ils pourraient faire un grand usage, attendent avec impatience à la fois et résignation le moment favorable de relever la croix du Sauveur si indignement renversée et foulée aux pieds.

Disons un mot des livres qui passent pour sacrés chez les Chinois, et qu'ils appellent *King*, mot qui, en leur langue, exprime une idée de sublimité, d'élévation. Ces ouvrages font l'objet de leurs plus sérieuses études et sont une des principales connaissances qu'on exige des lettrés, avant que de les élever au doctorat. Les Chinois sont persuadés que ces livres contiennent les plus sublimes mystères, et que leurs auteurs étaient des gens inspirés du ciel. Ils en distinguent de plusieurs ordres, suivant le degré d'autorité et d'importance qu'il leur plaît d'y attribuer. Nous ne parlerons que

Livres sacrés

des King du premier ordre : ils sont au nombre de cinq, et tous de la plus grande antiquité, selon les Chinois, qui ont pour eux la plus grande vénération. C'est un mélange confus de révélations singulières, de préceptes religieux, d'ordonnances légales, de poésies allégoriques et de faits curieux concernant l'histoire chinoise. Le premier, que les Chinois attribuent à Fo-hi, s'appelle *Y-king* ou livre de transmutations : ce n'est qu'une table de figures hiéroglyphiques, qui, dans tous les temps, ont exercé la vaine sagacité de leurs savans. Confucius est le premier auteur chinois qui ait débrouillé ce chaos informe, et il l'a fait d'une manière si avantageuse, qu'il est parvenu à persuader aux Chinois que ces figures symboliques contenaient de merveilleuses instructions pour la conduite et le gouvernement des états, ce dont il paraissait lui-même persuadé. Il en tira méthodiquement d'excellentes inductions, de beaux principes de morale et de politique, d'où il a fait découler l'origine des lois et les devoirs de la vie civile : telle est l'opinion des Chinois. Le second livre, appelé *Chu-king*, contient l'histoire des trois premières dynasties, en y comprenant les règnes d'Yao et de Chun, que l'auteur fait régner avant les dynasties. Outre ces faits historiques, de l'authenticité desquels tous nos savans ne conviennent pas, on y trouve d'excellentes maximes de conduite et de beaux préceptes. Le troisième, nommé *Chi-king*, est un recueil de poésies anciennes, partie dévotes et partie impies, partie morales et partie libertines, la plupart très-froides. Les docteurs prétendent que ce livre a été altéré par des mains profanes; pour le peuple, accoutumé à respecter tout ce qui porte un caractère sacré, il ne s'aperçoit point de l'irréligion et du libertinage qui y règnent. Le quatrième et le cinquième ont été compilés par Confucius. L'un, purement historique, sert de continuation au Chu-king; l'autre, qui est le dernier, traite des rites, des usages, des cérémonies légales et des devoirs de la société civile.

Tout concourt à prouver que le peuple Chinois est un peuple primitif comme les Egyptiens, les Chaldéens, les Phéniciens, les Mèdes et les Perses. S'il est vrai que la Chine ou plutôt le Chen-si ait dû sa première population à une colonie venue immédiatement du lieu où le gros de l'espèce humaine se trouvait réuni avant sa dispersion générale, elle dût apporter avec elle les connaissances que le genre humain avait acquises pendant sa réunion en une société générale ou qu'il tenait des hommes anti-diluviens : elle n'avait pu les perdre dans un trajet supposé court par un concours de circonstances heureuses. Il en arriva autrement à toutes les colonies qui, s'éloignant de plus en plus du berceau de leur origine, menèrent une vie nomade et tardèrent à se fixer : elles devinrent barbares. Les Grecs, par exemple, qui ne devinrent sédentaires qu'après des transmigrations multipliées, d'où leur vint le nom de Pélasges (du Phénicien *Palout-goi*, nation fuyante), avaient perdu jusqu'au souvenir de leur origine, étaient devenus de vrais sauvages. Ils reçurent leur première civilisation, dans des temps postérieurs, des Egyptiens, des Phéniciens, des Chaldéens venus parmi eux, des Perses, et, comm

Antiquité des Chinois.

ce peuple avait l'esprit inventif, il ne tarda pas à perfectionner les connaissances qu'il avait reçues, et les transmit deux fois aux Romains et aux autres Occidentaux qui, sans cette transmission, seraient peut-être restés jusqu'à nos jours ce qu'ils étaient auparavant : de vrais barbares. Les Chinois, renfermés dans leur pays, et qui n'eurent pendant long-temps d'autres relations qu'avec les Tartares, les anciens Scythes, hordes nomades et barbares, demeurèrent stationnaires dans les sciences; et les jésuites, à leur entrée dans la Chine, les trouvèrent tels à peu près qu'ils étaient restés depuis environ quatre mille ans, pas plus avancés sans doute que ne l'était le genre humain lors de l'érection de Babel. Le peuple Chinois étant donc, à peu de chose près, ce qu'il était il y a trois à quatre mille ans, nous pouvons savoir par lui ce qu'étaient les peuples primitifs qu'il nous représente; c'est aussi ce qui doit rendre l'étude de ce peuple et de son histoire fort intéressante pour un lecteur attentif et philosophe.

Caractère, portrait et costume des Chinois

Le Chinois n'est porté que pour les arts utiles et mécaniques pour lesquels sa patience est invincible; mais il a l'imagination lente, la conception difficile et peu propre aux sciences abstraites. Ils ont une forme de tête particulière, elle est pour ainsi dire quadrangulaire. Ils ont les yeux et les cheveux noirs, le nez court sans être écrasé, le teint jaune et la barbe peu fournie. Leur intelligence est si peu développée, qu'ils ne conçoivent que lentement les propositions les plus claires, et ils sont incapables d'une attention soutenue. Ils portent des robes larges et flottantes qui leur dérobent la taille et cachent absolument toutes les formes du corps. Il faut en dire autant des femmes chinoises qui sont en général d'une taille médiocre, mais bien faites et bien tournées, ont le visage agréable, les yeux noirs, petits, mais bien fendus, le teint pâle, l'air languissant, ce qu'elles doivent à une espèce de fard blanc dont elles se frottent la peau qu'elles usent par cet artifice pour se donner un air de pudeur et de modestie. L'un des plus grands agrémens que les Chinois trouvent dans le sexe, c'est la petitesse des pieds, aussi resserrent-ils les pieds des enfans du sexe féminin, par des ligatures fortement attachées, et emploient-ils toutes sortes de moyens pour les empêcher de croître, ce qui met les Chinoises hors d'état de faire de longues marches, et leur permet à peine de se soutenir, et en cela ils ont un but politique, celui de retenir leurs femmes dans leur ménage. Les Chinoises cependant passent pour être modestes et réservées, ce qui n'empêche pas les Chinois d'être jaloux à l'excès. Ils ont aussi de la pudeur et de la retenue, mais ces vertus, qui sont communes aux deux sexes, comme nous venons de le dire, ne sont chez l'un et chez l'autre, qu'extérieures et superficielles. En général, le Chinois sacrifie à la bienséance, au respect humain ; il sait se contenir en public. La raison si peu puissante ailleurs, a le plus grand empire sur ses sens: il sait retenir sa colère, réprimer son impatience, faire trêve à la passion, quand il est nécessaire. Il ne laisse pas d'être vindicatif et même cruel dans ses vengeances, mais il diffère la satisfaction de l'offense qu'il a reçue, il patiente, il dissimule, comme s'il était insensible. Quand l'occasion se présente de perdre l'agresseur, il la saisit avec chaleur et se venge aussitôt qu'il en trouve les moyens. Il est froid, grave et flegmatique par tempérament; il n'aime pas à voir ceux à qui il a affaire, traiter avec lui d'une manière trop vive et précipitée : il agit avec plus de sang-froid; la douceur le persuade mieux. Un certain empressement turbulent et qui veut tout emporter d'autorité, le blesse. Il n'entend pas qu'on se fâche en lui parlant, il veut des égards, de la condescendance. Il n'est pas de nation plus cérémonieuse, dont les mœurs soient si douces. Les querelles sont rares, les voies de fait presque inconnues chez les Chinois qui, polis, sociables, sont exempts de cette grossièreté et de cette rudesse qui caractérisent partout ailleurs les petites gens : la populace n'est pas différente en cela des gens aisés et instruits. Tout le monde, sans exception, pratique la politesse, les civilités et les bienséances qu'on considère, chez les Chinois, comme un moyen efficace de maintenir l'union et la subordination parmi les hommes, comme le lien le plus ferme de la société. Personne n'ose s'en dispenser : les grands comme les petits, les artistes comme les artisans, les paysans comme les esclaves, ont entr'eux leur cérémonial. Le Chinois est complimenteur à l'excès, il vous accable de prévenances. Les étrangers sont obligés de se conformer à ces pratiques s'ils ne veulent pas renoncer à tout commerce avec les gens du pays. Le Chinois est laborieux, actif, adroit dans les arts, mais incapable de les porter à un certain point de perfection; habile commerçant, mais infidèle et trompeur. L'appas du gain, le vil intérêt, voilà sa passion dominante, son vice capital. Il n'est rien moins que brave : une poignée de Tartares l'a subjugué deux fois. Sobre, circonspect, le maintien composé, il semble ne se laisser gouverner que par la raison, et si l'on ne juge de ce peuple que par les dehors, on croira que la vertu est la seule règle de ses actions, et que c'est un peuple de sages. Dans le fond, les Chinois ne sont pas meilleurs que les autres hommes, mais ils savent mieux cacher leurs vices.

Les Chinois, comme tous les Orientaux, traitaient de barbares les autres nations de l'univers. Avant que le commerce eut attiré, vers l'extrémité orientale de l'Asie, les Européens, ils se croyaient fort supérieurs en tout aux autres hommes; ils se formaient une idée extravagante de l'étendue de leur empire. Supposant la terre carrée, ils imaginaient que la Chine, placée au centre, en occupait la principale partie, et reléguaient les autres peuples dans les angles de ce prétendu carré : de là, les noms de *Tchang-koue* (royaume du milieu), de *Thian hia* (le dessous du ciel), qu'ils donnaient emphatiquement à leur empire. Les vaisseaux portugais abordés pour la première fois à Canton, en 1517, firent un peu revenir les Chinois de leurs anciens préjugés qui ne supposaient pas en eux de grandes connaissances en astronomie, cosmographie, etc. Lorsqu'ils consentirent à traiter avec les Européens, ils apprirent avec surprise qu'au delà des mers il se trouvait d'autres peuples instruits, non seulement de leurs sciences, mais de plusieurs autres et de plusieurs arts inconnus à la Chine. Un jésuite, nommé le père Chavagnac, leur ayant montré, pour

Préventions des Chinois.

la première fois, une mappe-monde en présence de plusieurs lettrés, leur étonnement fut extrême. Ceux-ci ne manquèrent pas d'y chercher leur pays qu'ils prirent d'abord pour un des deux hémisphères. Après avoir demandé l'explication des lettres et des figures qu'ils y voyaient avec surprise, ils reconnurent, non sans un grand étonnement, que le coin de la carte qui le représentait, n'était pas bien grand. Le missionnaire les vit alors se regarder les uns les autres, répétant plusieurs fois : *Elle est bien petite*. Les Chinois quoique désabusés de ces erreurs grossières, ne laissent pas d'avoir encore de grands préjugés. Il n'y a point de nations plus vaine, plus fière avec l'étranger, plus entêtée de son pays et de sa prétendue supériorité. Ils ne trouvent rien de bien que ce qui se fait chez eux, ni rien de vrai que ce que leurs docteurs ont enseigné. Ils ne veulent rien apprendre des autres peuples ; ils négligent de profiter de nos artistes dont ils pourraient tirer de grandes lumières, ne voulant rien faire à la manière européenne. Les jésuites, quoique secondés de l'autorité de l'empereur, eurent toutes les peines du monde à engager les architectes chinois à leur bâtir une église sur les desseins venus d'Europe. On n'a pas encore pu leur persuader de changer la mauvaise construction de leurs navires et d'en construire de meilleurs sur les modèles qu'ils ont continuellement devant les yeux. On ne saurait se persuader combien est grande la bonne opinion qu'ils ont d'eux-mêmes ; ils se piquent d'être plus polis et plus sociables que les autres hommes, et c'est le seul point sur lequel on puisse dire que cette bonne opinion est bien fondée. Dès l'enfance, le Chinois est élevé dans la plus parfaite soumission envers ses parens ; il n'est pas étonnant qu'il soit naturellement porté à la même obéissance envers ses maîtres. Il chérit ses mandarins, il adore ses souverains, mais il veut à son tour en être aimé. S'il ne trouve point en eux la même affection, il murmure, il sent le joug et cherche bientôt à le secouer ; on dirait qu'il change de nature : il devient inquiet, séditieux, insolent. Voilà ce qui explique ce grand nombre de révolutions dont la Chine a fourni tant d'exemples depuis douze siècles, bien plus que l'Angleterre n'en a fourni dans le même espace de temps. Enfin le Chinois est un peuple voluptueux, pauvre, intéressé, avide de gains les plus illicites ; aussi ne faut-il plus s'étonner de la difficulté qu'ont éprouvé les missionnaires à faire comprendre la religion chrétienne à des hommes charnels, habitués à tout rapporter à leur raison, incapables de la soumettre à l'autorité invisible de la foi, trouvant dans l'incompréhensibilité ds nos mystères, tout ce qui était le plus capable de la révolter, peu propres, par leur caractère, à s'accommoder de la sévérité évangélique, se révoltant toutes les fois qu'on leur parlait de se contenter chacun d'une seule femme, de mépriser les richesses et de restituer le bien usurpé.

L'empire de la Chine, y compris la Tartarie Chinoise, renferme presque toute l'extrémité orientale du continent de l'Asie. Il est aisé de concevoir que dans une aussi vaste étendue de pays dont le circuit embrasse plus de dix-huit cents lieues, l'air, le climat, les saisons et tous les effets qui dépendent de l'influence du ciel ne peu- *Nature du climat et du sol.*

vent être les mêmes en tous lieux. En général, l'air de la Chine est fort sain, rarement il est chargé de vapeurs dangereuses. On observe, comme de raison, de grandes différences entre les provinces, par rapport à la surface des terres et aux qualités du terroir. Les provinces de Koei-tcheou, de Se-tchuen et de Fo-kien ont un terrain aride, pierreux, inégal et peu propre à la culture, mais cependant on ne laisse pas d'y trouver quelques cantons assez fertiles: les meilleures provinces sont celles de Kiang-si, de Ho-nan, de Hou-quang, de Tche-kiang et de Kiang-nan. Ces mêmes provinces néanmoins ont des endroits incultes et hideux, ce qui ne doit pas étonner, puisque la plupart des provinces de la Chine sont comparables, par leur étendue, aux plus beaux royaumes de l'Europe. La partie orientale du Tche-kiang est couverte de riches moissons, mais elle n'offre, à l'ouest, que d'affreux rochers et des montagnes stériles. Il en est de même de plusieurs autres régions de l'empire. Lorsqu'en sortant de celle de Quang-tong on entre dans la province de Kiang-si, on découvre la plus belle contrée de la Chine; mais rien n'est comparable à la beauté du Tche-kiang qui s'étend vers la mer. On y voit des plaines d'une prodigieuse étendue, coupées par une multitude infinie de canaux, cultivées avec art, et si unies qu'on les croirait tirées au niveau. Mais ce n'est pas sur cette province, dont une première partie est arrosée par le grand fleuve Hoang-ho et peu éloignée des superbes villes de Nan-kin, de Chin-kiang, (la province de Kiang-nan étant située transversalement à celle du Tché-kiang qui l'enveloppe de deux côtés), dont une seconde partie s'étend le long du canal royal sur les bords duquel on rencontre d'autres villes presque aussi riches et aussi peuplées, dont une troisième compte encore de magnifiques cités, entr'autres celle de Hang-tcheou, qu'il faut se former une idée générale d'un si vaste empire. On sait que les premiers missionnaires firent des éloges outrés de la fertilité de la Chine, mais on sait aussi, par les dernières découvertes des missionnaires qui ont dressé la carte de ce pays, que dans la plupart des provinces, il y a des cantons de vingt lieues entières presqu'inhabités et incultes. Ces quartiers éloignés des grandes routes ont échappés aux recherches des premiers missionnaires. A parler en général, il est cependant vrai de dire que le terroir de l'empire est très-bon, et qu'il abonde en toutes sortes de grains et de légumes; les terres y sont naturellement grasses, légères et très-profondes. Dans certains cantons, les champs produisent, chaque année, deux moissons de riz : l'une au commencement d'avril, l'autre en septembre ; et souvent dans l'intervalle de chaque récolte, on sème encore des légumes et des menus grains. Le riz est la principale nourriture des Chinois, aussi s'appliquent-ils plus particulièrement à sa culture. Ils en tirent aussi, par distillation, une boisson assez agréable, en guise de vin qu'ils ne font pas, quoique leur pays produise de bien beaux raisins.

L'arbre le plus commun et qu'on est intéressé à multiplier à raison de son utilité générale à la Chine, c'est le *Bambou* : il y est universellement employé. On en construit des maisons entières, les colonnades qui les

Bambou.

décorent, les meubles qui en garnissent l'intérieur. On s'en sert pour faire des outils, des cordes, des câbles, du papier, des conduits d'eau pour les jardins. (*) En le coupant en filets très-déliés, on en fait des nattes, des peignes, des boîtes.

Bois de fer.

Les Chinois ont encore un arbre assez ressemblant à nos plus grands chênes, qu'ils appellent *Tie-li-mu (bois de fer)* à cause de son extrême dureté, et dont ils font leurs ancres armées de fer néanmoins aux deux extrémités pour l'ordinaire, les marteaux dont ils frappent leurs cloches.

Cloches.

Ces cloches, bien inférieures aux nôtres pour la qualité du son, ne sont, à proprement parler, que d'informes et immenses masses de métal qui n'ont de remarquable que leur grandeur et leur énorme poids.

Curiosités végétales.

Parmi les arbres remarquables qui se trouvent à la Chine et que nous n'avons pas en Europe, il y en a un qui porte des cosses remplies de pois comme les nôtres; un autre, de la hauteur de nos cerisiers, dont le fruit, semblable aux noisettes, étant écrasé, donne du suif, à peu de chose près, pareil à celui que nous tirons de la graisse de mouton, et dont les Chinois font aussi de la chandelle; un autre, sur lequel on ramasse la cire que des insectes y ont déposée; un autre, de la hauteur de douze à quinze pieds, dont la sève extravasée au moyen des nombreuses incisions qu'on y fait pendant l'été, donne ce beau vernis dit de la Chine, et commun aussi au Tonquin; un autre enfin, qui l'emporte sur tous les autres, et qui est de la hauteur et de la figure de l'oli-

---

(*) D'une extrême dureté, il n'est plein que dans les nœuds.

vier : c'est l'aloës, dit de la Chine ; le bois renfermé dans son écorce est de trois sortes ou qualités et porte aussi trois noms : le premier, appelé *bois d'aigle*, est noir, compact et pesant ; le second, qu'on nomme *Calemboue*, est léger comme du bois pourri ; le troisième, vers le cœur, s'appelle bois de *Calemba*, et se vend au poids de l'or : son odeur est exquise, surtout quand on le brûle, et l'on en parfume les appartemens, les habits ; on l'emploie comme cordial dans plusieurs maladies. Les autres parties de cet arbre admirable servent à différens usages : les feuilles, à couvrir les maisons ou à faire des plats et des assiettes ; on tire de leurs fibres de la filasse comme du chanvre. Les pointes dont sont hérissées ses branches, servent à faire des clous, des dards, des alènes. En arrachant ses bourgeons, il découle de l'arbre une liqueur vineuse et sucrée qui se change, en peu de temps, en un excellent vinaigre. Enfin le bois des jeunes branches est bon à manger et a le goût du citron confit.

De toutes les professions, l'agriculture est la plus ho- *Agriculture honorée.* norée chez les Chinois. Leurs premiers monarques, s'il faut les en croire, l'ont exercée, et Chun ne fut préféré par Yao, pour lui succéder à l'empire, au rapport des historiens chinois, que parce qu'il était excellent laboureur.

Une coutume aussi ancienne que la monarchie, oblige l'empereur régnant de labourer tous les ans quelques sillons, au commencement du printemps, ce qui se fait avec une pompe et une solennité extraordinaires, à la suite d'un sacrifice offert au seigneur du ciel, en présence duquel l'empereur se prosterne, en appuyant neuf fois la tête contre terre, pour implorer la protection divine sur son travail et sur celui de son peuple. Indépendamment des distributions faites, en cette circonstance, aux laboureurs accourus des lieux les plus proches, pour être témoins des honneurs rendus à leur art par le chef même de l'empire, de temps en temps, celui des laboureurs qui s'est le plus distingué dans chaque province, est élevé au mandarinat. Ces récompenses données au mérite, encouragent l'industrie des laboureurs chinois. Elle éclate principalement dans la culture des collines, qu'ils cultivent depuis la racine jusqu'au sommet.

Fertilité de la Chine. — Les terres de la Chine, extrêmement fertiles, produisent en abondance non-seulement du riz, du froment et toutes sortes de grains et de légumes, comme avoine, millet, pois, fèves, etc., mais encore des cannes à sucre, du sel, une grande quantité de lin, de soie (*), de coton, d'excellent thé (**) dont les Chinois font leur boisson ordinaire, et qui est la feuille d'un arbuste de quatre à cinq pieds de haut qui dure six ou sept ans, et qu'on renouvelle : il ressemble assez à nos groseillers On trouve à la Chine la plupart des arbres fruitiers que nous avons en Europe, et d'autres que nous n'avons pas; des plantes médicinales, des arbustes utiles. Elle a des carrières de charbon de terre, plusieurs sortes de marbres, des mines de toutes sortes de métaux et

---

(*) *Tsin* ou *Chin* dans la langue chinoise.

(**) Corruption du mot chinois *Tcha*.

de minéraux. Le gibier y est commun; on y nourrit une grande quantité de bestiaux, et ses rivières fourmillent de poissons. Malgré cette abondance, comme le remarque judicieusement le père du Halde, il est peu de pays où la misère soit plus grande; de sorte que la plus riche et la plus fertile région de la terre, où rien ne manque de tout ce qui semble devoir contribuer non-seulement à la satisfaction des besoins, mais encore à l'aisance, aux délices de la vie, se trouve en effet une des plus pauvres et la moins favorablement traitée. Ainsi, quoique la plupart des montagnes coupées en terrasses soient cultivées depuis la racine jusqu'au sommet, la terre, nonobstant sa fertilité et l'industrie des laboureurs, suffit à peine à la subsistance de ses habitans; ce qui fait que le terrain est si précieux à la Chine, que l'on ne plante point de bois partout où l'on peut semer des grains ou des légumes. Aussi les arbres à haute-futaie y sont-ils fort rares. Ce n'est guère que sur quelques montagnes que l'on trouve des bois de cette sorte, tels que nous en avons tant en Europe. Quelque vaste que soit cet empire, il est trop étroit pour le peuple immense qui l'habite. Il faudrait une fois autant de terrain pour que ce peuple fut à son aise. Sa pauvreté vient de son excessive multiplication. Dans le dénombrement qui fut fait sous l'empereur Cang-hi, où l'on ne comprit ni les personnes au-dessous de vingt ans, ni celles au-dessus de soixante, ni les magistrats, ni les bonzes, ni surtout les femmes qui, dans tout pays où leur pluralité est permise, doivent faire les deux tiers à-peu-près de la population, à la suite d'une révolu-

Insuffisante aux besoins de ses habitans.

Son extrême population.

tion sanglante qui avait enlevé des millions de soldats, on trouva encore cinquante-neuf millions sept cent quatre-vingt-huit mille trois cent soixante-quatre hommes capables de porter les armes, ce qu'on ne trouverait pas aujourd'hui dans l'Europe réunie. Ce n'était cependant qu'une partie médiocre de ce peuple, et il est probable que depuis lors la Chine, ayant joui presque sans interruption d'une paix profonde, le nombre de ses habitans a encore augmenté extrêmement. On en peut juger par la multiplication seule de la famille impériale, qui, en 1730, comptait déjà plus de deux mille princes vivans, quoiqu'il n'y eût pas alors quatre-vingt-dix ans que cette famille occupât le trône. On dit qu'un recensement fait de notre temps (1815), par l'ordre de l'empereur Ki-king, porte le chiffre de la population à plus de trois cent cinquante millions. On a compris sans doute dans le recensement tous les pays tributaires et dépendant de l'empire plus ou moins directement. (*)

<small>Exposition, destruction des enfans.</small> Cette prodigieuse multiplication du peuple, si utile et si désirée dans nos états d'Europe, produit à la Chine

---

(*) Ce chiffre au reste ne doit pas surprendre quand on considère qu'au commencement de ce siècle les missionnaires du Su-tchuen comptaient onze millions d'habitans dans la seule province de Kouei-tcheou, la plus petite et la moins peuplée de toutes, et trente-trois millions dans celle si vaste du Su-tchuen, mais moins peuplée encore, à proportion, que les provinces du centre et de l'est. L'empire de la Chine a seize provinces, sans compter l'immense étendue de pays qu'il possède en Tartarie, mais où la population est beaucoup moins considérable. Or, en accordant à chaque province vingt millions d'habitans, l'une portant l'autre, ce qui me semble raisonnable, vu l'étendue de ces provinces, comparable, la plupart, à des royaumes et leur grande population, cela ferait trois cent vingt millions pour la Chine propre seulement.

les plus funestes effets. Tous les jours la pauvreté, la misère réduisent les pères de famille, parmi les gens du peuple, à exposer ou à noyer leurs enfans, surtout lorsque les mères manquent de lait. Plusieurs se contentent d'élever les enfans mâles et noient les filles dans un bassin. Le gouvernement, si humain et si attentif en toute autre circonstance, ferme les yeux sur cet horrible spectacle qui se renouvelle chaque jour. Une des principales occupations des chrétiens chinois ou européens cachés dans l'empire, est d'administrer le baptême à ces innocentes victimes qu'on expose. Néanmoins les provinces sont quelquefois désolées par des maladies qu'on doit attribuer à des causes particulières, comme à la multitude de canaux dont la Chine est entrecoupée, aux parties nitreuses et sulfureuses qu'exhalent les immondices dont on se sert pour fumer les terres, aux mauvais alimens dont les pauvres se nourrissent dans les années de disette, et à d'autres causes semblables, et non à la nature du climat : ces maladies emportent bien du monde. Dans les temps de famine, on voit périr journellement des milliers d'individus que l'état est dans l'impuissance de secourir. Plaignons donc la misère de ce peuple, et si nous avons en Europe des états beaucoup moins vastes, chaque nation y subsiste du moins beaucoup plus aisément.

Ce qui étonne le plus un Européen à la Chine, c'est de voir les fleuves et rivières considérables, le long des lieux où sont situées les grandes villes, sillonnés en tous sens, jour et nuit, d'une infinité de jonques et d'autres embarcations, demeures perpétuelles d'autant de familles qui n'ont pas d'autre habitation, qui y naissent, vivent et meurent comme des êtres aquatiques, effet d'une population resserrée, entassée, et à laquelle la terre seule ne peut suffire.

Mines.
Les annales de la Chine racontent que sur la fin du XIV⁰ siècle de l'ère chrétienne, un particulier ayant présenté à l'empereur Tching-tson des pierres précieuses trouvées dans la province de Chan-si, ce prince fit aussitôt fermer la mine d'où elles avaient été tirées, disant qu'il ne voulait point fatiguer ses sujets par de vains travaux, puisque ces pierres, toutes précieuses qu'elles étaient, ne pouvaient nourrir son peuple dans un temps de stérilité. Aussi les Chinois sont-ils persuadés que leurs montagnes renferment des mines d'or, d'argent et même des pierres précieuses, mais que des vues d'une sage politique ont empêché jusqu'ici d'ouvrir ces mines pour ne point détourner le peuple des travaux plus utiles de l'agriculture. Les Chinois n'ont que de la monnaie de cuivre et des lingots d'or et d'argent qu'ils font des paillettes qu'ils tirent du sable de leurs rivières et torrens; ils les vendent au poids dont ils s'assurent par un trébuchet qu'ils portent toujours avec eux quand ils négocient.

Il y a à la Chine des monts-de-piété, des maisons de banque et de jeu.

Jeu des échecs.
Le jeu des échecs est connu des Chinois qui disent le tenir de l'Inde, d'où il a été porté très certainement en Perse, sous le règne de Chosroës-le-Grand, au commencement du VI⁰ siècle de l'ère chrétienne. Des Perses, il est passé aux Grecs et aux autres Occidentaux, au rap-

port de la princesse Anne Comnène, dans la vie qu'elle a faite de son père Alexis Comnène, empereur de Constantinople, au XI⁰ siècle. Les Chinois prétendent l'avoir reçu des Indiens, sous le règne de l'empereur conquérant Vou-ti.

Loin de recevoir une dot de la fille qu'il épouse, le Chinois la donne à sa fiancée qui la remet à son père pour le dédommager des soins et des dépenses que lui a coûté son éducation. Les Chinoises se marient de bonne heure, leur inclination n'est presque jamais consultée, aussi voit-on en Chine beaucoup de mariages mal assortis. *Quelques usages*

Les Chinois se servent fort adroitement de petits bâtons en guise de fourchettes, pour porter à la bouche leur viande qu'on leur sert découpée : au reste, ils mangent peu proprement. Ils sont très friands de la chair de porc et encore plus de celle de chien dont les boucheries sont garnies, ainsi qu'au Tonquin et ailleurs, dans cette partie de l'Asie. Leurs mets ne seraient guère du goût d'un Européen.

L'autorité paternelle ayant la plus grande extension à la Chine, comme dans les premiers temps du monde, il ne faut pas s'étonner que la mort des pères et des mères y soit suivie d'un deuil rigoureux qui dure trois ans. Le blanc est la couleur du deuil. Les Chinois conservent, avec le plus grand soin, les images de leurs ancêtres, et à certains jours de l'année, ils brûlent, devant ces images, de l'encens et autres parfums. Au reste, le culte religieux qu'ils rendent aux morts, est excessif. Leur Empereur, comme grand pontife, offre, chaque année, au Dieu suprême, auteur et conservateur de toutes choses, à Xang-ti, le souverain du ciel, un sacrifice solennel, comme faisaient autrefois les patriarches revêtus de la prêtrise ainsi que de la royauté : c'est à l'époque où, à la tête des princes de sa famille et des grands officiers de la couronne, il vient faire l'ouverture solennelle des terres, au mois de mars, dans le champ destiné à cette cérémonie. La victime est un bœuf. Les Chinois donnent à leur Empereur le nom de Hoang-ti, *le souverain de la terre*, sur laquelle il est, à leurs yeux, l'image de la divinité dont il tire, selon eux, toute son autorité qui doit être paternelle comme celle de Dieu. (*)

Maisons.

Presque toutes les villes de la Chine se ressemblent; il en est de même des maisons qui sont peu élevées et n'ont ordinairement qu'un rez-de-chaussée. Les unes sont peintes et vernissées en rouge, d'autres en bleu céleste, la plupart en vert mélangé d'or. Il s'y trouve toujours, à l'intérieur, une salle consacrée au culte des ancêtres, une autre destinée à recevoir les visites. Celles habitées par des marchands, n'ont d'autre ouverture sur la façade que celle du magasin devant lequel sont placés de grands poteaux pavoisés de rubans et de banderolles de toutes couleurs, sur lesquels on lit, en caractères dorés, la nature des marchandises offertes à l'acheteur, ainsi que l'éloge de la probité et de la bonne réputation du marchand.

(*) Les Chinois appellent le ciel matériel *Tien*, et voilà pourquoi ils donnent ce nom à l'Être-Suprême, comme nous désignons nous-mêmes Dieu, en disant : *le Ciel a permis, fasse le Ciel que......*

Il y a à la Chine une infinité de manufactures de toutes sortes d'étoffes de soie et de coton. Cette dernière production n'est pas indigène : il n'y a pas tout-à-fait six cents ans que les Chinois ont connu, pour la première fois, cette culture; ils y ont réussi au-delà de toute expression.

Manufactures.

La porcelaine qu'ils fabriquent est la plus belle qui soit au monde, pour la finesse et la transparence. Elle se tire ou de pierres extraites des carrières, brisées et pulvérisées, cuites ensuite dans l'eau et réduites en pâte; ou d'une certaine terre moins blanche, mais glutineuse, et qui prend une dureté extraordinaire sous le vernis.

Fabriques de porcelaine.

Les Chinois ont aussi des fabriques de papier dont ils rapportent l'invention au règne de leur empereur Ven-ti, le troisième de la cinquième famille qui commença à régner 180 ans avant notre ère. On sait que les anciens Egyptiens faisaient leur papier de la feuille du papyrus, plante qui croissait chez eux dans les marais ou sur les bords du Nil, et dont il a tiré son nom. Les Chinois font le leur des pellicules internes d'une infinité d'arbres ou arbustes, même de paille de blé ou de riz, ce qui produit chez eux un grand nombre d'espèces de papier. Chaque province, pour ainsi dire, a son papier particulier, d'après la matière qu'elle emploie pour le composer. Celle de Su-tchuen se sert de la pellicule du chanvre; celle de Fo-kien, de la pellicule du bambou; celle de Tche-kiang, de paille de blé ou de riz; celle de Kiang-nan d'une pellicule extraite des coques de vers à soie; enfin celle de Hou-quang, de la pellicule

Fabriques de papier.

qui se trouve immédiatement au-dessous de l'écorce de l'arbre qu'ils appellent *Ku-chu*. Les provinces septentrionales emploient la pellicule qui se trouve au-dessous de l'écorce du murier. Il est généralement reconnu que leur plus beau papier est plus doux et plus uni que le nôtre, et que le pinceau dont ils se servent pour y tracer leurs caractères, y coule avec la plus grande facilité. Ils donnent aussi à certaines espèces de leur papier, des dimensions auxquelles nous n'avons pu atteindre que fort tard et dans les derniers temps.

Fabriques d'encre.
Leur encre est renommée et ils l'emploient avec avantage dans leur écriture qui est un vrai dessin dont ils sont très jaloux : elle n'est pas liquide comme la nôtre. On la fabrique en forme de petits bâtons qui se détrempent avec de l'eau, et sur lesquels le fabricant fait imprimer des caractères ou des figures de fleurs, d'oiseaux et autres animaux, selon que son imagination les lui fournit.

Imprimerie.
Quant à leur impression, elle est loin de ressembler à la nôtre, dans laquelle nous employons des caractères mobiles, gravés en relief et jetés en fonte, au lieu que celle des Chinois est stéréotype, une vraie gravure sur planches de bois.

Ponts.
Les Chinois excellent dans la construction des ponts. Ils en ont de remarquables par leur hardiesse jointe à la solidité. Quelques-uns font la communication d'une montagne à l'autre, à travers les plus affreux précipices. Nos ponts suspendus ne sont que des diminutifs de ces ponts qui attestent l'habileté des Chinois dans ce genre de construction.

Ils construisent des arcs-de-triomphe pour honorer le mérite ; d'autres, pour désigner les routes royales ou grandes routes, et les distinguer des chemins ordinaires. Sur ces grandes routes, de distance en distance, sont établies de grandes pierres placées pour marquer le nombre de lys que l'on compte de là à la capitale de la province. Dix lys font une de nos lieues. <small>Arcs-de-triomphe.</small>

Disons un mot de la grande muraille, ouvrage merveilleux, qui a immortalisé le règne de l'empereur Hoam-ti, sous lequel elle fut faite, 200 ans environ avant J.-C., dans le but de garantir la Chine des incursions des Tartares qui n'ont pas laissé d'y pénétrer plusieurs fois et de s'en rendre maîtres. Elle sépare de la grande Tartarie, du nord-est au nord-ouest, le Pe-tche-li, le Chan-si et le Chen-si. Fortifiée de tours, d'espace en espace, haute de neuf à dix mètres, d'une largeur à donner passage à douze chevaux de front, elle s'étend dans un espace de plus de 700 lieues, à cause de ses sinuosités, traverse les cours d'eau et passe à travers les précipices, par-dessus les plus hautes montagnes. <small>Grande muraille.</small>

La patience des Chinois, dans les ouvrages mécaniques, se manifeste par la manière dont ils creusent des puits, pour en extraire, à des profondeurs de cinq à six cents, de six cent soixante et même de neuf cent trente-trois à mille mètres, soit l'eau saumâtre dont ils tirent du sel par évaporation, sel très âcre et qui contient beaucoup de nitre, soit de l'air inflammable ou du gaz. <small>Puits de sel et de feu.</small>

Ces puits n'ont que quatorze à dix-sept centimètres de diamètre. Ils se servent d'un tube de bois creux surmonté d'une pierre de taille, qui a l'orifice demandé, dans lequel on fait jouer un mouton (ou tête d'acier), de 150 à 200 kilogrammes pesant, crénelé en couronne, un peu concave par-dessus et rond par-dessous, lequel est suspendu par une bonne corde de rotin ou de roseau des Indes, petite comme le doigt, mais forte comme nos cordes de boyau, fixée à une bascule. Un homme, fort légèrement vêtu, monté sur un échafaudage, danse toute la matinée sur la bascule, qui soulève ce mouton à soixante centimètres de hauteur, et le laisse tomber de tout son poids. On jette de temps en temps quelques sceaux d'eau dans le trou, pour pétrir les matières dures et les réduire en bouillie. Un autre homme, assis à côté de la corde fixée à la bascule dirige un triangle de bois qui y est attaché, et auquel il fait faire un demi-tour à mesure que la bascule s'élève afin que le mouton tombe dans un sens contraire. A moitié journée, il monte sur l'échafaudage pour relever son camarade qui prend sa place jusqu'au soir. La nuit, deux autres hommes les remplacent. Quand ils ont creusé jusqu'à huit centimètres, on tire le mouton par le moyen d'un grand cylindre qui sert à rouler la corde, pour le décharger de toutes les matières qu'il renferme dans sa concavité. Qorsque la roche dans laquelle on creuse est bonne, **on** avance jusqu'à soixante-six centimètres de profondeur dans les vingt-quatre heures. Il faut au moins trois ans pour creuser un de ces petits puits ou tubes. Si le gros anneau de fer qui suspend le mouton vient à casser, il faut cinq ou six mois pour pouvoir, avec d'autres moutons, broyer le premier et le réduire en bouillie. On tire l'eau à l'aide d'un tube de bambou long de huit mètres, qu'on descend dans le puits, et au fond duquel il y a une soupape. Lorsqu'il est arrivé au fond du puits, un homme fort s'assied sur la corde et donne des secousses, dont chacune fait ouvrir la soupape et monter l'eau ; le tube plein remonte à l'aide d'un grand cylindre de treize à seize mètres de circonférence, sur lequel on roule la corde qui est aussi de rotin, et que font tourner deux, trois ou quatre buffles ou bœufs qui périssent la plupart à la peine. Il en coûte mille et quelques cents taëls (le taël vaut environ 7 francs 50 centimes de notre monnaie), pour creuser un de ces puits de sel. Quand un particulier n'est pas assez riche pour entreprendre un pareil travail, il s'associe avec d'autres pour creuser un ou plusieurs puits. Ces puits font la fortune de leurs possesseurs. Il y a des particuliers riches, qui en ont jusqu'à cent en propriété. Chaque puits contient un air inflammable ou gaz, que l'on conduit par un tube de bambou : on l'allume avec une bougie et on l'éteint en soufflant vigoureusement. Il y a de ces puits qui, après avoir donné long-temps de l'eau salée, ne donnent plus que du gaz ; ce gaz est, en certains lieux, presque à la surface du terrain, et les pauvres, en hiver, disent les missionnaires, n'ont pour se chauffer qu'à creuser en rond le sable, à trente-trois centimètres de profondeur environ, et à approcher une poignée de paille de ce creux pour l'enflammer, et s'asseyant autour, ils se chauffent de cette manière aussi long-temps que bon leur semble ; et pour éteindre ce feu, ils n'ont qu'à combler le creux avec le sable.

Médecins. Les médecins de la Chine passent pour être très-habiles à connaître les maladies, par la seule inspection du pouls; mais c'est sans aucun fondement solide, qu'on a prétendu qu'ils avaient découvert avant nous la circulation du sang. Ils ne connaissent ni chimie ni anatomie; ils suivent une aveugle routine, et s'en rapportent, sans autre examen, pour la guérison des maladies, à un ancien livre qui prescrit les remèdes de chaque mal, et qu'ils respectent uniquement pour son antiquité. Ils sont ennemis de la saignée, ont en horreur la dissection d'un cadavre: en un mot, leur pratique est restée aussi imparfaite que leur théorie.

Invention de la boussole faussement attribuée aux Chinois. C'est encore faussement que l'invention de la boussole a été attribuée aux Chinois; cette connaissance leur a été apportée par quelques navigateurs vénitiens qui, étant allés aux Indes ou à la Chine par la Mer Rouge, y firent connaître cette importante découverte. Et s'il est rapporté dans les livres chinois, selon le père Martini, que l'empereur Ching ou Chim-vam, le second de la troisième race appelée Cheva ou Cheu, et qui commença à régner vers l'an 1115 avant J.-C., fit cadeau au roi de la Cochinchine, par l'entremise de son ambassadeur, d'un instrument admirable se tournant toujours d'un côté vers le midi, et de l'autre vers le nord, et propre à diriger les navigateurs dans leurs courses maritimes, c'est après coup qu'on aura voulu faire honneur aux Chinois de cette découverte, dès les temps les plus reculés. Ce fait donne la mesure de tous les autres, et fait voir quel degré de confiance ils méritent.

Armes à feu. Il est encore probable que la connaissance de la poudre et des armes à feu est venue aux Chinois d'ailleurs que de chez eux. C'est aux Portugais de Macao qu'ils durent les premiers canons dont ils ont fait usage. L'empereur Cang-hi se servit ensuite des pères Schaal et Verbiest, pour en faire fondre. Les Chinois sont encore aujourd'hui de fort mauvais artilleurs. Quant à leurs feux d'artifice, il faut convenir qu'ils en ont porté l'art au plus haut degré, tant pour la variété des formes, des couleurs, des effets, que pour le mécanisme de l'exécution.

Il n'y a point de salle de spectacle à la Chine, mais on y voit des danseuses, des troupes de bateleurs et de comédiens ambulans qui représentent leurs farces ou pièces tragiques pendant la durée des festins dont ils égayent les convives par leurs saillies, ou les touchent par leurs soupirs et leurs pleurs affectés, ou leur inspirent une certaine terreur par leurs hurlemens et leurs meurtres simulés. *Spectacles*

Les Chinois se plaisent aux combats de coqs autant que les Anglais; ils exercent aussi des cailles à s'entre-déchirer, et ont découvert, jusque dans les insectes, des espèces acharnées les unes contre les autres et qu'ils aiment à mettre aux prises, trouvant de la jouissance à ces sortes de spectacles.

La fête qui se célèbre à la Chine avec le plus de pompe et d'enthousiasme, est celle des lanternes qui a lieu le 15me jour du premier mois, et suit de près, par conséquent, la fête du nouvel an. Il n'est pas de dépense que chacun ne se montre disposé à faire pour multiplier ce jour-là ses illuminations et les rendre ma- *Fête des lanternes.*

gnifiques par la quantité, la grandeur, la beauté des ornemens de dorure, de sculpture, de peinture et de vernis dont il décore ses lanternes. On en suspend aux fenêtres, dans les cours, dans les salles, dans les rues, sur les places publiques. Rien n'est épargné pour enjoliver ces lanternes, qui, composées la plupart de six faces ou panneaux dont le cadre, d'un bois vernissé et orné des plus belles dorures, a un mètre trente-trois centimètre de hauteur sur cinquante centimètres de largeur, forment autant d'hexagones resplendissans de lumières à travers la soie fine et transparente tendue à chaque panneau, et sur laquelle ont été peintes des fleurs, des arbres, des animaux ou des figures humaines. De larges banderoles de soie et de satin de diverses couleurs sont suspendues et retombent de chacun des angles surmontés d'autant de figures sculptées qui font le couronnement de ces hexagones. Les auteurs varient sur les causes qui ont donné lieu à l'établissement de cette fête animée par diverses représentations connues sous le nom d'*ombres chinoises* et qui reçoit encore un nouvel éclat des brillans feux d'artifice qui se tirent presque en tous lieux, en cette circonstance.

DESCRIPTION GÉOGRAPHIQUE.

Fleuves.   Les deux principaux fleuves de la Chine proprement dite, sont le Hoang ou la rivière jaune, et le Kiang ou la rivière bleue.

Le premier a sa source aux pieds des monts Koulkoun, dans le pays des Mongols, vers le grand désert, traverse le pays des anciens Sifans, entre dans le Chen-si, coulant de l'ouest à l'est, remonte au nord et passe à Ninhia, ancienne capitale de l'empire de Hya ou du Tangut, sort de la Chine et coule au-delà de la grande muraille, descend du nord au sud, environnant le pays d'Ortous, rentre dans la Chine, et après avoir reçu le Hoei sur sa droite vers les limites du Chen-si, du Chan-si et du Ho-nan, coule à l'orient et va se jeter dans la mer du Sud, au nord de Nankin. Il tire son surnom de la couleur de ses eaux mêlées d'une terre jaunâtre qu'il détache de ses bords dans la rapidité de son cours.

Le Kiang a ses sources à l'occident de celles du Hoang, dans les montages, au nord-est du Tibet, traverse la Chine d'occident en orient, par le milieu, la divisant en septentrionale et en méridionale, et se jette dans la mer du Sud, au-dessous de Nankin.

Division.

La partie septentrionale de la Chine propre, appelée anciennement par les Tartares le *Catay* ou *Kitay*, comprend six grandes provinces indépendamment du Leao-tung qui avait été enlevé aux Tartares par les empereurs de la Chine, savoir : au nord, d'occident en orient, le Chen-si, le Chan-si et le Pe-tche-li ; à l'orient, le Chang-ton ; au milieu, le Ho-nan ; et à l'occident, le Su-tchuen ou Se-tchuen.

Provinces.

La partie méridionale de la Chine propre, appelée anciennement par les Tartares, *Mangy*, comprend neuf provinces : au centre de la Chine le Hou-quang ; au sud-ouest, le Koei-tchcou ; et au sud-est, le Kiang-si ; sur la mer, au nord-est, le Kiang-nan; à l'est, le Tche-kiang; au sud-est, le Fo-kien; au sud, le Quang-tong et le Quang-si; enfin, à l'occident, le Yun-nan. Plusieurs de ces provinces ont plus d'étendue que la France.

Chaque province se divise en départemens (fou), lesquels se subdivisent en arrondissemens (tcheou), et en districts (hian).

<small>Villes.</small>

Il y a à la Chine un grand nombre de villes du premier, du second et du troisième ordres; nous ne citerons que les principales et surtout les capitales des provinces.

<small>Pé-kin</small>

Pé-kin (*cour du nord*), que les Chinois appellent aussi Chun-thian, est la capitale du Pe-tche-li et de la Chine septentrionale, le siége actuel du gouvernement. C'est une ville immense située dans une grande plaine, sur le Yu-ho, petit affluent du Pe-ho et dont le circuit, sans compter les faubourgs au nombre de douze, a plus de six lieues. Ses murailles, flanquées de tours carrées à distances égales, ont treize mètres trente trois centimètres de hauteur. On y entre par différentes portes. Elle a deux rues principales, larges de quarante mètres; les autres rues qui coupent transversalement les deux premières, sont fort étroites. On y compte, avec la population de ses faubourgs, 2,000,000 d'habitans. Comme toutes les grandes villes de l'empire, elle se compose de la ville chinoise habitée par les anciens naturels du pays et appelée Waï-lo-tching (vieille ville), et la ville tartare, nommée King-tching (ville impériale), habitée par les Mantcheoux, et où se trouve le palais de l'empereur, la plus vaste résidence royale qu'il y ait au monde.

Sa magnificence consiste moins dans la noblesse et l'élégance de son architecture, que dans la multitude des bâtimens, des cours et des jardins qu'il renferme. Il a plus d'une lieue de circonférence. Les abords en sont défendus par un large fossé sur lequel a été jeté un pont qui représente un dragon d'une taille extraordinaire. Ce dragon, qui est de jaspe noir, paraît être d'une seule pièce, tant les pierres en sont bien liées. Les pieds servent de piliers, le corps forme l'arche du milieu, la queue et la tête celle des deux extrémités. L'intérieur de l'enceinte ressemble à une petite ville. On y trouve une grande quantité d'édifices servant d'habitations aux officiers de la cour impériale et aux artisans attachés au service de l'Empereur. Celui qu'habite le monarque, se distingue de tous les autres par son étendue, ses décorations, ses peintures, ses dorures. Les meubles et autres ornemens de luxe qu'il renferme, sont le produit de tout ce que la Chine, l'Inde et même l'Europe produisent de plus recherché et de plus beau. Les jardins dépendant du palais occupent une grande étendue de terrain accidenté çà et là par des montagnes artificielles d'une certaine élévation, chargées d'arbres odoriférans et surmontées, à leur sommet, d'un kiosque élégant, asile du repos, des plaisirs et du mystère, et par des vallées qu'arrosent des cours d'eau qui, dirigés avec beaucoup d'art, forment tantôt des cascades jaillissantes, tantôt des sinuosités sans fin ou bien de larges nappes sur lesquelles flottent des jonques pavoisées de banderolles éclatantes.

Palais impérial.

Tci-nan est la capitale du Chang-tong; Tay-ven, du

Sin-gan. Chan-si; Sin-gan, du Chen-si, qui compte cent quatorze villes : c'est une grande ville fort ancienne et l'une des plus fortes de l'empire. Elle est située sur le Weï-ho a sa jonction avec le Hoei. On la regarde comme le boulevard de l'empire. Le gouvernement y entretient une garnison considérable qui demeure dans un quartier séparé, environné d'une haute muraille comme dans une citadelle. Elle a été l'ancienne capitale de l'empire et la demeure de ses premiers souverains. On y voit encore quelques restes du vieux palais qu'ils y habitaient. Ses murailles, d'une grande épaisseur, sont fort élevées et flanquées d'une quantité prodigieuse de tours qui ne sont distantes l'une de l'autre que de la portée d'un trait. Ses portes sont remarquables par la beauté de l'architecture. Les Chinois ont la plus haute idée de cette ville qu'ils comparent à Chun-thian (Pé-kin) pour l'étendue, quoique le circuit de celle-ci soit plus vaste d'un tiers.

Khaï-fung est la capitale du Ho-nan, province regardée par les Chinois comme le jardin de l'empire, à cause de la douceur de sa température, de la fertilité de son terroir et de l'excellence de ses fruits. Cette ville est située sur une des branches du Hoang, au-dessous du niveau du fleuve dont les eaux sont retenues par des digues. On raconte, qu'en 1642, l'empereur, pour faire périr le rebelle Ly-chuang qui s'y était renfermé, fit une trouée à une digue qui causa la submersion de la ville et la perte de 300,000 habitans.

Tching-ton, située dans une île formée par la réunion de plusieurs rivières, est la capitale du Se-tchuen.

Chung-king, grande ville qui a juridiction sur dix-neuf cités, en la même province de Se-tchuen, est située en amphithéâtre sur une montagne; et sa position, jointe à la beauté de ses édifices, la rend une des villes les plus magnifiques de la Chine, et qui ne le céderait à aucune des plus belles de l'Europe. Son territoire est fertile et l'air infiniment sain.

Vou-tchang, grande et belle ville sur le Kiang, est la capitale du Hou-quang, province appelée le grenier de l'empire, à cause de l'abondance de ses moissons. On trouve dans cette même province de Hou-quang, sur le lac de Tutinga, à l'endroit ou le fleuve de Kiang sort de ce lac, Yo-cheu, ville grande, belle, bien peuplée, ayant douze autres villes sous sa juridiction.

Nan-tchang, près d'un lac, est la capitale du Kiang-si, province renommée pour sa belle porcelaine, dont cette ville est l'entrepôt. On y compte 300,000 habitans. C'est dans le bourg de King-té-tching qu'elle se fabrique; et quoique ce bourg ait une lieue et demie de longueur, grand nombre de rues et une population de 700,000 habitans au moins, il n'a pas le titre de ville parce qu'il n'est pas entouré de murailles. On en peut dire autant de beaucoup d'autres.

Kiang-ning (Nan-kin, *cour du sud*), est la capitale du Kiang-nan et de toute la Chine méridionale. C'est la plus grande ville du monde. On lui donne douze lieues de tour, sans y comprendre ses vastes faubourgs, quoiqu'elle soit bien déchue depuis 1368 que les empereurs n'y font plus leur séjour. Sa position, sur le Kiang, non loin de son embouchure, la rend extrêmement

Nan-kin.

commerçante. On n'y compte cependant aujourd'hui que 800,000 habitans : elle en avait autrefois plus de deux millions. Dans ses environs se voit la fameuse tour de porcelaine qui est à neuf étages. On y monte par huit cent quatre-vingt-quatre degrés. Les dehors sont revêtus de vernis de différentes couleurs, et au sommet est une pomme de pin d'or massif. Le territoire de cette ville, d'une grande fécondité, produit le coton avec lequel on fait la toile connue sous le nom de nankin. Chin-kiang est une ville considérable de cette province et renommée pour ses médecins. Yang-cheu est une autre ville considérable, riche, peuplée et commerçante, de la province de Kiang-nan. Sou-tcheou, près du lac Taï-hou, et capitale de la partie orientale de la même province de Kiang-nan, est une ville considérable de 600,000 habitans, traversée par un grand nombre de canaux d'eau douce, ce qui la rend comparable à Venise, jusqu'à un certain point, celle-ci étant située sur les eaux de la mer. Du reste, c'est une ville de plaisirs, de luxe, d'élégance, et qui donne le ton à toutes les autres. On n'y rencontre que bateleurs, joueurs de gobelets, jongleurs, funambules qui excellent tous dans leur art.

Le Tché-kiang, province surnommée le paradis de la Chine, à cause de la pureté de son air et de l'agrément de sa situation, est entrecoupée de canaux et renommée pour l'abondance de ses muriers qui permettent d'y élever une grande quantité de vers-à-soie. Sa capitale est Han-tcheou, à l'embouchure du Thsian-thang, ce qui la rend si commerçante et si peuplée, qu'on y compte un million d'habitans. Soixante mille ouvriers y travaillent à la soie. Chu-cheu est aussi une grande ville de la province de Tché-kiang, et qui a juridiction sur neuf cités. Le territoire dont elle est le chef-lieu, est environné de hautes montagnes, mais ses vallées sont très-productives en riz. Ning-po est un excellent port très commerçant de cette province, sur la mer orientale, vis-à-vis du Japon. Grand nombre d'îles ou îlots, formant un archipel considérable, dépendent de la province de Tché-Kiang. L'une des principales est Cheu-chan ou Chu-san, dont on vante la fertilité et l'excellente culture. Elle est à vingt lieues de la côte, et peuplée, en grande partie, de Chinois qui s'y retirèrent lors de l'invasion des Tartares. C'est dans sa capitale de même nom, que les vaisseaux de la compagnie anglaise abordèrent, pour la première fois, en 1700.

Fou-tcheou, située non loin de l'embouchure du Si-ho, dans la mer du Sud ou Orientale, est une ville grande, peuplée, commerçante, et le séjour d'un grand nombre de lettrés. On y passe la rivière sur un pont remarquable de cent arches. Elle est la capitale du Fo-kien.

Quang-tcheou ou Kouang-toung, appelée Canton par les Européens, et la plus connue d'eux parce que c'est la seule ville de la Chine où ils soient admis, est située entre le Tchu-kiang (le Tigre des Européens) et le Pe-kiang, sur la baie de son nom. Il s'y fait un commerce considérable, surtout en thé. Sa population monte à six ou sept cent mille habitans. Elle est la capitale du Quang-tong.

<small>Canton.</small>

Quei-ling, renommée pour son encre, la plus belle de

la Chine, est capitale du Quang-si. La cannelle, qui est l'écorce d'un arbre qui se dépouille chaque année de cette enveloppe, abonde dans cette province, et est préférée à celle que produit l'île de Ceylan. Le bois de *Sapao*, propre à la teinture, y croît aussi.

Koei-chang, est la capitale du Koei-tcheou, province renommée pour ses chevaux, les meilleurs de la Chine.

Le territoire de Chyn-yven, ville de cette province, est renommé pour la beauté des fleurs qu'il produit. On y trouve aussi une grande quantité de grenadiers et d'orangers. Il y a une autre ville de ce nom, dans la province de Yun-nan, dont le territoire est riche en mines d'argent, et nourrit beaucoup de paons sauvages et domestiques.

Yun-nan, où l'on fabrique les plus beaux tapis de la Chine, est capitale de la province de ce nom, qui est limitrophe du Tonkin, ainsi que le Quang-si qui la borne à l'est.

Chin-Yang ou Mugden, ancienne résidence des souverains Mantcheoux, est la capitale du Leao-tung, province la plus septentrionale, dont on tire de riches peaux de castors et de martres zibelines.

Iles. Il y a dans l'Océan Oriental ou Mer du Sud, grand nombre d'îles qui dépendent de l'empire de la Chine. Au sud du Japon, sont les îles de Lieou-kieou, au nombre de quarante-quatre, dont huit, entre lesquelles est la grande île de Tanaxuma, dépendent de l'empire du Japon, et les trente-six autres, de celui de la Chine. La plus grande de celles-ci et qui a donné son nom à toutes les autres, a pour capitale Kieu-tching, résidence du roi tributaire de la Chine.

Au sud-ouest de ces îles et est le tropique du Cancer, Taï-ouan, qui doit son nom de Formose (belle), aux Espagnols; elle dépend de la province de Fo-kien, vis-à-vis laquelle elle est située. Les Portugais furent les premiers Européens qui s'y établirent. Ils en furent chassés, en 1635, par les Hollandais.

Au sud-ouest de l'île Formose, est celle de Macao avec une ville de même nom; les îles Sancian, où mourut Saint François-Xavier; et Haïnan, dont la capitale est Kiun-cheou, toutes les trois dépendantes de la province de Quang-tung.

L'histoire de la Corée, du Tong-king ou Tonkin et de la Cochinchine, royaumes anciennement soumis à la Chine et aujourd'hui ses tributaires, gouvernés d'ailleurs à peu près par les mêmes lois, est tellement liée avec celle de cet empire, qu'elle doit nécessairement trouver place à la suite de l'histoire des Chinois, quand nous aurons terminé celle-ci par des détails nécessaires sur les Tartares, qui ont eu le plus de rapport avec eux.

FIN DE LA SECONDE PARTIE.

TROISIÈME PARTIE.

RÉSUMÉ
OU PRÉCIS SOMMAIRE DE L'HISTOIRE DES TARTARES,
EN CE QU'ELLE A DE RELATIF SURTOUT AVEC CELLE DE LA CHINE.

Les Tartares de nos jours descendent incontestablement des anciens Scythes. Ce dernier nom nous vient des Grecs : il a sa racine dans le mot *ket*, *kit*, qui veut dire hordes; de *sa*, cent, et de *ki*, hordes, les Perses firent *saki*, d'où le mot Saces, pour désigner la foule des hordes (*), et du mot *thâ*, terre, pays, le nom *sakîtha* et par contraction *skitha*, pour désigner le nom du pays habité par ce grand nombre de hordes, d'où les

Noms, origine.

(*) Pline, dans la description qu'il nous donne de la Scythie, renonce à les énumérer tant il s'en trouve. La presqu'île Taurique seule en contenait trente. Le mot *Cetim*, *Ketim* ou *Kitim*, qui se trouve dans l'Écriture Sainte, y est employé pour exprimer la même idée.

Grecs ont fait le nom de Scythie et celui de Scythes, donnant aux habitans le nom du pays, suivant leur coutume.

Quant à celui de Tartares, on a tiré son étymologie des *Tari* ou *Tauri*, branche particulière des anciens Scythes qui a donné son nom à la Chersonnèse Taurique, lequel joint au mot *Thâ*, terre, produit *Tatare*, nom primitif.

Tout ce que nous avons raconté des Scythes ailleurs, est mêlé d'incertitude. Les historiens tartares ont exagéré les exploîts de leur premier conquérant Oghus-khan, que nous avons prouvé être le Madyès d'Hérodote. La vraie période historique de ce peuple commence proprement au règne de Genghiz-khan, comme celle des Arabes, à Mahomet.

DES PEUPLES TARTARES
QUI ONT EU LE PLUS DE RELATIONS AVEC LE PEUPLE CHINOIS.

Huns. L'un des peuples Tartares avec lequel les Chinois ont eu les plus fréquens démêlés, les guerres les plus sanglantes à soutenir, est celui connu sous le nom tartare Hiong-nou, les Huns. C'était primitivement un peuple pasteur, habitant sous des tentes, et vivant du produit de ses nombreux troupeaux. Ce que les plus anciens mémoires chinois nous racontent de ses mœurs et surtout de ce qu'ils observaient à leurs funérailles, se rapporte parfaitement aux détails que nous donnent les historiens grecs, des pratiques des Scythes en ces mêmes occasions, et on les retrouve encore aujourd'hui chez les Tartares modernes.

Tchun-Goéi, fils de Kye, le dernier empereur chinois de la dynastie de Hya, fondée par Yu, l'an 2207 avant J.-C., selon l'opinion généralement adoptée, s'étant retiré en Tartarie avec ceux qui lui étaient restés fidèles, réunit plusieurs tribus ou hordes sous son commandement, et fonda ainsi la première monarchie des Hiong-nou ou Huns, l'an 1209 avant J.-C. Les annales chinoises gardent ensuite le silence sur les progrès de cette monarchie, qui paraissent avoir été bien lents, jusqu'à l'an 209 avant J.-C., (*) époque de la mort d'un

(*) Si le fils de Kye a fondé la première monarchie des Hiong-nou ou Huns, l'an 1209 avant J.-C., après le renversement de la première dynastie des empereurs de la Chine dont son père fut le dernier, comme la durée de cette dynastie a été de 458 ans, il s'ensuit qu'elle a dû ne commencer qu'en 1667 et non en 2207, où l'on voit quel fond on peut faire sur la chronologie chinoise qui recule cette époque de 540 ans seulement.

En ne fixant le commencement de la première dynastie qu'à l'année 1379 avant J.-C., (*) on avance la fondation de la première monarchie des Huns, jusqu'à l'an 921 environ avant J.-C., si du moins cette dynastie de Hya a eu 458 ans de durée.

Il est bien étonnant en effet que les mémoires chinois puissent se taire pendant mille ans, sur cette monarchie des Huns, depuis son origine dont ils ont soin de nous entretenir. Sept cent douze ans de silence de la part des historiens chinois, ont même encore lieu de nous surprendre.

L'origine des Huns sera donc beaucoup plus récente que ne la font les mémoires chinois, et il en sera ainsi de leur propre origine, de leur civilisation et de la formation de leur empire.

(*) A 1451, année du phénomène rapporté par le livre de Josué, selon la chronologie hébraïque, ajoutez 663. somme de la durée des règnes des premiers empereurs chinois, en y comprenant 68 ans de règne d'Yao, cela vous conduit à l'année 2114 avant J.-C., commencement du règne de Fo-hi, et ôtez 22 ans, reste du règne d'Yao, et 50 ans pour la durée du règne de Chun, en tout 72, de 1451, reste 1379 avant J.-C., pour l'année de la fondation de la première dynastie appelée Hya.

de leurs plus fameux chefs ou Tanjous, nommé Touman, sous lequel elle prit les plus grands accroissemens. Son fils Me-ten, Mao-tun ou Mo-te, l'étendit extraordinairement. Sous lui, les Huns couvrirent de leurs nombreuses hordes les parties orientales et occidentales de la Tartarie, pénétrant jusqu'à la mer Caspienne et dans la Sibérie. Il fit aussi la guerre aux Chinois, avec le plus grand succès, et mourut l'an 174 avant J.-C. (*) Lao-cham, son digne fils et successeur, chassa

---

(*) Il est à présumer que les historiens persans ont confondu, dans un seul personnage, le fameux Oghus-khan, premier conquérant tartare, toutes les actions du Madyès d'Hérodote et de Mo-te ou Mao-tun, fondateur de l'empire des Huns.

Il paraît que cet Oghus-khan, dont les historiens tartares reculent l'existence hors de toute vraissemblance, pour donner à leur nation une haute antiquité, est le même que le Madyès d'Hérodote, comme le prouvent les rapprochemens suivans :

Oghus-khan, suivant les historiens tartares, se rendit maître des villes d'Arménie. Le Madyès d'Hérodote est le seul prince Scythe que nous connaissions, qui ait conquis ce pays.

Oghus-kan, suivant les historiens tartares, prit plusieurs villes en Aderbayagjan, les unes de force, les autres par capitulation. Aderbayagjan est incontestablement l'ancienne Médie, or le Madyès d'Hérodote est le seul prince Scythe qui ait envahi ce pays.

Le héros Tartare pénétra en Sham ou Syrie et vint jusqu'aux frontières de Mesr, c'est-à-dire de l'Egypte, selon ses historiens ; or aucun prince Scythe, à l'exception du Madyès d'Hérodote, n'est jamais entré en Syrie, ni n'approcha des frontières de l'Egypte.

Oghus-khan étant mort, ses conquêtes demeurèrent peu de temps annexées à ses états héréditaires, puisqu'il n'est parlé d'aucun de ses successeurs comme d'un puissant monarque. De même les Scythes ne possédèrent les états conquis sous Madyès, que vingt-huit ans, au bout desquels ils en furent dépouillés par les Mèdes.

Enfin, les historiens tartares placent l'irruption d'Oghus-khan, en Arménie, en Sham et en Aderbayagjan, peu d'années après la mort de Kéjomaras, le premier roi des Perses de la dynastie des Pischdadiens.

les Tartares Yun-chi (*) de leurs demeures. Ceux-ci, obligés d'en chercher de nouvelles plus vers l'Occident, poussèrent devant eux d'autres nations Tartares, qui, obligées de fuir jusque dans les pays arrosés par l'Indus, y dévastèrent le royaume que les successeurs d'Alexandre y avaient fondé, ce qui arriva 134 ans environ avant J.-C. Les Yun-chi firent aussi la guerre aux Parthes, pénétrèrent dans le Khorasan et dans la Bactriane, et établirent enfin un nouveau royaume dans l'Inde, à la place de celui des Grecs, dont les auteurs appellent ces derniers venus, Indo-Scythes.

Mais comme le docteur Hyde a prouvé que Kéjomaras a été le prince sous la conduite duquel les Mèdes secouèrent le joug assyrien, on doit le supposer le même que Déjocès, le premier roi de Médie, après sa révolte contre l'Assyrie, selon Hérodote; or les Scythes, commandés par Madyès, pénétrèrent dans la Haute-Asie, dix-neuf ans après la mort de Déjocès qui fut tué par les Assyriens, vers l'an 656 avant notre ère.

Donc Oghus-khan est le même que Madyès. Les historiens tartares lui attribuent des conquêtes imaginaires, même celle du Kathay ou de la Chine septentrionale. Tous les peuples anciens ont voulu avoir leur conquérant qu'ils ont tous placé si loin dans la nuit des temps, qu'ils n'ont pu nous donner de leurs actions héroïques aucune histoire claire, précise et raisonnable. Ainsi les Grecs ont eu leur Hercule, leur Bacchus; les Egyptiens, leur Osiris, leur Sésostris; les Assyriens, leur Ninus, leur Sémiramis; les peuples septentrionaux, leur Woden, dont ils ont fait un Dieu que l'on croit être le même que le Fo ou Foé des Indiens. Il semble qu'ils se soient tous copiés à ce sujet pour rivaliser ensemble de gloire et d'ancienneté.

Les historiens tartares attribuent à Kiun-khan, successeur d'Oghus, la division de l'empire qu'il avait formé en quarante-huit provinces. Cette division pourrait bien avoir rapport à la division de la nation Turque, Tartare ou Mogole, en quarante-huit tribus.

(*) Les Yun-chi, qui s'établirent dans la Bactriane et le long du Gehon, reçurent le nom de Jetes, Yetes, Getes. Ils pratiquaient le culte de Fo ou Bouddha, qu'on croit être le même que le Wodi, Woden des peuples septentrionaux venus de l'Orient, comme tous les autres peuples.

Les Tanjous suivans eurent avec les Chinois de longues guerres qui se terminèrent par des alliances. La division se mit ensuite parmi les Huns, et les Chinois ne manquèrent pas d'en profiter. Pe, que le Tanjou Pou-nou voulait faire mourir, eut l'adresse de pousser à la révolte huit hordes de Huns qui habitaient vers le sud et qui pouvaient former environ quarante ou cinquante mille hommes, et se mit à leur tête. L'empire des Huns fut ainsi partagé en méridional et septentrional, et ce démembrement eut lieu vers l'an 48 de J.-C. (*) Les rebelles se mirent sous la protection des Chinois qui s'en servirent pour renverser le royaume du nord, lequel succomba aux efforts réunis des uns et des autres, l'an 93 de J.-C. (**) Ce fut sous l'empereur Hia-hohoti, de la dynastie des Han, la cinquième, que les Huns septentrionaux furent entièrement défaits par le général chinois Teou-hien. Les Huns du nord dispersés furent remplacés, dans les pays qu'ils avaient occupés, par d'autres Tartares nommés *Sien-pi*. Quelques-

---

(*) Cette division paraît être la même que celle des Turcs, en Mogols et Tartares, dont parlent les historiens persans. L'Écriture Sainte appelle Gog et Magog, les pères des peuples septentrionaux, c'est-à-dire des anciens Scythes. De Gogli et Magogli, les descendans de ces deux patriarches, on a fait dériver le nom de Mogols, donné à l'une des tribus les plus puissantes de ces peuples. De *Ki*, *Ket*, mot tartare qui veut dire tribu, horde, et de *Tur*, *élevé*, *grand*, *noble*, est venu le mot *Tur-ki*, le chef des hordes, d'où vient le nom de Turcs, donné à l'une des principales hordes.

(**) Ce que les historiens Persans rapportent de la ruine des Mogols par les Tartares, commandés par leur roi Siuntz-khan, paraît avoir un grand rapport avec ce que les historiens chinois disent de celle des Huns du nord, par ceux du midi, unis aux Chinois.

uns d'entr'eux restèrent en Tartarie, se mêlèrent avec diverses hordes et perdirent leur nom.

Le plus grand nombre s'avança vers l'occident; ici les Chinois les perdent de vue, mais nous apprenons, par nos historiens, que les uns se portèrent à l'ouest et les autres au nord de la mer Caspienne, et ce sont ceux auxquels nous avons donné le nom d'Occidentaux, les seuls que les Européens aient connus pendant longtemps.

Ceux d'entr'eux qui s'étaient réunis au nord de la mer Caspienne, se répandirent dans les pays arrosés par le fleuve Etel ou Volga, et jusqu'aux palus Méotides. Ce n'est que depuis qu'ils se furent fixés à l'orient des palus Méotides, d'où ils commencèrent, en 376, leurs excursions dans l'empire romain dont ils envahirent les plus belles provinces qu'ils remplirent de sang et de carnage, que nos historiens les connaissent. Ils débutèrent par l'envahissement du pays des Alains, dont ils tuèrent le roi. Ces Alains étaient pareillement des nomades ou tribus errantes, se transportant avec leurs troupeaux d'un endroit à l'autre. L'irruption des Huns, les força à chercher d'autres demeures; les uns se réfugièrent dans les montagnes de Circassie où ils se sont maintenus jusqu'à ce jour; d'autres, se portèrent plus à l'ouest et s'établirent enfin sur le Danube, d'où ils vinrent, avec les Suèves et les Vandales, ravager la Germanie, au commencement du Ve siècle.

Ceux des Huns septentrionaux qui, après la destruction de leur royaume, en 93, s'étaient portés à l'ouest de la mer Caspienne, s'étant rapprochés de la Perse, s'établirent sur ses frontières le long de l'Oxus ou Gihon, ce qui les fit appeler Ab-te-le, c'est-à-dire les Telites sur l'eau, d'où est venu le nom d'Abtelites, d'Euthalites. Ils furent aussi appelés Huns blancs, par les Romains, avec lesquels ils firent alliance, parce qu'ils étaient plus policés que les autres qui furent appelés, pour cette raison, les Huns noirs. Vers l'an 530, ils éprouvèrent une grande défaite de la part du khan des Tartares Geou-gen, et peu de temps après leur nom disparut.

Tartares Sien-pi. Les Tartares Sien-pi, qui avaient remplacé les Huns septentrionaux dans les pays que ceux-ci avaient occupés, fondèrent plusieurs dynasties dont quelques-unes se rendirent redoutables aux Chinois. Tan-che-hoai surtout, réunissant sur sa tête l'autorité de plusieurs chefs de hordes, fonda un royaume qu'il accrut par des conquêtes, et ses incursions dans la Chine septentrionale datent de l'an 156 de J.-C.

Le royaume des Huns méridionaux subsista après celui des Huns septentrionaux, mais il n'eut ni la même puissance, ni la même durée. Il tomba sous la dépendance des empereurs de la Chine, qui supprimèrent enfin le Tanjou et incorporèrent les Huns avec les Chinois. La dynastie des Goéi, qui prit fin en 265, régnait alors à la Chine.

Lieou-Yven, fait général en 280, par l'empereur Vouti, chef de la septième dynastie nommée Tçin, et mis à la tête de cinq hordes de Huns, dix ans après, rétablit le titre de Tanjou, en 304, profitant des désordres occasionnés par la mauvaise administration de l'empereur

Hoei-ti. En 308, il prit le titre d'empereur, et établit sa résidence dans la province de Chan-si. Il mourut en 310, et son fils Lieou-Tçung lui succéda, après avoir fait mourir son frère. Pendant qu'il passait ses jours dans la débauche, au fond de son palais, ses généraux renversèrent les Tçin avec lesquels les Huns étaient depuis si long-temps en guerre.

Lieou-Tçang, fils et successeur de Lieou-Tçung, fut un prince plus faible encore que son père. Il fut assassiné par Kin-Tchun, à qui il avait donné les premières places de l'état, se remettant sur lui de tous les soins de l'administration, excès de confiance dont cet infidèle ministre abusa pour s'élever au rang suprême. Lieou-Yao détruisit cet usurpateur, mais il fut le dernier empereur de cette dynastie des Han ou premiers Tchao. Che-le, profitant de sa négligence, devint le chef d'une seconde dynastie de Tchao, en 328. Son fils Che-hum, qui lui succéda en 333, ne fut que l'ombre d'un souverain. Il abandonna les soins du gouvernement, puis l'empire, à un ancien général nommé Cho-hou, qui lui donna la mort en récompense. Sous ce nouveau règne, la religion de Fo qui s'était introduite à la Chine depuis l'an 65, y prit la plus grande faveur. Cho-hou s'en montra le plus grand protecteur, malgré les représentations de ses ministres. Il mourut après avoir régné despotiquement jusqu'en 349, laissant pour successeur un fils en bas âge, sous la régence de sa mère. Che-Tçien, oncle du jeune prince, loin de se montrer son protecteur, le déposa pour se mettre à sa place, et fut bientôt lui-même assassiné, ce qui donna lieu à des révoltes qui mirent fin à cette dynastie.

Il y eut encore, après celle-ci, deux autres dynasties fondées par des princes descendus des Huns du sud : celle de Hia établie en 407, par Pe-pe, qui s'étant retiré chez les Sien-pi, et en ayant fait mourir le souverain qui l'avait accueilli, pour se mettre à sa place, prit le titre de roi de Hia, puis de grand Tanjou, et enfin celui de Hoam-ti, c'est-à-dire empereur. Sa couronne ne passa pas plus loin qu'à son fils Tchang qui la perdit en 431. Les Topa, Tartares Orientaux, la lui ravirent.

La dernière dynastie, fondée par Mung-sun, descendu pareillement des Hiong-nou, dura peu. Elle fut détruite, en 440, par l'empereur des Goéi Tai-Vouti qui tenait la Chine septentrionale, pendant que la VIII⁰ dynastie, nommée *Sum*, régnait dans la Chine méridionale. Il ne restait plus qu'un petit état qui avait été fondé par un des fils de Mung-sun. Il devint, en 460, le partage de nouveaux maîtres.

Tartares Geou-gen. Sur les ruines du royaume des Huns méridionaux, s'élevèrent les Geou-gen. Un des plus fameux chefs de ces Tartares Orientaux fut Touloun qui commença à régner avec gloire en 402, et qui réunit, sous sa domination, presque tout le pays des anciens Huns.

Pendant que ces nouveaux conquérans s'étendaient dans presque toute la Tartarie, et achevaient de perdre les restes des Huns septentrionaux du côté de la Perse, une seule famille des Huns méridionaux, retirée dans une montagne de Tartarie où elle travaillait aux forges, pour le service des khans des Geou-gen, préparait leur ruine. Tou-muen, sorti de cette famille, ayant défait certains peuples qui étaient venus attaquer les Geou-gen, demanda, pour récompense, la fille du khan en mariage. On la lui refusa avec hauteur, en disant qu'il ne convenait pas qu'un esclave aspirât à la fille de son souverain. Une parole aussi indiscrète alluma un grand incendie. Tou-muen irrité, se révolta en 545, et, assisté par Ven-ti, empereur de la Chine septentrionale, qui le fit son gendre, il défit entièrement les Geougen, tua leur khan, et prit lui-même ce titre en 552 (*). Les Geou-gen, chassés par les vainqueurs, vers l'an 554 ou peu après, passèrent en Europe où ils furent connus sous le nom d'Avares.

Ainsi fut établi, dans la Tartarie, ce qu'on appela alors l'empire des Turcs, qui ne fut qu'un renouvellement de la domination des Huns dans ce vaste pays. La nation des Turcs y devint si puissante, qu'on n'y connut plus qu'elle, et que presque tous les Tartares furent appelés de ce nom. Leur empire s'étant étendu depuis la Corée jusqu'à la mer Caspienne, il ne put tenir long-temps sous la domination d'un seul khan, et ces Turcs se divisèrent en deux branches : l'une orientale, l'autre occidentale, dont chacune eut son khan particulier.

Turcs.

La première, qui reconnaissait pour fondateur Toumuen, conserva son pouvoir en Tartarie un peu plus de

(*) Le rétablissement de l'empire des Mogols, au bout de 450 ans, tel qu'il est raconté par les historiens persans, semble être le même que fit, en 545, le prince appelé, par les Chinois, Tou-muen. Le séjour de ceux d'entre les Mogols qui survécurent à la destruction de leur empire, dans Irgana-kon, l'espace de 450 ans, leur sortie de cette retraite au bout de ce période, et la victoire qu'ils remportèrent sur les Tartares dont ils renversèrent l'empire à leur tour. Tous ces faits se retrouvent dans leur récit.

deux siècles, jusqu'à ce qu'il fut détruit par d'autres Tartares nommés Hoei-ke, et il ne leur resta que quelques petites principautés devenues encore tributaires, jusqu'au nouvel empire établi par Genghiz-khan.

La seconde branche, qui eut pour fondateur A-po-khan, s'éteignit sur la fin du VII° siècle. Les Turcs de cette branche s'étaient étendus prodigieusement. C'est d'eux que sont sortis, vers le déclin du Califat, les fondateurs de puissans royaumes, tels que les Gaznevides, vers le nord de l'Inde; les Seljoucides, qui se partagèrent en plusieurs branches, dont l'une régna en Perse; une autre, à Icone, dans l'Asie Mineure; une troisième, à Damas; une quatrième, à Alep; une cinquième, dans le Kerman; les Thoulounides; les Ykschidites, en Egypte et en Syrie. Plusieurs vassaux des princes Seljoucides profitèrent de la faiblesse de leurs maîtres et établirent de nouveaux royaumes. De là, les sultans de Kharisme; les Atabeks, en Syrie.

Mogols.

Tandis que ces princes régnaient sur la partie occidentale de l'Asie, Genghiz-khan, de la race des Mogols, parut au milieu de la Tartarie, sur la fin du XII° siècle, et se rendit maître de ce vaste pays. Nous avons donné ailleurs son histoire très-succinte. Ses descendans firent la conquête de la Perse, de la Chine, d'une grande partie de l'Inde.

Le Kipjak, comprenant les royaumes d'Astracan et de Casan, avec les pays connus depuis sous le nom de petite Tartarie, et dont Jugi, fils ainé de Genghiz-khan, fit la conquête, resta à ses descendans. Leur capitale était

Khans de la Crimée. Sarag. C'est d'eux que sont sortis les khans de la Crimée, qui furent d'abord fort puissans. Les Russes ou Moscovites, après avoir été long-temps leurs tributaires, en ayant secoué le joug, leur enlevèrent successivement, sous le czar Ivan Basilowitz, les royaumes de Casan et d'Astracan, et tous les pays situés à l'occident du Jaïk, rivière qui se décharge dans la mer Caspienne, au nord-est. Cette perte ayant singulièrement affaibli leurs puissance, aussi bien que la division survenue dans leur famille, ils se mirent sous la protection des Turcs Ottomans, ce qui n'a pas empêché la Russie, plus récemment, de forcer le dernier d'entre eux à abdiquer, pour s'approprier le reste de ses états, dispositions auxquelles les Turcs ont été obligés de consentir, tant ils sont devenus faibles eux-mêmes!

Il en a été de même des autres descendans de Genghiz-khan : leur puissance a décliné encore plus promptement. Un si vaste empire, tel que celui qui avait été établi par ce fameux conquérant ou ses successeurs immédiats, ne pouvait se maintenir long-temps sans éprouver les plus violentes secousses. Au milieu des troubles qui l'agitent, quelques restes des Seljoucides d'Icone, jettent les fondemens de l'Empire Ottoman ; et *Ottomans* des esclaves Turcs, achetés dans le Captchaz et appelés Mameluks, deviennent les maîtres de l'Égypte. Tamer- *Mameluks.* lan pareillement de la nation Mogole, profite aussi de la faiblesse des successeurs de Genghie-khan, pour s'élever en Tartarie, et envahit une grande partie de l'Asie.

A l'Empire des Huns ou des Turcs, succéda, dans la *Kitans.* Tartarie, celui des Kitans, peuple tartare du Leao-tun, au nord-est du Pe-tche-li ou Pekeli, province de la Chine, et qui confine à la Corée. Ce nouvel Empire est celui du Katay ou Kitay. Il commença l'an de J.-C. 916, et subsista 204 ans, sous neuf princes. Ces Tartares, attirés dans la Chine par un usurpateur, en conquirent toute la partie septentrionale qu'ils annexèrent aux contrées voisines de la Tartarie orientale, dont ils s'étaient déjà rendus maîtres. L'empereur de la Chine ne pouvant venir à bout, par ses propres forces, de se débarrasser de ces voisins dangereux, eut imprudemment recours à d'autres Tartares Orientaux, les Niu-tche ou Kins. Les Kitans ne purent résister aux efforts réunis des deux peuples, et leur empire fut renversé. Mais les Niu-tche devinrent bientôt infiniment plus redoutables aux Chinois que ne l'avaient été les Kitans. Leur roi, fier des services qu'il avait rendus à l'empereur Hoei-tsong, de la dynastie des Song, s'en prévalut, et aspirant à la souveraineté d'un Empire, il osa aussi lui-même mesurer ses forces avec celles de l'empereur chinois qu'il avait si puissamment secondé. Il trouva parmi les Chinois quelques mécontens qui lui facilitèrent les moyens d'envahir le Pekeli, le Chan-si et le Chen-si, et de se saisir de la personne de l'empereur qui fut relégué dans le désert de Chamo ou Kobi, où il termina ses jours. Poussant ensuite ses conquêtes sans éprouver la moindre résistance, il pénétra dans le Ho-nan, traversa le Wangho ou fleuve jaune, et arriva sans obstacle jusqu'à la ville impériale qu'il prit et saccagea, et où il fit prisonnier Kin-tsong, fils aîné et successeur de Hoei. L'impératrice mère, princesse d'un grand caractère, trompa habilement les Tartares et sauva l'empire. Elle

Kins.

fit proclamer empereur son fils Kao-tsong, neuvième fils de Hoei-tsong. Le conquérant Tartare poursuivant ses succès, obligea le nouvel empereur à abandonner Nankin, capitale de la province de Kiang-nan, où il avait établi sa cour, pour la transporter à Hang-cheou dans le Tche-kiang. La prise de Nankin fut le terme des conquêtes du héros Tartare; les généraux Chinois le contraignirent à repasser le Kiang. Ayant de nouveau envahi les provinces méridionales de la Chine, il périt dans une révolte de ses soldats qu'il voulait contraindre à passer le Kiang, vers son embouchure, après la prise d'Yang-cheu, l'une des principales villes de la province de Kiang-nan. Cet évènement procura un peu de repos à la famille impériale des Song; mais de nouvelles irruptions déterminèrent les Song à joindre leurs armes à celles de Genghiz-khan contre de si formidables ennemis qui succombèrent enfin en 1234. Leur empire avait duré 119 ans, sous huit à neuf princes qui avaient pris le titre d'empereurs.

L'empire des Leao ou des Kitans ne fut pas entière- *Karakitayens.* ment détruit par les Niu-tche ou les Kins. Un prince qui avait échappé à la ruine de sa famille, s'étant retiré avec quelques-uns des siens vers les extrémités de la Tartarie Occidentale, dans la petite Bukharie, y trouva des peuples disposés à se joindre à lui, à faire cause commune avec lui, et à l'aide de ces nouvelles forces, il fonda, en 1124, une nouvelle dynastie des Leao Occidentaux ou Karakitayens qui subsista quatre-vingt-huit ans, ayant été détruite en 1212. Le khan du Turquestan ou chef des Turcs Occidentaux, pressé par diverses tribus tartares, et ne se sentant pas en état de leur résister, tant la puissance de ces Turcs s'était affaiblie, lui céda ses états. Cette cession facilita au prince Karakitayen les moyens de pousser ses conquêtes dans le Mawaralnahr (*) et jusque dans le Kharasme.

Le fils du khan des Tartares Naymans ayant perdu la victoire et son père dans une bataille contre Genghiz-khan, trouva un asile auprès du dernier prince Karakitayen, qui lui fit l'accueil le plus généreux et lui donna sa fille en mariage. Mais opposant à tant de bienfaits l'ingratitude la plus révoltante, Kuchluk, c'est le nom de ce monstre, s'éleva contre son beau-père, et lui ravit la liberté et la couronne. Un si grand attentat ne demeura pas long-temps impuni : Genghiz-khan fut le vengeur du prince Karakitayen que le chagrin et la vieillesse avaient conduit au tombeau. L'indigne Kuchluk, défait, en 1216, malgré la supériorité de ses forces, par le général que le fameux conquérant avait envoyé contre lui, ne put trouver son salut dans une fuite honteuse. Il fut atteint et massacré, et cette mort si méritée fut suivie de celle d'une infinité de Turcs qui occasionna l'envahissement du Turquestan par les Mogols, et depuis ce mémorable évènement, il n'a plus été question du nom même de Turcs dans la Tartarie. Celui de Mogols le remplaça.

(*) L'ancienne Sogdiane, aujourd'hui la Bukharie ou pays des Usbeks, a été appelée Mawaralnahr, à cause de sa situation au-delà de l'Oxus, le Géhon des anciens Perses, et l'Amu des Persans modernes, ce qui l'avait fait nommer aussi, par les Grecs, Transoxane. Elle a au nord-est le Turquestan, dont elle est séparée par le Sihon ou Sir, le Jaxarte des anciens.

Parmi les peuples de la Tartarie Orientale qui ont *Si-fans.* joué un rôle et ont eu les plus grands rapports avec les Chinois, il ne faut pas oublier les Tu-fans ou Si-fans, dont les princes étendirent leur empire depuis les frontières du Chen-si et de Se-tchuen, provinces de la Chine, jusqu'au pays de Kachemire, dans l'Indoustan : il comprenait par conséquent le Tibet. Leur puissance balança quelque temps celle des empereurs de la Chine. L'un d'eux, nommé Long-tsong, fils et successeur de Ki-tsong, obtint, à main armée, en 640, une princesse du sang impérial de la dynastie de Tang, la XIIIe, qu'il avait demandée en mariage et qu'on lui avait refusée. Cette alliance fut néanmoins avantageuse à l'empereur de la Chine. Le nouvel époux unit ses forces à celles de l'empire et lui rendit le plus grand service en le délivrant d'un rebelle qu'il tua de sa propre main, dans une action qu'il rendit par là décisive en faveur des Chinois.

En 766 les Si-fans aidèrent encore les Chinois à se défaire d'un autre rebelle bien plus redoutable encore que le précédent, et qui, après s'être rendu maître de la plus grande partie du nord de la Chine, avait pris le titre d'empereur. Soit qu'ils ne se crussent pas assez récompensés de leurs services, quoique l'empereur So-tsong se fut montré assez généreux à leur égard, soit par des motifs d'ambition, les Si-fans n'eurent pas plus-tôt appris la mort de l'empereur, qu'ils envahirent tout le pays situé à l'ouest du Wangho ou fleuve jaune, avec une armée de deux ou trois cent mille hommes. Une invasion aussi subite, faite avec des forces aussi considérables, força le nouvel empereur Tai-tsong à abandonner sa capitale qui tomba au pouvoir des Si-fans, fut pillée par eux et réduite en cendres. Les Chinois revenus de leur première surprise, mais ne se trouvant pas encore réunis en assez grand nombre pour faire face à l'ennemi, suppléèrent à la force par la ruse, et réussirent à faire éloigner les Si-fans. Ils excitèrent ensuite la mésintelligence entre ce peuple et ses alliés les Tartares Hoei-he, et vinrent à bout d'attirer ceux-ci dans leur parti, ce qui leur procura l'avantage sur les Si-fans, qui, cependant, vers l'an 951, aidèrent Li-ki-tsien, Tartare de la horde To-pa, à fonder un nouveau royaume sur les bords du Wang-ho, malgré tous les

Royaume de Hia efforts que firent les Chinois pour s'y opposer. C'est le royaume de Hia, ainsi nommé de Hia-cheu, aujourd'hui Ning-hia, sa capitale, et qui devint en peu de temps si puissant, que son roi prit le titre d'empereur. L'élévation de ce nouvel état fut néanmoins encore plus préjudiciable aux Si-fans qu'aux Chinois, car ce fut en grande partie aux dépens des possessions des premiers, qu'il s'agrandit. Genghiz-khan compléta leur ruine et détruisit aussi, en 1227, le royaume de Hia, connu des historiens persans sous le nom de Tangut. Il mourut cette même année, avant d'avoir pu achever de réaliser le projet qu'il avait formé de conquérir aussi toute la Chine. L'un de ses petits-fils le mit à exécution et fut reconnu empereur en 1280. Le nom tartare de ce chef de la XXe dynastie, était Cublaï-khan, fils de Touli-khan et frère de Mangou-khan, qui travailla à cette belle conquête, dont le premier recueillit les fruits. Touli-khan était le quatrième fils de Genghiz-khan.

Comme nous n'avons donné ailleurs qu'un récit très-succinct des actions et de la vie de Genghiz-khan, nous croyons devoir entrer ici dans de nouveaux détails sur les conquêtes de ce héros Tartare, qui surpassent, par leur rapidité et leur étendue, celles même que les Arabes firent au commencement de leur régénération politique et religieuse, par Mahomet.

Bisukay, Pisukay ou Pisouka était khan des Mongous, une des hordes principales parmi les Tartares, confinant à celle des Naymans, non loin de la ville de Karakorom, au nord du désert sabloneux. Ayant obtenu une glorieuse victoire sur Témujin, khan de plusieurs hordes, qui était venu l'attaquer pendant qu'il se vengeait de quelques autres hordes qui s'étaient montrées peu disposées en sa faveur, pour éterniser le souvenir de cette victoire, il donna le nom du khan qu'il venait de vaincre, à un fils que lui donna sa femme Olon Ayka, peu de temps après, en 1162, selon les uns, et en 1152, dix ans plus tôt, selon les autres. Il le fit élever avec soin, et à peine âgé de neuf ans, le jeune Témujin ne voulut plus s'appliquer à d'autre exercice qu'à celui des armes. Il perdit son père de bonne heure, et les tribus sur lesquelles son père régnait, ayant voulu se détacher de l'obéissance du fils dont elles méprisaient la jeunesse, il eut besoin, pour recouvrer son autorité sur elles, de la protection du khan des Kéraïtes, Togrul, surnommé depuis Ung-khan, qui avait été l'intime ami de son père, à qui il avait eu les plus grandes obligations. Togrul ne se contenta pas de lui rendre ce service, il lui donna en mariage sa fille, qui, charmée

Naissance de Genghiz-khan.

de sa valeur, avait méprisé toute autre recherche.

<small>Il est en but aux traits de l'envie.</small>

Tant de faveurs excitèrent la jalousie des autres princes contre Témujin qui d'ailleurs venait de se couvrir de gloire dans une guerre entreprise par ordre de l'empereur du Kitay ou des Kins, qui, ayant éprouvé une révolte de la part de certaines tribus tartares, avait chargé les Kéraïtes et les Mogols, ses tributaires, de les réduire. Les succès qu'ils obtinrent valurent à Togrul le titre de Vang, en sorte qu'on ne l'appela plus que Vang ou Ung-khan; et à Témujin, les plus grandes distinctions dans l'armée. Il se forma une puissante ligue contre Témujin et Vang ou Ung-khan. Celui-ci pris à l'improviste, fut chassé de sa capitale Karakorom, par les Naymans unis aux Merkites, mais Témujin venu au secours de son ancien bienfaiteur et allié, l'eut bientôt rétabli, après avoir complètement défait leurs ennemis communs.

<small>On le brouille avec son beau-père.</small>

Les envieux de Témujin n'eurent plus d'autre ressource que celle de brouiller le beau-père avec le gendre, et comme Vang-khan avait peu de fermeté dans le caractère naturellement léger et défiant, il se laissa facilement surprendre à la calomnie, et celui qui était lié à Témujin, par tant de titres, en devint le plus mortel ennemi, oubliant les services que lui avait rendus le père de Témujin qui l'avait rétabli sur le trône dont son propre oncle Kur-khan ou Kavar-khan l'avait fait descendre, ceux qu'il avait rendus au fils, ceux que le fils lui avait rendus en retour, tant de motifs d'une mutuelle bienveillance, et n'écoutant que les sentimens de la haine que lui inspirait son propre fils, ennemi personnel de Témujin, il n'y eut plus que les armes qui purent vider le différent entr'eux.

La plupart des princes tartares se partagèrent entre l'un et l'autre; on en vint à une action : elle ne fut pas à l'avantage de Vang-khan. Témujin, vainqueur, offrit généreusement la paix à son beau-père, avec le retour de son amitié. Le fils du khan, aigri par une blessure qu'il avait reçue dans le combat, et toujours dévoré par la jalousie, persuada à son père de se refuser à aucun accommodement. Il fallut en venir à une nouvelle action : elle fut sanglante. La victoire demeura longtemps indécise tant elle fut disputée, mais enfin elle se déclara pour Témujin, âgé alors de quarante ans, et cette victoire lui acquit le royaume des Kéraïtes. Vang ou Ung-khan défait et blessé, se sauva chez le khan des Naymans, où il trouva la mort. Celui-ci n'en fut pas moins déterminé à s'opposer, par les armes, aux progrès de la puissance de Témujin. Il éprouva à son tour une défaite qui fut suivie de sa mort, provoquée par une blessure mortelle qu'il avait reçue dans l'action où il avait combattu vaillamment. Ses états devinrent la proie du vainqueur. Son fils Kuchluk, échappé à la mort, se réfugia auprès de Kavar-khan que nous ferons bientôt connaître, qui l'accueillit avec bonté et lui donna sa fille en mariage. Il paya, par la suite, ses bienfaits de la plus noire ingratitude, en s'entendant, contre son beau-père, avec le Sultan Mohammed Khowarasm schah, pour le dépouiller conjointement de ses Etats. Ce crime fut puni, ainsi que nous le verrons plus bas, par Genghiz-khan, dont les troupes ayant mis les siennes en déroute, l'atteignirent dans sa fuite et le tuèrent. Après avoir réduit les Naymans, Genghiz-khan tourna ses armes contre le khan des Merkites dont il eut bon marché.

Son élévation. Ce fut alors, en l'année 1206, qu'il fut reconnu, dans une assemblée générale qu'il avait convoquée à ce dessein, Grand Khan des Mogols et des Tartares, et installé en cette qualité; et c'est en cette occasion solennelle, qu'après avoir fait divers réglemens pour établir l'ordre et la discipline parmi ses troupes qu'il divisa en différens corps composés de régimens, de compagnies et de sections, chacune ayant ses officiers et commandans, il ajouta de nouvelles lois aux anciennes, pour en former un corps complet et uniforme de législation à l'usage de tous ses nouveaux sujets, et c'est aussi alors, qu'en vertu d'une révélation qu'on prétendit être divine, il prit le nom de Genghiz-khan : Genghiz équivalant au surnom de Grand au plus haut degré, c'est-à-dire au superlatif, dans la langue mogole. Toutes les tribus occupant les immenses contrées situées entre la Tartarie Orientale et le mont Altay, à l'ouest, reconnurent donc Genghiz-khan pour leur Grand Khan.

Situation des états voisins des siens. La partie méridionale de la Chine, divisée en neuf provinces, était alors sous la domination des empereurs chinois de la dynastie appelée Song, qui résidaient dans la province de Tche-kiang, à Hang-cheou qui en était la capitale. La partie septentrionale, composée de cinq provinces, une portion de celle du Chen-si exceptée, était au pouvoir des Kins, Tartares Orientaux appelés aussi Niu-tche, dont les Mantcheous, aujourd'hui maîtres de la Chine entière, sont descendus. Ils tenaient aussi les contrées voisines dans la Tartarie Orientale, et ce vaste empire, dont grand nombre de tribus tartares étaient tributaires, était appelé Kitay ou Katay. La partie habitée par les Chinois portait proprement ce nom, et celle qu'occupaient les Tartares portait celui de Kara-kitay ou de Kitay noir, *peu cultivé*. La partie occidentale du Kitay, y compris une portion de la province de Chen-si, formait le royaume de Hya, fondé depuis peu par un prince d'extraction turque. Sa capitale était Hya-cheu, aujourd'hui Ning-Hya, située dans la province de Chen-si, et dont il tirait son nom. Ce royaume est le même que celui de Tangut, ainsi appelé par les historiens occidentaux.

Kur-khan ou Kavar-khan, ancien souverain des Kitans, qui s'étaient établis en 1124 dans la petite Bukharie et dans les contrées situées entre Turfan et Kashgar, depuis qu'ils avaient été chassés du Kitay par les Kins, commandait à toutes les tribus occupant les pays qui s'étendaient à l'occident du mont Altay jusqu'à la mer Caspienne, et compris sous le nom général de Turkestan. Les Vigurs ou Igurs étaient ses tributaires aussi bien que le schah du Karazm qui gouvernait aussi la grande Bukharie, l'Iran ou la Perse, et qui, ayant voulu se soustraire à cette dépendance, à l'exemple de son père, avait été comme lui menacé de perdre ses états, ce qui avait fortifié la puissance de Kavar-khan.

Genghiz-khan, que ses nouvelles conquêtes et le grand nombre de soldats qu'il venait de former et de discipliner, mettaient en état de tout entreprendre, fier

Son caractère.

de commander à tant de tribus aguerries, habituées au pillage, ne respirant que la guerre et les combats, impatientes d'éprouver leur courage et de s'enrichir de dépouilles sous un chef intrépide et entreprenant, d'une prudence consommée et bien propre à mettre à fin les entreprises qu'il aurait concertées, d'une éloquence persuasive, d'une patience à toute épreuve, d'une tempérance peu commune, d'une pénétration à laquelle rien n'échappait, qui lui faisait prévoir les obstacles et les moyens de les surmonter, récompensant le mérite militaire, mais punissant sévèrement les infractions à la discipline, brûlait du désir de se signaler de nouveau par quelque grande expédition, ne rêvait que victoires et triomphes. L'empire de Hya tenta son ambition, et il osa en entreprendre la conquête, en 1209. Li-gan-tsuen, qui en était souverain, effrayé des premiers succès de Genghiz-khan, se soumit et consentit à devenir son tributaire.

Idikut, khan des Igurs, craignant le ressentiment de Kur-khan pour s'être défait de son délégué chargé du recouvrement du tribut pour lequel il s'était montré trop exigeant, se mit sous la protection de Genghiz-khan. Celui-ci qui en voulait à Kur-khan pour avoir accueilli un de ses ennemis, fut enchanté de trouver l'occasion de s'en venger. Il donna une de ses filles en mariage à Idikut, en lui accordant sa bienveillance, ce que dissimula Kur-khan, craignant de se mettre sur les bras toutes les forces des Mongous, Mongols ou Mogols.

Ses conquêtes. Se sentant assez fort pour secouer le joug de toute sujétion, Genghiz-khan refusa de payer le tribut accoutumé aux Kins. Yong-tsi, qui venait de succéder à Yen-king, régnait alors sur les Kins, en 1210. Les historiens occidentaux lui donnent le nom d'Altoun-khan. On prit les armes de part et d'autre. Ce qui favorisa beaucoup Genghiz-khan dans cette guerre, c'est que les Kitans, que les Kins avaient dépouillés, étaient encore nombreux dans le Leao-tong, qui était le boulevard de l'empire, qu'ils ne respiraient que vengeance, ce qui les détermina à prendre parti pour Genghiz-khan. Les portes de la grande muraille furent forcées et la trahison y eut beaucoup de part ; plusieurs places importantes furent emportées : mais ce qui retarda le progrès des armes du héros tartare, fut une blessure qu'il reçut à l'attaque d'une ville, et qui l'obligea de rentrer en Tartarie. Revenu dans la Chine après sa guérison, en 1213, il y obtint les plus grands succès. Yong-tsi fut tué par un de ses généraux qu'il avait disgracié et rétabli imprudemment après sa disgrace ; et Shun, prince du sang impérial, fut mis à sa place. Ces divisions servirent les Mogols auxquels se joignirent ceux de Hya contre les Kins. Li-gan-tsuen étant mort, Li-tsun-hyen, son parent, lui succéda et continua de soutenir les Mogols contre les Kins qui se trouvèrent fort pressés. Les provinces de Chang-tong, de Ho-nan, de Pe-tche-li, de Chan-si, furent envahies, et la ville impériale Yen-king ou Pé-kin, enfin investie. Elle est appelée par les auteurs occidentaux, Cambalu, ce qui veut dire ville ou résidence du khan. Les Song qui tenaient la Chine méridionale et qui avaient été rendus tributaires des Kins, depuis l'an 1144, sous leur empereur Kao-tsong, profitèrent des circonstances pour s'affranchir de ce honteux tribut, sans néanmoins prendre encore parti.

Genghiz-khan, à qui il était survenu des affaires sur les bras, en Tartarie, par la défection de quelques tribus qu'il avait soumises auparavant, fit pressentir à l'empereur des Kins qu'il se retirerait s'il voulait consentir à indemniser son armée par une forte contribution. L'empereur qui voyait ses affaires presque désespérées, consentit à acheter ainsi la paix, et la retraite des Mogols s'effectua. L'empereur Shien, débarrassé des Mogols, se retira dans le Ho-nan, contre l'avis de ses plus sages conseillers, ce qui détermina Genghiz-khan à renouveler la guerre. La ville impériale fut prise, pillée et brûlée en partie; mais là se bornèrent pour le moment les succès des Mogols. Après avoir envahi le Ho-nan, ils furent obligés de l'évacuer et éprouvèrent des revers.

Pendant que Genghiz-khan faisait continuer la guerre dans la Chine septentrionale, par ses généraux, il allait lui-même réduire de nouveau les Merkites et les Naymans révoltés à la sollicitation de Mohammed schah, sultan du Karazm, dont la domination s'étendait en outre sur la grande Bukharie, la Perse ou l'Iran, comprenant le Khorasan jusqu'aux frontières de l'Inde, le Pars, Fars ou la Perse proprement dite, l'Irak Ajemi et l'Azerbijan. On ne peut douter que ce sultan ne fut extrêmement alarmé de la puissance toujours croissante de Genghiz-khan, et qu'il ne cherchât à y porter obstacle en lui suscitant, par-dessous main, des ennemis, n'osant pas se déclarer ouvertement. Kuchluk avec lequel il s'était ligué pour dépouiller Kur-khan ou Kavar-khan, et qu'il avait engagé à une nouvelle levée de boucliers contre Genghiz-khan, se trouva très-mal d'avoir suivi ses conseils : il y perdit la victoire et la vie. La mauvaise issue de cette guerre entreprise par les insinuations du sultan, n'était pas propre à le déterminer à entrer dans la lice. Quoiqu'il en soit, le meurtre des ambassadeurs mogols, commis par l'un des officiers de Mohammed, fut le signal d'une guerre à toute outrance, ainsi que le lui fit déclarer Genghiz-khan. Il en fit les préparatifs avec le plus grand soin, la plus constante et la plus prévoyante application, et, n'oublia rien pour en assurer le succès. Juji, son fils aîné, qui venait de conquérir le Kapchak pendant que son père mettait à la raison les tribus soulevées contre son autorité, reçut l'ordre de se rapprocher du Turquestan, pour y tenir en respect les peuples nouvellement domptés.

La première bataille livrée entre Mohammed et Genghiz-khan fut tout à l'avantage de ce dernier, quoique la victoire eût été longuement disputée, de manière que le vaincu désespérant de pouvoir tenir la campagne désormais, se crut réduit à distribuer le reste de ses forces dans toutes ses places qui furent néanmoins successivement prises par le vainqueur, ou se rendirent pour éviter d'être pillées ou saccagées. Nous ne citerons que les principales : Zarnuk, Nur, Bokhara qui fut brûlée, Otrar, Kojende, Samarcande, Nisabour d'où le sultan toujours poursuivi s'étant enfui, tomba bientôt malade et termina ses jours, après avoir choisi pour son successeur et vengeur, son fils Jalaloddin, comme le plus digne, quoiqu'il l'eût négligé jusqu'alors pour son autre fils Kothboddin, à la sollicitation de la reine sa mère, trop prévenue en faveur de ce dernier, et qui paya bien cher cette préférence quand elle fut tombée entre les mains des Mogols.

Ceux-ci poursuivant leurs conquêtes après la mort de Mohammed, se saisirent du Karazm dont ils détruisirent la capitale, pénétrèrent dans le Khorasan et l'Irak Persique, prirent Rey ou Ray (l'ancienne Ragès ou Ragau), Kom, Hamadan, (l'Ematha de l'Ecriture et l'Ecbatane des Grecs), Ispahan, Kazwin qui fut emporté d'assaut et où l'on fit périr cinquante mille personnes dans cette ville ou ses environs, Balk, Talhkan, Hérat. Jalaloddin toujours poursuivi, se défendait néanmoins avec le plus grand courage, sortant quelquefois vainqueur des différens combats qui lui étaient livrés. Après avoir été forcé d'abandonner Candahar et Gazna, il se retira, avec le peu de troupes qui lui restait, sur les bords de l'Indus ou du Sind, où ayant été atteint par Genghiz-kan, il fallut en venir aux mains malgré la grande infériorité de ses forces. Le jeune prince se battit en désespéré, et ayant perdu la plus grande partie de ses gens, il se jeta, à cheval, dans le fleuve qu'il eut le bonheur de pouvoir traverser, et échappa ainsi à son ennemi pour lequel il fut un objet d'admiration. Tandis que Genghiz-kan se rendait maître de Candahar, de Multan, les généraux qu'il avait laissés en Perse, s'emparaient d'Ardebil, de Tauris dans l'Azerbijan; Gazna tombait au pouvoir d'Octaï qui livra la ville au pillage durant quatre à cinq heures.

Pendant que Genghiz-kan était allé se reposer à Samarcande, après avoir hiverné à Bokhara, deux de ses généraux pénétrèrent dans le Shirvan par Derbent et les portes Caspiennes, et prirent Shamakie, capitale de la province. Ils entrèrent ensuite dans le Daghestan, ruinèrent Tarku, se saisirent de Terki, capitale des Circasses, par surprise, et après avoir traversé le Volga, se trouvèrent dans le Kipchak où Juji, ayant joint ses forces aux leurs, les mit en état de pousser plus loin leurs conquêtes et de s'emparer d'Astracan, située dans une île au milieu du Volga qu'ils passèrent sur la glace, forçant les Tartares Nogaïs à reconnaître Juji pour leur souverain, et Genghiz-khan pour leur Grand Kan.

Celui-ci voulant réunir auprès de lui tous ses enfans et ses généraux, tous les princes ses vassaux, gouverneurs de provinces, députés des villes et pays conquis, ambassadeurs, etc., avait fixé Toncat pour le lieu du rendez-vous général : il y arriva lui-même en 1224, et jamais assemblée ne fut plus imposante par le nombre et la qualité des assistans, l'importance des affaires qui y furent traitées, le récit qui y fut fait des diverses expéditions terminées par chacun des généraux, les différentes curiosités qu'on en avait apportées, la somptuosité des tentes et des équipages étincelans d'or et de pierreries et occupant un espace immense converti en une ville du plus grand abord. Chacun fit et reçut des présens du plus grand prix, fruits de tant de dévastations et qui avaient arraché bien des larmes aux victimes.

Genghiz-khan, en partant pour sa grande expédition, dans l'occident de l'Asie, avait confié la guerre du Kitay à un général consommé. Il trouva, à son retour, qu'il y avait entièrement rétabli les affaires. Nombre de villes avaient été reprises, la Corée avait été rendue tributaire, les Kins attaqués en même temps par les Song et ceux de Hya, étaient aux abois. Mais Genghiz-khan venait de perdre l'officier de mérite Muhuli, auquel il devait la prospérité de ses armes en Chine. Ché-eu avait succédé à son père Shun qui venait de mourir. Le premier soin de son administration fut de faire la paix avec ceux de Hya. Genghiz-khan chargea son fils Octaï de continuer la guerre dans le Kitay, pendant que lui qui avait à se plaindre du roi ou empereur de Hya, Li-te, envahissait ses états. Après en avoir conquis la plus grande partie, il fit mettre le siége devant la capitale qui fut emportée d'assaut. Le roi Li-hyen, qui venait de succéder à Li-te, fut massacré avec la plus grande partie de la population.

La joie que Genghiz-khan avait ressentie de cette dernière conquête, fut beaucoup diminuée par l'affreuse nouvelle de la mort de son fils aîné Chu-chi ou Juji, qu'il reçut du Kipjak, vers ce même temps. Cette perte le rendit insensible à l'annonce qui lui fut faite de la victoire remportée, par ses lieutenans, sur Jalaloddin qui était revenu des Indes en Perse sitôt qu'il avait appris le départ de Genghiz-khan pour la Tartarie. Après diverses aventures, cet infortuné prince vint périr dans le Curdistan. Pour le grand khan des Tartares, dévoré

Sa mort de regret et d'ennui, il tomba malade et mourut en 1227, âgé de soixante-six ans, dont il avait régné vingt-deux.

Réflexions sur ce fameux conquérant. Genghiz-khan était né pour le malheur du genre humain. Le génie qui le portait à la guerre et qui lui fournit tous les moyens d'y réussir merveilleusement, fut un fléau entre les mains de Dieu pour punir les nations coupables. Il entassa ruines sur ruines, couvrit de débris et inonda de sang tous les pays qu'il parcourut. Les historiens chinois portent à dix-huit millions quatre cent soixante-dix mille le nombre de personnes que firent périr ses armes. Il y a sans doute exagération dans ce chiffre, mais cette exagération même donne l'idée de l'horreur qu'inspirent les conquérans aux gens sensés parmi les nations, malgré la stupide admiration du vulgaire qui se laisse prendre à tout ce qu'il y a d'éclatant.

Genghiz-khan qui avait mis l'ordre dans son palais comme dans ses armées, avait établi son fils aîné Juji, grand veneur de l'empire, charge importante, la chasse étant la principale occupation des Mogols; et de plus, économe du palais et intendant de la maison impériale; Jagatay, grand justicier ou chef de la justice, avec le titre de directeur des lois; Octaï, chef et président des conseils, charge dont sa sagesse et sa prudence le rendaient digne; Touli, son quatrième fils, intendant militaire, chargé de transmettre aux généraux les ordres qu'il recevait de son père. Il le déclara régent de l'empire jusqu'à l'arrivée de son frère Octaï qu'il avait nommé son successeur. D'après le partage qu'il fit de ses vastes états en mourant, le Kipchak ou Kapchak resta à Batu, fils aîné de Chu-chi ou Juji, fils aîné de Genghiz-khan, mort avant son père; Jagatay eut pour sa part la grande Bukharie, le Karazm et le Turques-

Ses dernières dispositions.

tan; Touli, le Khorasan, la Perse et les Indes. Tout le reste échut à Octaï-khan, savoir : le Mogolistan, le Katay ou Kitay et les autres pays de la Tartarie Orientale, avec le titre de grand khan. Celui-ci, accompagné de son frère Touli, continua la guerre contre les Kins, après avoir fait, avec les Song, un traité par lequel il s'engageait à leur céder le Ho-nan après la conquête entière de la Chine Septentrionale. Touli mourut avant la fin de cette guerre, après s'y être signalé par sa valeur et ses talens militaires, ainsi qu'il l'avait fait dans celle qui s'était terminée par le renversement du royaume de Hya, sous son père. Il avait gouverné l'empire pendant deux ans après la mort de son père, en l'absence de son frère, avec beaucoup de prudence et de capacité, et quoiqu'il eût pu en garder une bonne partie pour lui, il s'en tint rigoureusement aux dispositions de son père, et remit le commandement suprême à son frère Octaï, à son arrivée, bien que celui-ci fît quelque difficulté de l'accepter, faisant l'un et l'autre assaut de générosité.

Evènemens qui suivent sa mort. Ses successeurs. Après la conquête de l'empire des Kins qui se termina par la mort du dernier empereur Chang-lin, ainsi appelé par les Chinois, lequel s'était déclaré successeur de Cheu, d'après le choix que celui-ci en avait fait avant de se tuer, dans l'état désespéré où il voyait les affaires de l'empire, et qui ne tarda pas à périr lui-même dans le désordre et la confusion inséparables de la prise d'une ville (Jû-ning-fu, dans le Ho-nan), qui avait éprouvé toutes les horreurs d'un siége obstiné dans la défense comme dans l'attaque, les Song eurent l'imprudence de se brouiller avec Octaï. La guerre leur fut déclarée, et le Se-tchuen, le Hou-quang, le Kiang-nan furent envahis, ce qui n'empêcha par le grand khan d'envoyer en Occident son général Suputay avec Batu, fils aîné du feu prince Juji; Mangou, fils aîné de Touli; et son propre fils aîné Quey-yeu et plusieurs autres princes et officiers distingués, à la tête de trois cent mille hommes. C'est cette armée qui ravagea les contrées situées à l'ouest, au nord et au nord-ouest de la mer Caspienne, la Russie ou Moscovie, la Pologne, la Moravie, la Bohême, la Hongrie et l'Autriche. Le reste des troupes qu'il avait levées, montant à quinze cent mille hommes, fut envoyé contre les Song. Octaï ne vit pas la fin de cette guerre, il mourut d'un excès de vin, dans une partie de chasse, en 1241, âgé de cinquante-six ans, dont il avait régné treize.

Après sa mort, l'impératrice Tolyekona, princesse qui joignait aux charmes de son sexe une adresse et un esprit peu ordinaires, s'empara de la régence pour acquérir le trône impérial à son fils Quey-yeu, contre les dispositions expresses de son père Octaï qui le donnait au prince Shelyemen, fils de Kuchu, son troisième fils, mort cinq ans auparavant dans une expédition contre le Hou-quang. Elle gagna tous les grands par ses libéralités, ayant trouvé le secret de mettre dans ses intérêts celui qui avait l'administration des finances: elle réussit dans ses projets. Son fils fut déclaré grand khan, dans une assemblée générale des princes et des grands, en 1245. L'année suivante l'empire des Song perdit celui de leurs généraux le plus capable de le défendre contre les Mogols: Meng-kong, né dans le Hou-quang, officier expérimenté, d'une intrépidité et d'une activité extraordinaires, sachant se faire aimer de ses soldats et de ceux qui commandaient sous lui, par sa générosité, son affabilité, ses qualités aimables, ayant des connaissances étendues et surtout celle des lieux où il faisait la guerre. Il avait acquis une aussi grande réputation chez les Tartares que chez les Chinois qu'il avait souvent conduits à la victoire, retardant par là le progrès des armes Mongoles. La réduction de la Corée, en 1247, suivit sa mort. Celle de Quey-yeu arriva l'année suivante, 1248, et deux ans après, sur la proposition de grand nombre de princes, appuyée par Batu qui gouvernait le Kipjak, Mangû fut proclamé grand khan. Après son installation, il y eut plusieurs conspirations en faveur de Shelyemen, et le grand khan traita les conjurés avec la plus grande sévérité, ne faisant pas même grâce aux femmes. La veuve du dernier empereur, qui avait été régente de l'empire avant la nomination de Mangou, et la princesse, mère de Shelyemen, furent condamnées à mort par son ordre, et exécutées. Celui-ci fut mis aux fers et renfermé dans une forteresse pour le reste de ses jours. Pendant que le grand khan exerçait ainsi sa cruauté, se conduisant en usurpateur et en tyran, il avait soin de faire des largesses aux troupes, de diminuer les impôts, de favoriser les bonzes et les lamas, d'offrir des sacrifices au ciel selon le rite chinois dont il s'était fait instruire, de donner des ordres à ses officiers et généraux pour disposer les troupes à se mettre en campagne. Il envoya une armée commandée par son frère Hu-lu-gay ou Houlagou, contre le calife ou sultan de Bagdad, laquelle débuta par l'extermination des princes Ismaëliens, connus sous le nom si peu horable d'*Assassins*, qui régnaient sur une partie de l'Irak Persique et dans le Mazandéran; une autre, dans les Indes; une autre, commandée par son frère Hu-pi-lay ou Kublay, contre les Song. Il l'avait déclaré son lieutenant-général dans toutes les contrées situées au sud du grand désert et de la grande muraille; ayant soin de tenir une quatrième armée campée autour de Karakorom, le principal lieu de sa résidence. Il érigea en fiefs, en faveur des princes de sa maison, plusieurs contrées de la Chine (*). Hu-pi-lay eut le Ho-nan et une partie du Chen-si; il fut chargé de poursuivre la guerre avec vigueur contre les Song, et d'attaquer la province d'Yun-nan. Le Tibet fut aussi envahi.

Hu-pi-lay ou Kublay avait appris la langue et la littérature chinoises d'un seigneur lettré, du plus grand mérite, par les conseils duquel il s'était souvent laissé guider, et qu'il s'était toujours félicité d'avoir suivi. Il l'avait amené avec lui dans son gouvernement, pour profiter de ses leçons et de ses lumières. Se dirigeant d'après ses avis, il s'était fait aimer des Chinois par sa modération, sa déférence aux mandarins, son application continuelle à soulager les peuples confiés à ses

---

(*) Le gouvernement féodal est né du gouvernement militaire, il a été le résultat de la conquête. Les peuples septentrionaux ou du nord-est de l'Asie vinrent l'établir dans notre Europe qu'ils subjuguèrent. Il n'y fut en effet connu que depuis l'invasion des Goths, des Vandales, des Bourguignons, des Lombards, des Francs, etc., etc., comme nous l'avons prouvé dans notre résumé historique sur l'Allemagne.

soins, à les dédommager des pertes considérables que la guerre leur avait fait éprouver. Cette conduite si louable et son empressement à s'instruire dans la littérature chinoise, lui concilièrent les cœurs de ces peuples. On s'en alarma à la cour. Les envieux de ce prince le représentèrent, auprès de son frère, comme un sujet d'autant plus dangereux, qu'il était plus près du trône. On l'accusa de travailler à se rendre indépendant. L'empereur prévenu contre son frère par tant de rapports insidieux, lui ôta son gouvernement et nomma même des juges pour procéder à l'examen de cette affaire, rechercher, juger et condamner les coupables. Sin-gan-fu, capitale du Chen-si, fut choisie pour servir de lieu de réunion aux juges. Hu-pi-lay, dans le premier moment, songea à prendre les armes, mais ramené à des sentimens plus modérés, par son admirable conseiller, il vint, d'après ses sages avis, se mettre à la discrétion de son souverain, avec toute sa famille, sans aucune autre suite. Mangû, à la vue de cet excès d'humiliation et de confiance, se sentit ému, son ancienne tendresse pour son frère se réveilla, il voulut oublier ses sujets de prévention, révoqua tous ses ordres, lui rendit son autorité, et lui redonnant toute sa confiance, le chargea de faire ses dispositions pour aller assiéger d'abord Un-chang-fu, capitale du Hou-quang, puis Hang-cheu, capitale du Tché-kiang et la résidence des Song. Pour lui, il se dirigea vers le Se-tchuen, et vint mettre le siége devant Ho-cheu, sous les murailles de laquelle il trouva la mort, en 1259. Il avait régné neuf ans.

Le général des Song, Kya-tse-tao, homme sans courage et sans expérience de la guerre, pressé par Hu-pi-lay, offrit de rendre l'empire des Song tributaire de celui des Mogols. Hu-pi-lay refusa d'abord d'entendre à aucune proposition de paix, quelque avantageuses qu'elles parussent, mais apprenant la mort de son frère et les mouvemens qu'on se donnait pour placer son frère Alipuko sur le trône des Mogols, il consentit à traiter avec le lâche Kya-tse-tao qui eut encore l'art de cacher à son maître, l'empereur Li-tsong, à quelles conditions honteuses il avait obtenu la retraite des Mogols.

Hu-pi-lay ou Kublay n'eut pas plus tôt paru, à son retour du Hou-quang, à Kay-ping-fu, depuis Chang-tu que Mangû avait fait élever et où il avait transféré sa cour, que, soutenu d'une députation d'Hulagu et de grand nombre de seigneurs tartares et chinois, il fut salué et proclamé empereur et grand khan, ce qui arriva en 1260. Les Chinois firent éclater leur joie et leurs transports d'allégresse à cette installation, et ce ne fut partout que des réjouissances publiques. Le nouvel empereur s'étudia à ne point démentir la bonne opinion qu'on avait généralement de son administration. Tous ses soins se portèrent vers l'agriculture, le commerce et les manufactures.

Alipuko n'avait pas renoncé cependant à l'espoir de monter sur le trône impérial. Il s'était fait des créatures, et une conspiration éclata en sa faveur. A cette nouvelle, l'empereur prit les mesures les plus sages et en même temps les plus fermes pour déjouer les plans de son compétiteur ou de ceux qui le faisaient mouvoir. Les rebelles avaient pris les armes. On en vint à une action; elle fut meurtrière; mais les rebelles furent entièrement défaits et les généraux d'Alipuko tués, ce qui détermina le Chen-si et le Se-tchuen, qu'on avait fait soulever, à se soumettre promptement. Kublay, affermi sur le trône, redoubla de zèle dans les soins qu'il donnait à l'administration. Il eut l'attention d'appeler aux principales places, les Chinois, bien plus instruits généralement que les Tartares, et bien mieux en état de les remplir. Nul, au reste, n'en fut écarté, de quelle nation, de quelle religion qu'il fut, le mérite seul ayant droit à son estime et déterminant ses choix. Il aimait les savans, les gens de lettres et les attira à sa cour. Alipuko, que la défaite et la mort de deux de ses généraux n'avait pas entièrement découragé, tenait encore Karakorom avec des forces assez considérables. Kublay le joignit, le défit entièrement et le mit hors d'état de rien entreprendre désormais, après lui avoir enlevé Karakorom où il trouva de grandes richesses. Alipuko fit ses soumissions, et ceux qui l'avaient entraîné à une fausse démarche en furent les victimes et payèrent de leur tête le crime que l'ambition leur avait fait commettre.

Les Song auraient pu profiter de ces divisions dans la famille de Genghiz-khan pour chercher à se relever, mais il ne parait pas qu'ils l'aient entrepris d'une manière efficace. Leur empereur, trompé par un perfide ministre, avait refusé avec hauteur de payer le tribut qui lui avait été demandé en vertu des clauses d'un traité proposé et conclu sans sa participation. L'envoyé chargé de le réclamer, fut jeté dans les fers par ordre du général et premier ministre, Kya-tse-tao, avant d'avoir pu pénétrer auprès de l'empereur des Song, pour lui faire connaître l'objet de sa mission. La guerre recommença avec plus d'acharnement que jamais. Elle ne fut pas avantageuse aux Song. Ceux-ci avaient de mauvais officiers dont la plupart étaient peu fidèles; les Mogols au contraire étaient bien commandés. Une longue expérience de la guerre, acquise par tant de campagnes, ne leur permettait pas de faire des fautes et les mettait en mesure de profiter de toutes celles que faisait l'ennemi.

Hu-pi-lay avait fait venir de l'Occident d'habiles ingénieurs, aux machines desquels les villes assiégées ne pouvaient résister. Les principales places étaient tombées au pouvoir des Mogols : ils avaient été vainqueurs dans toutes les rencontres. Le découragement s'était emparé des troupes chinoises; plusieurs de leurs officiers s'étaient donné la mort pour ne pas survivre à leur défaite et à l'état désespéré des affaires de l'empire. La consternation avait gagné toutes les populations du Tchekiang, du Kiang-nan, du Kiang-si, du Hou-quang. Les villes qui avaient résisté jusqu'alors étaient abandonnées par leurs habitans et les Mogols y entraient sans coup férir. Tu-tsong, qui avait succédé à Li-tsong dans l'empire des Song, était mort, laissant pour successeur un fils en bas âge nommé Kong-ti, sous la tutelle de l'impératrice aïeule, femme de Li-tsong, mère de Tu-tsong, nommée régente. Si plusieurs Chinois en place trahirent leurs devoirs en abandonnant la cause de leur souverain pour prendre parti chez les Mogols, d'autres, plus généreux, mieux pénétrés de l'amour de leur pays et du noble sacrifice ou dévouement qu'exige le beau titre de citoyen, donnèrent les preuves les plus touchantes de fidélité. Aux approches du généralissime des Mogols, nommé Pe-yen, officier du plus grand mérite, l'impératrice envoya faire les propositions les plus humiliantes pour obtenir la paix : elles furent refusées. Voulant éviter un siége à sa capitale, Hang-cheu-fu, contre l'avis de ses plus fidèles serviteurs qui voulaient que la cour se retirât ailleurs, elle envoya, en signe de reddition, le grand sceau de l'empire à Pe-yen qui le fit passer à Hu-pi-lay. Les Mogols, entrés dans Hang-cheu-fu, en enlevèrent toutes les richesses, les archives, les registres, les mémoires historiques, les cartes pour les faire transporter en Tartarie où le jeune empereur des Song, âgé de sept ans, fut aussi envoyé avec son aïeule. On tenta, mais en vain, de l'enlever dans le trajet. A leur vue, pendant que les autres se réjouissaient autour d'eux, l'impératrice, femme de Kublay, princesse d'un grand sens, versant des larmes: *Seigneur*, dit-elle à son époux, *les dynasties ne sont pas éternelles; jugez par ce que vous voyez arriver à celle des Song, de ce qui arrivera à la nôtre.*

Les fidèles serviteurs des Song, retirés dans le Fo-kien, reconnurent pour empereur le frère du jeune prince captif, Tuon-tsong, qui avait échappé aux Mogols, par leurs soins; mais il ne manquait pas de traîtres pour contrarier leur noble dévouement. Le Fo-kien fut envahi par les Mogols, et le nouvel empereur réduit à s'embarquer. Il lui restait encore la province de Quang-tong : il s'y rendit. Mais la capitale de cette province, assiégée par les Mogols, ne put tenir contre leurs attaques, et le jeune Tuon-tsong se retira dans une petite île déserte, sur la côte méridionale, où il tomba malade et mourut à l'âge de onze ans. Il lui restait un frère, nommé Ti-ping, qu'on avait soustrait comme lui aux recherches des ennemis. Il fut reconnu et proclamé son successeur, par tous ceux qui lui étaient resté fidèles et qui étaient déterminés à lui faire un rempart de leurs corps. On lui composa une armée des débris des anciennes, qu'on avait pu rassembler dans les parties du Quang-tong et du Hou-quang qui n'avaient pas encore été soumises par les Tartares. Ces troupes n'étaient pas aguerries, elles étaient démoralisées : elles furent battues. Il restait encore la flotte sur laquelle on fit embarquer Ti-ping : elle fut attaquée par celle des Mogols et mise en déroute. Le commandant voyant que tout était désespéré, après avoir exhorté le jeune prince à ne pas suivre l'exemple de son frère, Kon-tsong, vivant esclave au sein d'une nation étrangère, le prit dans ses bras et le tenant embrassé, se précipita avec lui dans la mer : il y avait fait jeter auparavant sa propre femme et ses enfans. Le reste des officiers et grand nombre de mandarins et les princesses et autres dames de distinction suivirent cet exemple, et l'on vit, pendant plusieurs jours, la mer couverte de cadavres. Celui du jeune empereur fut retrouvé et enseveli honorablement. Et cette même année, 1280, Hu-pi-lay ou Kublay se vit possesseur de tout l'empire de la Chine, partagé depuis si long-temps entre plusieurs souverains; il était alors très âgé. Il perdit peu d'années après son fils, le prince Chen-kin, qu'il avait choisi pour l'héritier de ses vastes états. Son nouveau choix tomba sur Timur, le troisième fils de Chen-kin. Pour gagner ses nouveaux sujets et ne pas mécontenter les anciens, il résidait une partie de l'année à la Chine, et l'autre partie en Tartarie. Il avait relégué Kon-tsong auprès du grand lama, au Tibet, pour y être instruit dans la doctrine de Fo et entrer dans le corps des bonzes. Il mourut au commencement de l'année 1294, âgé de quatre-vingts ans, dont il avait régné quinze ans environ sur toute la Chine, et trente-cinq en tout. Les Chinois ont dénaturé son nom et celui de sa race à laquelle ils ont donné le nom d'Yven, pour la naturaliser et se la rendre propre, par un sentiment de vanité nationale.

Ce fut à la cour de Hu-pi-lay, le Chi-tson des Chinois, que Marc Paul demeura plusieurs années, et où il entendit parler du Japon, contre lequel ce conquérant de la Chine dirigea une expédition qui ne lui réussit pas.

Kublay ayant appris, en 1265, la mort de son frère Houlagou, à qui il avait délaissé tous les pays situés au delà de l'Amu, donna ses soins à l'installation d'Abaka-khan, fils aîné d'Houlagou, en sa place, laissant Bouga en possession du Kipjak, et les descendans de Jagatay régner sur les pays situés entre l'Altay et l'Amu, sous sa suzeraineté néanmoins. Jusqu'alors, en effet, le grand khan avait conservé la haute souveraineté sur tous ces différens pays, et ceux de la famille de Genghiz-khan qui les gouvernaient en son nom, n'étaient, à proprement parler, que ses lieutenans. Il n'en fut plus ainsi après l'entière conquête de la Chine. Le grand khan, devenu empereur de cette vaste monarchie, distrait par les soins multipliés d'une administration si étendue, ne put en surveiller, comme par le passé, les extrémités, et ceux qui y avaient été ses simples lieutenans, se rendirent indépendans de son autorité suprême. Ils ne la conservèrent pas longtemps eux-mêmes toute entière dans leur apanage. C'est ainsi qu'après la mort de Zagatay ou Jagatay, qui avait eu en partage l'une et l'autre Bukharie, une bonne partie du Karazm, le pays des Igurs avec les villes de Khashgar, Badagshan, Balkh, Gazna et leurs dépendances, jusqu'à l'Indus. Ces pays furent morcelés et divisés entre ses fils qui étaient assez nombreux, la plupart de ses parens les plus proches, et même entre les grands de l'état. Chacun en voulut avoir sa part, et celui qui obtint la meilleure, fut celui qui eut la meilleure épée.

Il en fut de même dans l'Iran ou la Perse, après la mort d'Abusaïd khan, huitième successeur de Hulagu qui mourut en 1335, soupçonné d'avoir été empoisonné par la sultane sa femme, Baghdad Khatun, la merveille de l'Asie, par sa beauté. Elle était fille de l'émir Juban, chef des armées d'Abusaïd, et avait été mariée au sheikh Hassan. Abusaïd la vit et en devint éperdument amoureux. D'après une loi des Mogols, tout sujet est obligé de répudier sa femme quand son souverain a daigné jeter les yeux sur elle et la demander en mariage, mais Juban refusa de consentir à la demande du sultan, et éloigna sa fille et son gendre, persuadé que l'absence ferait oublier à Abusaïd les charmes qui l'avaient frappé ; mais ils avaient fait une trop forte impression sur le cœur du sultan pour qu'ils pussent s'en effacer jamais. Juban périt indignement assassiné, et son gendre, pour éviter le même sort, répudia sa femme qui fut introduite dans le harem du sultan, heureux de posséder une beauté aussi parfaite, sans se douter que sa possession qu'il devait à un crime, lui deviendrait si funeste. Il ne laissa pas d'héritier de ses états qui furent livrés à l'anarchie, au désordre, à la confusion, aux déchiremens par les guerres que se firent entre eux les divers prétendans à cette succession qui échut d'abord à Arba-khan, de la famille de Genghiz-khan, par Baydu, l'un des petits-fils de Houlagou, et fut ensuite disputée entre une foule d'ambitieux qui périrent la plupart victimes de leur ambition.

Naissance de Timur. L'année de la mort d'Abusaïd, de l'hégire 736, de J.-C. 1335, fut remarquable par la naissance de Timur beg ou Tamerlan. Il descendait de Karashar ou Karajar Noyan, que Genghiz-khan avait donné à son fils Jagatay, pour chef de ses conseils et de ses armées. A vingt-cinq ans il perdit son père Tragay, et pour sauver son patrimoine des mains des usurpateurs qui abondaient dans ces temps de troubles, de désordres et de divisions intestines, il se mit sous la dépendance du khan de Kashgar ou de la petite Bukharie, qui charmé de sa soumission alors qu'il n'y avait que révoltes, usurpations, lui fit donner le commandement d'un corps de dix mille hommes, avec la principauté de Kesh et ses dépendances. Dès ce moment, Timur commença à acquérir quelque importance auprès des autres émirs qui s'étaient partagé la succession de Jagatay, dans la grande Bukharie. Parmi eux se distinguait Mir Hussayn, seigneur de Kaboul et autres lieux, si non par ses bonnes qualités, du moins par ses prétentions, son manque de foi et sa perfidie. Il eut souvent recours à Timur, et Timur n'en éprouva que de l'orgueil et de l'ingratitude. L'intention du khan était de joindre la possession de la grande Bukharie à celle de la petite. Il se forma une ligue des émirs contre ce prince qui entreprenait de les dépouiller. On y fit entrer Timur qui, ayant reçu de nouvelles faveurs de ce prince, ne se décida à rompre avec lui, que lorsqu'il lui vit donner toute sa confiance à un indigne ministre qu'il jugea propre à le perdre entièrement. Timur courut de grands dangers après avoir pris cette détermination, et il ne s'en tira que par l'effet d'une providence attentive qui veillait sur lui pour l'élever au plus haut point de grandeur, comme il le reconnut lui-même plusieurs fois. Celui dont il eut le plus à se plaindre, fut l'un de ses alliés et qui faisait cause commune avec lui, l'émir Hussayn. Ce que Timur avait prévu, arriva : le grand khan se fit beaucoup d'ennemis par sa cruauté; ne balançant point à se défaire de tous ceux qu'il présumait pouvoir lui nuire dans ses projets d'ambition, il éprouva des défections, des défaites; Samarcande lui fut enlevée, et à sa mort, son fils entièrement défait, perdit le titre de grand khan qui fut conféré à l'un des confédérés.

Ceux-ci avaient souvent eu l'occasion de comparer Timur à Hussayn, et l'un avait autant gagné dans ce parallèle, que l'autre y avait perdu. Timur était humain, généreux, confiant, officieux; Hussayn, envieux, traître, avare, cruel. Ils ne pouvaient donc rester longtemps unis, et les seigneurs qui détestaient Hussayn et qui étaient révoltés de ses mauvais procédés envers Timur, travaillèrent eux-mêmes à les brouiller, bien résolus de donner l'autorité souveraine à ce dernier dont ils connaissaient le caractère franc, loyal, plein de douceur, l'âme noble, le cœur généreux, en un mot toutes les qualités qui font un grand roi. La rupture eut lieu; la plupart des princes prirent le parti de Timur contre son concurrent qui était détesté. Le premier se vit bientôt à la tête d'une puissante armée qui le mit en état de tout entreprendre. Hussayn fut assiégé dans Balkh, et fait prisonnier. Timur voulait qu'on lui laissât la vie, mais les parens de ceux contre lesquels il s'était montré inexorable, usèrent de représailles et la lui ôtèrent ainsi qu'à ses enfans. Le khan qui était en quelque sorte de sa création, fut enveloppé dans sa disgrace et reçut

Elévation de Timur. la mort. Alors les seigneurs assemblés conférèrent à Timur le titre de grand khan, l'investissant de tout le pouvoir attaché à cette haute dignité; ce qui se passa l'an 771 de l'hégire, 1369 de J.-C. Non seulement Timur se vit possesseur de tous les trésors qu'avait ramassés Hussayn par tant de déprédations, mais ayant mis la ville de Balkh au pillage, il en retira un immense butin, ne faisant pas même grace de la vie aux habitans ou les rendant esclaves, sortant en cela de son caractère. Il se servit de toutes ses richesses pour faire des largesses à ses officiers et se les attacher. Il transporta ensuite le siége de son empire à Samarcande, et c'est de là qu'il alla diriger ses attaques contre le Karazm. Le prince de ce pays se sentant pressé, consentit à lui accorder sa nièce, Sevina Bey, appelée plus communément Khan Zadeh, qui était un prodige de beauté, pour son fils aîné Jéhanghir, et à ce prix l'accomodement se fit. Ce jeune prince ne survécut pas trois ans à son mariage. Timur remplaça bientôt cette perte par un autre fils, Shah Rûkh, qui fut le troisième. S'étant brouillé avec le khan du Karazm, il fit la conquête de ce pays. Il avait déjà donné un khan au Kipjak qu'il avait soumis à ses armes.

Maître du royaume de Turan, il songea à conquérir l'Iran ou la Perse, partagée en un grand nombre de nouveaux possesseurs qui se faisaient la guerre, désolant les plus belles provinces de ce bel empire. Il commença par le Khorasan où il entra après avoir traversé le Gihon, 1380 de J.-C., 782 de l'hégire. La ville de Hérat se rendit; celle de Nishabour et autres firent aussi leur soumission; divers châteaux et entr'autres la forteresse de kélat, située sur un roc presque inaccessible, furent emportés. Après la reddition du Khorasan, il alla passer l'hiver à Bokhara, où il eut la douleur de perdre sa fille chérie, Akia-Beghi, qui n'avait pas son égale en beauté et en vertu : il l'avait mariée à l'un de ses officiers les plus distingués. Le regret qu'il en conçut le fit tomber dans une espèce de léthargie dont la princesse sa sœur eut toutes les peines du monde de le tirer. Plusieurs révoltes qu'il éprouva le rendirent cruel. Il en punit rigoureusement les auteurs et les instrumens : un massacre général fut ordonné; on entassait

Ses expéditions.

victimes sur victimes toutes vivantes, pour en former des tours, des buttes. Le Sistan ou Ségestan et le Mékran, furent envahis. Bost, sur les frontières du Zablestan, fut emportée, et après avoir réduit les Ouganiens, qui sont les Awgans, Aghwans ou Afghans, ses troupes prirent d'assaut la forte place de Kandahar.

L'année suivante, 1384, son armée, renforcée de divers corps de troupes montant à cent mille hommes environ, pénétra dans le Mazandéran et alla faire le siége d'Astarabad, la capitale, dont elle se saisit sans faire aucun quartier. Une partie se dirigea vers Sultanie où on entra l'épée à la main, l'année suivante.

En 1386, la belle ville de Tauris se rendit par composition, et les habitans rachetèrent leur vie par une forte contribution. Tout l'Azerbéjan fut soumis; on réduisit ensuite le Ghilan; Kars, ville forte et d'un difficile accès fut emportée, pillée et rasée jusqu'aux fondemens. Timur passa ensuite dans la Géorgie, dont il prit la capitale Téflis, malgré sa résistance; le roi, à sa persuasion, embrassa le mahométisme. Le Shirvan se soumit. Il eut ensuite à repousser une invasion des Tartares du Kipjak, quoiqu'il en eût installé le souverain. Ils avaient pénétré par Derbent ou les portes de fer, dans l'Azerbéjan. Ils furent surpris sur le Kur et poursuivis jusqu'à Derbent, toujours l'épée dans les reins. On fit grand nombre de prisonniers que Timur eut la générosité de renvoyer sans rançon.

Il avait à châtier les Turcomans, race de pillards qui ruinaient les caravanes. Il mit une partie de ses troupes à la recherche de Kara Mehemet, leur chef, fondateur de la dynastie du Mouton noir (*). Elles ne purent l'atteindre, mais elles ravagèrent ses possessions, y firent beaucoup de prisonniers des deux sexes, qu'on réduisit à l'esclavage. Les deux Arménies et le Curdistan furent soumis. L'armée se dirigea ensuite sur Ispahan : le gouverneur de cette ville ayant fait ses soumissions, Timur y entra et en prit possession. L'imprudence d'un jeune étourdi des faubourgs, qui fit sonner l'allarme pendant la nuit, excita un soulèvement de la populace qui coûta à la ville soixante-dix mille têtes d'habitans pour satifaire à la vengeance de Timur. Ces têtes furent amoncelées en divers lieux, hors des murs, en forme de tours, selon l'usage des Mogols : cette terrible exécution se fit en 1387. La réduction de Shiraz suivit celle d'Ispahan.

Une nouvelle irruption des Tartares du Kipjak, qui se fit cette fois dans la Bukharie, et que les troupes envoyées par Timur ne purent repousser, engagea ce prince à venir lui-même à la tête d'une bonne partie de son armée. Il éprouva des défections dans cette expédition, mais il mit à la raison les rebelles, poussa ses ennemis devant lui, entra dans le Kipjak, et remporta sur le khan une célèbre victoire qui ne le rendit pas plus soumis par la suite, car s'étant permis de nouvelles invasions, il les paya par l'incendie de sa capitale et enfin la perte de ses états qui furent donnés à un autre.

De retour de cette grande expédition qui avait duré onze mois, Timur repassa en Perse où il acheva de sou-

---

(*) De la figure de cet animal qu'ils portaient sur leurs enseignes.

mettre le Mazandéran, l'Irak, le Fars, le Curdistan, prit Kazwin, Tostar (l'ancienne Suse), capitale du Khusistan ; Lar, dans le Laristan ; et après avoir réduit le Kuhestan, se dirigea sur Bagdad, dont le sultan Ahmed, renonçant à s'y défendre, lui abandonna la possession. Usurpateur du pouvoir sur son frère Hussayn qu'il fit indignement égorger, il était le quatrième sultan de la dynastie Ilkanienne, fondée par le sheikh Hassan, surnommé Buzruk, c'est-à-dire le Grand, immédiatement après la mort d'Abusaïd. Elle régnait sur l'Irak Arabique ou Babylonienne et une grande partie de l'Azerbijan. Ahmed s'était ligué, contre ceux qui lui étaient opposés, avec le chef des Turcomans Kara-Mehemet ou Mohammed. Pour se défendre contre Timur-beg, il eut également recours à Kara-Yusef qui, après la mort de son père Kara-Mohammed, lui avait succédé dans le commandement de la milice des Turcomans. Les femmes et les enfans de ce sultan fratricide, qui tombèrent au pouvoir de Timur, furent transférés, par son ordre, à Samarcande, avec tous les savans qu'il trouva dans Bagdad. Il prit également possession de Waset, ville de l'Irak Arabique, sur le Tigre, et de Basra ou Bassora, vers l'embouchure de ce fleuve, dans le golfe Persique. De là, traversant la Mésopotamie et passant à Mosul, à Mardin, à Roha ou Orfa (l'ancienne Edesse), à Amide qu'il prit après un siége de trois jours, à Betlis, près du lac de Van ; il eut bientôt réduit tout le Diarbek ; puis il rentra dans le Gurgistan ou la Géorgie, pour en soumettre le nouveau prince qui était chrétien, à l'islamisme dont il était le zélé sectateur. Il renouvela ensuite la guerre contre le khan du Kipjac qui avait renouvelé ses incursions dans le Shirvan. Les deux armées se rencontrèrent, le combat fut long et meurtrier; l'empereur y courut les plus grand risques, mais enfin la victoire se décida en sa faveur. Le khan, poursuivi après sa défaite, ne reparut plus. Timur en établit un autre à sa place, et poursuivant sa marche victorieuse, il pénétra jusqu'en Russie ou Moscovie, dont il ravagea les campagnes, ruina Mekes ou Moscou, et suivant le Don ou le Tanaïs, il arriva à Azak ou Asoph, à l'embouchure du Don, dont il fit périr une partie des habitans. Il s'avança ensuite vers Kuban, capitale de la Circassie, qu'il soumit entièrement, ainsi que la Géorgie où il ne laissa aucune place à prendre, aucun lieu qu'il ne dépouilla, emmenant une grande quantité de prisonniers et surtout de jeunes et belles filles. A son retour, il rentra dans le Kipjak dont il réduisit en cendres la capitale Sarag, située sur le Volga, par représailles, après en avoir fait sortir les habitans. Avant de s'en retourner à Samarcande, Timur donna ordre à ses lieutenans de ranger sous son obéissance toutes les côtes du golfe Persique et l'île d'Ormuz, ce dont ils s'acquittèrent selon ses vues.

Ce fut à cette époque, 1398, qu'il reçut une célèbre ambassade de l'empereur de la Chine, Hong-vû, fondateur de la dynastie de Ming ou Taming, qui mourut l'année suivante. Les historiens de Tamerlan l'appèlent Tamgûs-khan.

Aux Gaznevides qui résidaient à Gazna et qui régnaient sur le Khorasan et l'Indoustan, avaient succédé les Gaurides, en 1155. Après la mort de Firuz-schah, vraisemblablement descendu des Gaurides, Mellû-Khan et Sareuk, deux frères, généraux du feu roi, mirent le sultan Mahmoud, son petit-fils, sur le trône; mais ils s'entendirent pour usurper l'autorité souveraine, ne laissant qu'un vain titre à Mahmoud. Mellû établit sa résidence à Delhi, auprès du sultan Mahmoud, et Sareuk, à Multan, sur le Ravi. Timur en apprenant ces nouvelles, donna l'ordre aux troupes qu'il avait dans les provinces de Perse limitrophes, de passer l'Indus, en attendant qu'il put entrer lui-même dans l'Inde avec des forces considérables, résolu d'en entreprendre la conquête. Multan fut assiégée par ces troupes et prise peu après son entrée dans l'Inde. La prise de plusieurs autres villes suivit celle-ci, et l'armée réunie, marcha sur Delhi. Celle des Indiens s'étant enfin mise en mouvement, la rencontre eut lieu aux portes de Delhi. Les soldats de Timur eurent d'abord quelques craintes des éléphans; la renommée leur en avait fait une peinture effrayante; ils revinrent de leur première surprise après les avoir bien considérés, et par la prévoyance et les précautions de Timur, au lieu de mettre le désordre dans ses rangs, ils le mirent dans ceux des ennemis. Leur déroute fut générale, et la victoire complète pour les Mogols. Le lendemain, Timur fit son entrée dans la ville. Le tumulte occasionné par l'empressement des sultanes à voir les pagodes, les temples, les palais de Delhi, et l'entrée dans la ville de quelques soldats, suivie de celle de beaucoup d'autres, furent cause d'un massacre général des habitans et de l'incendie de la ville. Elle fut mise au pillage dans cette confusion universelle; les troupes Mogoles se gorgèrent de richesses, et chacun d'eux se vit maître d'une si grande quantité d'esclaves des deux sexes, que leur valeur devint nulle. Timur, continuant ses sanglantes conquêtes, pénétra jusqu'au Gange qu'il traversa dans la partie supérieure de son cours, et l'ayant repassé, il en descendit le bord occidental, pour aller se saisir de Méliapour et de quelques autres places, sur la côte orientale de la presqu'île, pendant que ses lieutenans s'emparaient de Lahor et en mettaient les habitans à contributions pour le rachat de leur vie. Le prince de Kachmire avait fait sa soumission à Timur : ce conquérant y fit passer son armée à son retour, et ayant pris les devants, il se rendit à Samarcande pour s'y reposer des fatigues de cette longue expédition.

Sa présence était nécessaire dans l'Iran ou la Perse : le désordre s'y était glissé pendant son éloignement, des révoltes avaient eu lieu sur divers points. Le sultan Ahmed était rentré dans Bagdad, la Géorgie s'était soulevée. Ce fut contre cette contrée que Timur dirigea ses premières attaques, et ce malheureux pays fut de nouveau livré à la dévastation. Les églises, les monastères furent rasés, et des mosquées furent bâties à leur place. Le roi consentit enfin à se soumettre et à payer le tribut déjà imposé.

Timur avait à se plaindre de Bajazet, sultan des Turcs Ottomans, protecteur du sultan Ahmed. Après avoir fait ses préparatifs, il marcha du côté de l'Anatolie, et Siwhas ou Sébaste fut sa première conquête dans cette contrée; Malatie eut le même sort. Les Turcomans conduits par Kara-yusef furent mis en déroute. Mais comme Bajazet ne paraissait pas et que Timur avait à se venger des sultans d'Egypte, de Barkok d'abord, et ensuite de son fils et successeur Farrudge, il tourna du côté de la Syrie qui en dépendait, emporta Alep après avoir complètement défait les Syriens, puis Hama, Hems ou Emese, Damas, Bagdad, pillant et détruisant tout sur son passage et ne faisant de ces villes que des monceaux de ruines.

Il lui en coûtait cependant de faire la guerre à Bajazet qui la faisait avec tant de zèle et de valeur aux *Infidèles;* mais celui-ci avait protégé le sultan Ahmed et Karayuzef, ses ennemis personnels, et refusait de donner satisfaction : c'est ce qui détermina Timur à revenir sur ses pas et à rentrer dans l'Anatolie. Nous avons vu ailleurs quelle fut l'issue de cette guerre et le sort de Bajazet. L'historien de Timur prétend que le prince ottoman mourut de maladie dans le camp de Timur qui l'avait traité jusqu'alors avec distinction et était dans l'intention de le rétablir sur le trône, et qu'après sa mort il prit sous sa protection ses fils Musulman, Isa et Musa Khelebi, ce qui ne l'empêcha pas de prendre et piller Ankora (l'ancienne Ancyre), Icone, Salatie, Isnik ou Nicée, Magnésie, Ephèse, Smyrne. Yacub ou Jacob Kelebi qui s'étant brouillé avec son père dont il était le légitime héritier, avait quitté sa cour et s'était retiré dans celle de Timur, reçut de ce conquérant des faveurs et des possessions. Timur rendit aussi à l'émir Mehemed, fils de Caraman, que Bajazet tenait depuis douze ans dans les fers, le gouvernement de la Caramanie entière.

Il avait toujours à se plaindre du prince de Géorgie : pour le ramener à la raison, il fit une nouvelle invasion sur ses terres, et précisément au temps de la moisson pour mieux affamer ses peuples, ce qui l'obligea de se soumettre, et ce ne fut que sur les conclusions des docteurs de la loi musulmane qu'il consulta, que Timur lui accorda la paix. Le sultan d'Egypte ayant fait ses soumissions depuis la défaite de Bajazet, Timur, pacificateur de la Géorgie qu'il avait achevé de ruiner, s'en retourna à Samarcande, songeant à l'exécution du projet qu'il avait conçu de porter la guerre dans la Chine. Il en fit les préparatifs, et partit pour Otrar où il tomba malade et mourut le 1er avril 1405, âgé de soixante-onze ans, dont il avait régné trente-six. *Sa mort.*

Nul conquérant n'a fait, en aussi peu de temps, autant de conquêtes que Timur. Aucune des qualités qui constitue l'homme de guerre, ne lui manquait; nulle difficulté n'était capable de le détourner d'une entreprise une fois résolue : aussi ne négligeait-il aucun moyen pour en assurer la réussite, et rien ne lui coûtait pour en venir à bout. Il ne manquait jamais d'attribuer à une faveur toute particulière de la providence divine, ses succès, et n'oubliait, en aucun temps, de lui en rendre grâce, ayant également coutume de l'invoquer avant d'entreprendre ce qu'il avait résolu après un mûr examen. Il était l'âme de ses diètes, et quoiqu'il eût soin d'en réunir souvent les membres, il ne s'en tenait pas toujours à leurs décisions. Sa sagacité était extrême, sa mémoire prodigieuse. Il ne se trompait jamais dans ses conjectures ni dans le résultat de ses stratagèmes, *Caractère de Timur.*

de ses dispositions stratégiques, pour en obtenir un effet quelconque, propre à ses vues. *Nous aurons cette place dans huit jours, nous culbuterons l'ennemi en prenant telles et telles mesures :* et l'effet ne manquait pas de suivre conformément à ses prévisions. Il fit lui-même sa fortune et la dut à la force, à l'ascendant de son génie, s'étudiant à tirer parti de la bonne comme de la mauvaise fortune, en commençant à s'élever pour perfectionner les talens qui lui avaient été départis. Toujours sage et plein de sens dans les conseils, toujours prompt, courageux et intrépide dans l'exécution, il dirigeait tout par lui-même, ne se fiant pas toujours à ses lieutenans, à ses officiers, à ses ministres; il était instruit de tout par ses affidés, ses espions, ses émissaires dont il entretenait un grand nombre, et étonnait par sa présence d'esprit, sa grande pénétration et ses connaissances étendues des lieux, des temps, des personnes, des évènemens. Il détestait la flatterie et aimait la simple vérité, lui fut-elle défavorable. Il était magnifique et libéral. Dans toutes les fêtes qu'il donna à l'occasion de ses divers mariages ou des mariages de ses enfans ou de ses principaux officiers, dans toutes les parties de chasse qu'il fit avec les grands de son empire ou ses généraux, il étala un luxe, une munificence dignes de son vaste empire et des trésors qu'il avait ramassés; mais, il faut l'avouer, ces trésors étaient les fruits du sang et de l'injustice, d'une ambition démesurée. Il ne rêvait que la monarchie universelle; il avait coutume de dire, que de même qu'il n'y avait qu'un Dieu dans le ciel, il ne devait y avoir qu'un seul monarque sur la terre. Sans être toujours superstitieux, il ajoutait foi, en certaines circonstances, aux songes, aux prédictions de ceux qui faisaient le ridicule métier de devins, et qu'on appelle diseurs de bonne aventure ; il consultait les astrologues. On est étonné de le voir se flatter de la protection divine, après avoir donné de sang-froid l'ordre d'égorger cent mille Indiens faits prisonniers, de crainte que dans le moment d'une bataille opiniâtre, étant mal gardés, ils ne se joignissent à leurs compatriotes. Plusieurs traits de sa vie annoncent sa modestie : était-elle feinte ou réelle ? L'Asie est remplie des monumens de sa grandeur et de sa bienfaisance : villes, châteaux, canaux, ponts, palais somptueux, jardins magnifiques, hôpitaux, mosquées, monastères, caravanserails. Au retour de sa grande expédition dans le Kipjak et la Russie, il déchargea de tout impôt, pour trois années, les sujets de son vaste empire. Il punissait, avec la dernière sévérité, les infidélités dans le service, la tyrannie et l'avarice de ses agens, leurs exactions, les injustices dont ils pouvaient se rendre coupables. Il se faisait rendre un compte détaillé de leur conduite, ne voulait pas qu'on usât de déguisemens dans les rapports qu'il s'en faisait faire. Il ne demandait que sincérité et simplicité qui étaient l'âme de sa devise. Timur Beg était devenu boiteux par l'effet d'une blessure qu'il avait reçue dans sa jeunesse ; de là, le nom de Tamerlan qui lui a été donné par les historiens occidentaux.

Les conquêtes de Genghiz-khan et de ses successeurs ; plus tard celles de Timur Beg ou Tamerlan, qui avaient des Européens dans leurs armées, contribuèrent autant et plus même que les croisades à renouer les relations de l'Europe avec les états les plus reculés de l'Orient. Le pape Innocent IV, comme père commun des fidèles, avait envoyé des religieux auprès du grand khan pour lui recommander les chrétiens résidant dans son vaste empire. Le roi de France, Saint Louis, dirigé par sa charité et son zèle pour le salut des âmes, suivit un exemple si conforme aux sentimens de piété qui animaient toute sa conduite. Les relations de ces envoyés donnèrent du goût pour les voyages lointains. Plusieurs nobles Vénitiens partis de Constantinople en 1250, et Marco Paolo, de Venise, en 1269, firent un long séjour à la cour du Grand Khan qu'ils accompagnèrent dans ses expéditions, et donnèrent, à leur retour, des descriptions de ces pays, tirées de leurs journaux de voyage, qui piquèrent la curiosité de leurs contemporains et plus encore de ceux qui vinrent après eux, lesquels furent, par cette lecture intéressante, excités à entreprendre de nouvelles découvertes qui ont été si utiles au progrès des sciences, des arts et de la navigation.

Partage de l'empire fondé par Timur. Il en fut des conquêtes de Timur Beg comme de celles de Genghiz-khan, elles ne se conservèrent pas longtemps tout entières dans sa famille, par l'effet des divisions qui y éclatèrent immédiatement après sa mort, ce qu'avait prévu son auteur. Il avait nommé, en mourant, son petit-fils Pir Mehemet Jehanghir, fils de feu son fils aîné, et qu'il avait établi gouverneur, sous son nom, de Candahar et des pays de la dépendance de cette ville, son héritier universel et son légitime successeur à l'empire, en recommandant aux fils qui lui restaient et à ses autres petits-fils qui étaient nombreux, le respect pour ses volontés dernières, l'union et la concorde, principes de force et de stabilité. Avant même que ses obsèques eussent été célébrées, le Mirza, sultan Hussayn, fils de la fille de Timur, nommée Akia Beghi, qu'il avait mariée à l'émir Mehemet Bey, et qui avait déjà eu l'envie de se révolter du vivant de son aïeul, la fit éclater, et au lieu de se joindre au reste des troupes qui prenaient la route de la Chine, comme il était convenu, il prit, avec les siennes, celle de Samarcande, pour surprendre cette ville où l'on attendait, dans la consternation qu'inspirait généralement cette mort inattendue, le corps de l'empereur décédé qui devait y être déposé dans un magnifique tombeau, et qui ne tarda pas d'y arriver.

A la nouvelle de cette révolte de Hussayn, les émirs qui se trouvaient auprès de Kalil, sultan à Tashkunt, l'un des rendez-vous des troupes destinées à l'expédition de la Chine, l'engagèrent à prendre le titre d'empereur, et lui prêtèrent serment en cette qualité. Celui-ci, sur les représentations qui lui furent faites par les autres émirs et les princesses, feignit de vouloir remettre le souverain commandement à son cousin germain, conformément aux dispositions de leur aïeul, mais dévoré d'ambition et travaillant à se maintenir, il se fit ouvrir les portes de Samarcande dont il avait commencé à s'assurer la possession en flattant le gouverneur de cette ville. Là, il se fit de nouveau reconnaître.

Il était fils de Mirza Miran shah, devenu aliéné, et que son père Timur avait en quelque sorte interdit. Il avait des qualités : pourvu d'un beau physique, d'une belle figure, adroit dans le maniement des armes, valeureux, d'un caractère doux et généreux, il savait se faire aimer des troupes, mais sa violente passion pour Shadi-Mulk qu'il avait enlevée à un émir dont elle n'avait été que la concubine, le perdit ainsi que ses profusions pour se faire des créatures. Il relâcha le nerf de la discipline, eut des complaisances pour des ingrats qu'il voulut ménager et qui abusèrent de sa position pour s'élever à son détriment, au lieu de le servir. L'empire établi par Timur se démembra, et chacun de ses descendans ou même de ses grands officiers se croyant aussi dignes de régner l'un que l'autre, voulut en avoir une portion. Kalil sultan eut cependant le dessus sur Pir Mehemet qui, ayant pris les armes, fut battu et perdit même les états qu'il possédait déjà et qui lui furent enlevés par un de ses lieutenans auquel le Mirza shah Rûkh, quatrième fils de Timur, que son père avait établi à Hérat, les ravit avec la vie. Sultan Hussayn fut aussi battu par Kalil sultan, et obligé de prendre la fuite, abandonné de ses troupes, il se retira auprès de shah Rûkh, dans le Khorasan. où il perdit la vie. L'Irak Persique enlevé par un usurpateur à Pir Omar que son aïeul Timur y avait établi, fut reconquis par shah Rûkh qui l'ajouta à ses autres possessions et se vit par là maître de tout l'Iran.

La trahison qu'éprouva bientôt le trop confiant Kalil, de la part de l'émir Khodadad, qui, gouvernant les provinces au-delà du Sihon, affectait depuis long-temps l'indépendance, servit à shah Rûkh à acquérir Samarcande dont le traître s'était emparé, mais qu'il abandonna précipitamment à son approche, en amenant Kalil qu'il sépara ainsi rudement de sa maîtresse. Le traître trahi à son tour, dans sa fuite, ayant subi la mort qu'il méritait, Kalil sultan devenu libre, et ne pouvant vivre sans sa chère Shadi, vint la retrouver à Samarcande où elle avait été laissée, et s'étant jeté dans les bras de son oncle pour la recevoir de lui, il résigna l'empire entre ses mains, content de ravoir celle pour laquelle il avait sacrifié jusqu'à son honneur et celui de tant de dames de la cour qu'il avait maltraitées et mal mariées pour l'amour d'elle et la venger de leur mépris, ce qui lui avait aliéné les cœurs. Shah Rûkh le fit empoisonner secrètement quelque temps après, et Shadi, inconsolable de la perte de son amant qui avait tout sacrifié pour elle, se coupa la gorge et fut enterrée à Ray, dans un même tombeau avec lui.

Shah Rûkh, quatrième fils de Timur, se vit, par la cession de son neveu Kalil sultan, possesseur, non seulement de la Bukharie entière, mais encore de la plus grande partie de l'empire fondé par son père, à l'exception de ce que tenaient sultan Hamed qui avait profité des troubles survenus dans la famille de Timur Beg, pour se remettre en possession de Bagdad, et Kara-yusef, qui avait envahi l'Azerbéjan. Ce Turcoman de la dynastie du mouton noir, après avoir fait cause commune avec le sultan Ahmed, s'être réfugiés ensemble en Egypte, vers la fin de la vie de Timur, pour revenir, après sa mort, disputer leurs anciennes possessions à ses successeurs, se brouilla avec lui, parce que celui-ci lui avait enlevé Tauris par surprise, le battit complètement près de cette ville, le fit prisonnier et lui donna la mort. Il en avait ainsi agi avec Miran shah, troisième fils de Timur et père de Kalil, qui se trouvait dans l'armée de son fils, entièrement défaite par les Turcomans. Ayant fait une irruption en Géorgie, il en tua aussi le roi nommé Constantin, s'empara du Shirvan, et poussant ses conquêtes du côté de l'Orient, prit Sultanie, Kasbin et plusieurs autres villes de l'Irak Persienne. Shah Rûkh ne put s'opposer aux progrès de ses armes jusqu'en 1448. Il marcha alors contre le Turcoman avec des forces considérables, obtint sur lui quelques succès aussi bien que sur son fils l'émir Eskander qui lui succéda après sa mort dans les états qu'il tenait encore, et dont celui-ci conserva une partie, surtout Tauris, sa capitale, que shah Rûkh ne put forcer. Il lui enleva cependant Ray, dans l'Irak, et ce fut là que Jehan shah, frère d'Eskander, vint trouver le vainqueur, s'accommoda avec lui et en reçut l'investiture de l'Azerbéjan, en qualité de tributaire, se déclarant, en conséquence de ce traité, contre son frère qui trouva la mort, en 1437, dans le sein de sa famille, ayant été tué par son propre fils.

Ce fut à Ray que mourut shah Rûkh, en 1446, à l'âge de soixante-onze ans, après en avoir régné quarante-trois. Son père lui avait donné ce nom, parce qu'au moment où il apprenait sa naissance, en jouant aux échecs, il venait de faire un coup remarquable que les Persans appèlent shah Rûkh, qui consiste en ce que le roc, que nous appelons la tour, a donné échec au roi. Sa mort fut suivie de nouveaux troubles : il ne lui restait qu'un fils,

Mirza Mohammed surnommé Ulug beg, qui était l'aîné. Chacun de ses neveux voulut avoir une portion de l'empire qui semblait devoir lui revenir en entier. L'un se rendit maître du Khorasan, l'autre voulut garder l'Irak Persienne dont il était gouverneur; le troisième, le Mazandéran avec les provinces limitrophes, en sorte qu'il ne serait resté à leur oncle que les contrées au nord du Géhon, et le Turquestan qu'il avait gouverné pendant la durée du règne de son père. Il fallut avoir recours aux armes : elles ne furent pas favorables aux neveux; mais l'oncle victorieux, de retour à Samarcande, éprouva une révolte de son propre fils qui le défit, le fit prisonnier et ordonna sa mort. Ce fils dénaturé ajoutant crime sur crime, parricide sur parricide, fit tuer son frère pour être assuré de régner seul; mais il fut tué lui-même au bout de six mois, par ses propres soldats. Cette succession passa à un petit-fils de shah Rûkh, qui, dépouillé, par son cousin germain, du Pars qu'il gouvernait du consentement de son aïeul, s'était retiré auprès de lui, à Samarcande, et en avait reçu sa fille en mariage. Mais Abusaïd Mirza, arrière petit-fils de Timur, l'en dépouilla ainsi qu'il dépouilla du Khorasan, ses cousins. Le Turcoman Jehan shah, fils de Kara Yusef vint de l'Azerbéjan l'inquiéter : il se fit un accommodement. Il fut convenu que le Turcoman se contenterait de l'Irak qui lui serait abandonné. Ce traité fut conclu en 1458. Les Turcomans retirés, Abusaïd rétablit le commerce de Hérat qui avait été interrompu pendant le séjour des Turcomans autour de cette ville, qui avait duré six mois. Le Mazandéran ne tarda pas à être joint à ces autres possessions, par l'effet des mouvemens d'un autre descendant de Timur, peu content de cet apanage, et qui, pour avoir voulu l'augmenter, le perdit en entier.

Le prince turcoman Jehan shah, de la dynastie du mouton noir, ayant été tué dans une bataille livrée à Ussum Cassan, de la dynastie du mouton blanc, son fils Hassan Ali s'adressa à Abusaïd pour avoir des secours qui pussent le mettre en état de venger la mort de son père. Abusaïd ne négligea pas cette occasion de recouvrer l'Irak et l'Azerbéjan, mais cette campagne ne fut pas heureuse pour Abusaïd : il périt en, 1468, dans une embuscade qui lui fut dressée par Ussum Cassan ou Hassan Beg.

Son fils aîné, sultan Ahmed, régna vingt ans à Samarcande, dans la grande Bukharie, après la mort de son père, jusqu'à la sienne arrivée en 1493. Sultan Babor, fils d'Omar sheikh, sixième fils d'Abusaïd, succéda à son oncle Ahmed, dans la grande Bukharie, mais il en fut chassé par le khan des Usbeks, qui s'en rendit maître. Babor se retira à Gazna d'où, après avoir conquis Kaboul et Kandahar, il passa dans l'Indoustan où il fit aussi de grandes conquêtes sur les Patans qui tenaient Delhi, et un grand nombre de contrées dans l'Inde. Kashmire, Agra tombèrent en son pouvoir. Il fut père de Homagum qu'on regarde comme le vrai fondateur de l'empire des Mogols, dans l'Inde, quoique Babor y ait régné jusqu'en 1530.

EMPIRE DES MOGOLS DANS L'INDE.

Homagum ou Homajùn fut couronné dans la ville d'Agra, que son père avait conquise. Poursuivant ses conquêtes, il soumit les provinces de Malva et de Guzarate, et les poussa jusqu'au Bengale ; mais attaqué avec furie par les Patans, peuple d'origine tartare, il se vit contraint de céder à l'impétuosité de leurs armes, et poussé par eux de retraite en retraite, éprouvant des défections, trahi par ses propres frères, il fut obligé de se réfugier en Perse, auprès de schah Thamas, résidant alors à Kasbin. Il en fut parfaitement accueilli, en reçut des troupes commandées par de bons officiers, à l'aide desquelles il se vengea de ses frères, recouvra d'abord Kandahar, Kaboul, et profitant des divisions que la mort de leur roi avait fait naître chez les Patans, il reprit Delhi avec une partie de ses anciennes possessions dans l'Indoustan. Son goût pour l'opium lui devint funeste : en ayant pris une trop forte dose, l'assoupissement qu'elle provoqua lui occasionna une chûte terrible dont il périt, en 1556. Son successeur fut son fils Akbar, proclamé bien jeune encore à Kalanor, dans la province de Lahor.

A la nouvelle de la mort soudaine de Homajùn, les Patans s'étaient saisis de Delhi. Les généraux Mogols eurent leur revanche : les Indiens furent défaits à plusieurs reprises, Delhi repris, et Akbar y prit solennellement possession du trône de l'Indoustan. Il obtint ensuite de grands succès contre un officier, Raspûte ou Rajepûte, qui, après s'être révolté contre son souverain, avait fait de grands progrès dans l'Inde et menaçait les Mogols. Ceux-ci se saisirent de toutes ses places et le réduisirent à périr dans les flammes, avec toute sa famille, dans un accès de désespoir. Les Patans entièrement réduits, Akbar fit embarquer ses troupes sur le Ravi, d'où elles entrèrent dans l'Indus pour aller assiéger Tatta, capitale du Sindi. Cette ville tint six mois révolus, mais ayant été prise, tout le royaume se soumit.

Akbar éprouva des chagrins domestiques : son fils aîné shah Selim se révolta contre lui, ayant conçu le projet criminel de le détrôner. Le succès ne répondit pas à son attente, et il se réconcilia quelque temps après avec son père. Celui-ci avait à se plaindre du gouverneur de la province de Sindi : il entreprit de s'en défaire par le poison. Ayant ordonné en conséquence à son médecin de préparer deux pilules de la même forme et grosseur, dans l'une desquelles il y aurait du poison, se proposant de donner celle-ci à sa victime et de prendre en même temps l'autre lui-même pour lui ôter tout soupçon, il se trompa, et mourut des suites de cette méprise, en 1605.

Il ne lui restait que son fils aîné Selim, qui reçut, en montant sur le trône, le nom de Mohammed Jehanghir. Des factieux avaient voulu lui substituer son fils Khosrou, dont ils avaient corrompu les sentimens, et ce prince lui donna autant de chagrin, lui suscita presque autant d'affaires qu'il en avait occasionnées lui-même a son père. Il en vint enfin à bout, et après l'avoir retenu long-temps prisonnier auprès de lui, il en confia la garde à son autre fils shah Jehan qui fit étrangler son frère. Ce crime lui inspira la pensée d'un autre crime : il osa porter ses désirs sur le trône de son père et se crut d'autant plus assuré de réussir dans cette entreprise, que son père l'avait rendu très puissant par le don qu'il lui avait fait de grand nombre de riches provinces depuis Brampour jusqu'à Surate et à Ahmadabad capitale de la province de Guzarate, où il avait eu soin de mettre des gouverneurs dévoués à ses intérêts, se servant des faveurs reçues contre le bienfaiteur dont il les tenait. Sa tentative sur Agra, pour y enlever le trésor de son père, ne lui réussit pas. Il échoua aussi dans une action où peu s'en fallut que son père ne devint son prisonnier. Il perdit la plupart de ses places. Il semblait s'être dédommagé de cette perte par la conquête d'une bonne partie du Bengale, mais il en fut chassé, défait non loin de Bénarès, et obligé de fuir dans le Décan. Revenu à la charge, il vint assiéger Brampour, mais il fut forcé d'en lever le siége et de se retirer encore auprès du souverain du Décan qui lui avait déjà donné retraite, enchanté de voir la division régner parmi les Mogols, ses ennemis naturels.

Le rajah Mohabet khan, chef des Raspûtes, était le général auquel l'empereur devait tous ses succès. Une intrigue de cour le fit tomber en disgrâce, et Jehanghir lui retira sa confiance. Mohabet khan, sensible à l'injustice, offrit de prouver la fausseté des allégations portées contre lui. Ses ennemis soutenus de la favorite de l'empereur, l'emportèrent. On envoya contre le général inculpé, des forces considérables dont sa valeur et ses talens joints à la fidélité du peu de soldats qu'il commandait, vinrent à bout. Poursuivant sa victoire, il surprit l'empereur qui ne se tenait pas sur ses gardes, et le fit prisonnier avec toute sa cour. Mohabet n'abusa point de sa fortune, il donna le temps à ses ennemis de se reconnaître et de rétablir leurs affaires. Les intrigues de la favorite de Jehanghir produisirent leurs effets : l'empereur et les siens furent délivrés des mains de Mohabet qui eut à son tour à se défendre des embûches qui lui furent tendues par les menées de la favorite qui ne cherchait rien tant qu'à se venger de lui, ensorte qu'il se vit réduit à se réunir à shah Jehan, avec ses Raspûtes, quoiqu'il l'eût si souvent combattu avec avantage. Le prince rebelle le reçut avec empressement, s'estimant heureux d'avoir pour lui un si bon général.

Jehanghir, qui venait de perdre son second fils qu'il destinait à être son successeur, et dont il estimait le caractère soumis qui ne s'était jamais démenti, dévoré d'ennui et de chagrins, tomba malade et mourut en 1627. Il était depuis huit ans tourmenté de l'asthme. Ce prince, d'un caractère faible, se laissa gouverner par la belle Mêher Meja qu'il avait connue et aimée du vivant de son père Akbar; mais, comme elle était déjà fiancée à shir Afkan, de race turcomane qui de la Perse s'était établie dans l'Inde, Akbar s'opposa à ce qu'il la prît pour femme. Elle était d'une grande beauté, d'un esprit vif et infiniment orné, jusqu'à faire très-bien les vers ; de sorte, que Jehanghir conserva pour elle un violent amour. Devenue veuve, l'empereur qui la revit auprès de la princesse sa mère, sentit se réveiller son amour à la vue de tant de charmes, et le porta si loin, que malgré les représentations de ses principaux officiers, il se détermina à l'épouser et à lui donner le premier rang sur toutes ses femmes. Elle se servit de son crédit auprès de l'empereur, pour élever son père, son frère et ses autres parens, malgré la bassesse de leur origine et leur mauvaise réputation flétrie par des méfaits, aux dépens de tout ce qu'il y avait de mieux dans l'empire, ce qui produisit des haines, des inimitiés, des soulèvemens, des désordres, des bouleversemens. La forte place de Candahar fut enlevée à Jehanghir, par schah Abbas, roi de Perse.

Il n'y eut sorte d'intrigue que l'ancienne favorite ne fit jouer pour placer la couronne impériale sur la tête de sultan Shahriyar, que Jehanghir avait eu d'une concubine et qu'il avait marié à la fille que Mêher Meja avait eue de son premier mari; mais elle échoua par les soins des Omrahs et des Rajahs qui se déclarèrent pour shah Jehan. Celui-ci, pour s'assurer la possession tranquille du trône, ordonna la mort de Shahriyar et de ses cousins qui furent impitoyablement sacrifiés à cette politique cruelle. Son premier soin, quand il fut monté sur le trône et qu'il eût été couronné solennellement, fut de se venger des Portugais qui avaient refusé de l'aider de leurs forces contre son père: il leur enleva Ougli.

Agra avait remplacé Delhi pour la résidence royale,

sous Akbar ; ce fut Lahor, sous Jehanghir. Shah Jehan la rétablit à Delhi, et fit de cette ancienne capitale un séjour magnifique, tant par la nouvelle cité qu'il y fit élever, que par les jardins délicieux qu'il joignit à son palais. Ce prince, infiniment voluptueux, oubliant les inclinations guerrières de sa jeunesse, se livra entièrement à son goût pour les femmes, la musique, la danse et les pièces bouffonnes. La multitude de femmes et de concubines renfermées dans son harem, ne suffisait pas à ses plaisirs ; il avait des intrigues avec les femmes de ses principaux officiers, qui, pour se venger, prirent parti contre lui en faveur de son fils Aurengzeb ; il entretenait des danseuses de la lie du peuple et d'un talent médiocre ; ses prodigalités pour ses maîtresses étaient extrêmes. De la prodigalité, il passa, en vieillissant, à l'avarice la plus sordide ; il accumulait des trésors et les enfouissait dans les caves de son palais, où il se retirait pour les considérer avec complaisance, sous prétexte d'y aller prendre le frais. Quoique livré à ses plaisirs, shah Jehan ne négligeait pas néanmoins les affaires du gouvernement, et donnait tous ses soins à ce que prompte et fidèle justice fut rendue à ses peuples. Ses jugemens étaient pleins de sens et de sagesse, et l'on a prétendu qu'il avait été le Salomon de l'Inde. Il punissait sévèrement les fraudes, les prévarications ; il purgea les chemins des voleurs qui les infestaient avant lui, rendant les officiers de justice responsables des vols qui se commettraient dans leur juridiction. Devenu avare, il ferma les yeux sur les concussions de ses officiers, dont il faisait son profit, les dépouillant ensuite des richesses qu'ils avaient injustement acquises, pour se les approprier.

Pour mettre obstacle aux entreprises de ses fils les uns contre les autres, parce que tous, dévorés d'ambition et aspirant au trône ils cherchaient à se supplanter, à se détruire, il prit le parti de les éloigner les uns des autres, en leur donnant à chacun des gouvernemens, suivant en cela la mauvaise politique de son père Jehanghir qui, par là, avait fourni à ses fils les moyens de se révolter contre lui. C'est ce qui arriva à shah Jehan, les mêmes causes produisant toujours les mêmes effets; tant il est nécessaire dans un état que la loi de transmission ou de succession du pouvoir soit parfaitement et irrévocablement réglée pour contenir les ambitieux, arrêter les brigues, les cabales sans cesse renaissantes à chaque renouvellement de règne, ce qui produit les commotions, les guerres civiles, les bouleversemens, les changemens de dynastie si préjudiciables aux intérêts généraux, et à l'union entre les citoyens qui fait la force de l'état; la désunion, les rivalités, la haîne entre les partis en étant la ruine !

Gardant auprès de lui Dara, son aîné, et qu'il destinait à lui succéder, shah Jehan lui donna néanmoins Multan et Kaboul; il envoya sultan Soujah gouverner le Bengale; Aurengzeb, le Décan; Morad Bukhsh, le Guzarate. Quoique paraissant déterminé sur le choix de son successeur, il ne laissait pas de montrer du faible pour Aurengzeb qu'il regardait comme le plus capable de régner, ce qui produisait de la rivalité entre les quatre frères. Elle éclata pendant la maladie de shah Jehan, et la guerre civile fut déclarée : elle dura cinq à six ans. La fortune favorisa les armes d'Aurengzeb, dès la première action. Maître d'Agra, après cette première victoire, il fit son père prisonnier par ruse, et le fit garder très-étroitement. Après quelques autres succès contre ses frères dont il se défit ensuite successivement, il se fit couronner près de Delhi, et prit, du vivant même de son père, le titre d'empereur, qu'il avait tant ambitionné.

L'un des officiers à qui Aurengzeb fut le plus redevable de ses succès, a été l'émir Jemla, personnage important par le haut rang qu'il tenait dans l'empire, ses talens militaires, sa valeur, ses richesses, son habileté dans les affaires. Aurengzeb qui redoutait son caractère emporté et remuant, et qui n'ignorait pas qu'il faut de l'action à un grand capitaine, et que si on ne l'occupe pas au-dehors il remuera au-dedans, lui proposa la conquête du royaume d'Assem. Cet officier qu'Aurengzeb avait fait gouverneur du Bengale pour reconnaître ses services, accepta la proposition, poussa vivement le Rajah, lui enleva et pilla sa capitale, et le força de s'enfuir dans les montagnes de Lassa ; mais la saison des pluies étant survenue, la dyssenterie se mit dans son armée : il périt victime de cette maladie, et sa mort mit un terme aux justes craintes d'Aurengzeb, qui donna le gouvernement du Bengale à son oncle, en le chargeant de la conquête du royaume d'Arracan, après avoir purgé le pays des pirates Portugais qui en infestaient les côtes, et trouvaient une retraite assurée dans les états d'Arracan, où ils mettaient leur butin en sûreté.

La forte place de Candahar, qui était tombée au pouvoir de shah Jehan, par l'infidélité de son gouverneur qui la lui avait livrée, avait été reprise par schah Sefi, fils de schah Abbas : shah Jehan avait tenté deux fois, mais en vain, de la reprendre. Il paraît que l'empereur Aurengzeb y réussit pendant que schah Soliman régnait sur la Perse.

Il en est qui prétendent que shah Jehan mourut de mort naturelle dans la prison où le retenait son fils, depuis neuf ans environ, le chargeant d'assez de crimes sans avoir à lui reprocher encore la mort de son père qui est rapportée au commencement de l'année 1666 : il avait soixante-quatorze ans et quelques jours. Son fils Aurengzeb régnait depuis environ sept ans; il régna encore une quarantaine d'années depuis cette mort.

On a dit qu'Aurengzeb avait été heureux dans toutes ses entreprises. Le seul Sevaji, chef des Maharattes, lutta avec avantage contre lui, et ce partisan dut ses triomphes plutôt à la ruse qu'à la force. Il était difficile d'échapper à ses embûches tant elles étaient bien dressées; à ses trames, tant elles étaient bien ourdies. Après avoir fait ses premières armes et ses premiers essais contre le Visapour, il osa attaquer les Mogols dont il surprit le général par ses ruses et ses stratagèmes. Il pilla Surate une première fois, en 1664, pendant quatre jours, et en enleva toutes les richesses. Il s'était rendu si redoutable, qu'Aurengzeb crut devoir le traiter honorablement pour se le concilier, lui donner le titre de Rajah, et à son fils, celui d'Omrah, et les attirer l'un et l'autre à sa cour. Cependant Sevaji, s'apercevant qu'il y courait des dangers, trouva le secret de s'échapper avec son fils qui périt de fatigue dans la course rapide qu'ils furent obligés de faire pour éviter d'être atteints. Sevaji se vengea en pillant de nouveau Surate qu'il avait rendu sa tributaire. Il la rançonna ainsi plusieurs fois, aussi bien que d'autres lieux dans le Visapour ou le Golconde. Il se fit, par ses conquêtes, un état assez étendu, et mourut en 1680, à la grande satisfaction de l'empereur des Mogols qui se voyait par là débarrassé d'un ennemi infatigable, mais bien fatigant.

Les dernières années de la vie d'Aurengzeb furent empoisonnées sans doute par le souvenir des crimes de sa jeunesse, et plus encore par les craintes sans cesse renaissantes que lui inspiraient la conduite de ses fils et les attentats qu'ils méditaient contre lui ou les uns contre les autres, et contre lesquels il était obligé de se tenir continuellement en garde. Celui en qui il avait mis toute son affection, Akbar, le plus jeune, qu'il avait chargé de réduire un Rajah Raspûte, fit cause commune avec le rebelle. Aurengzeb usa de ruse, et fit en sorte qu'une lettre qu'il écrivait à son fils, fut interceptée par le Rajah, pour semer de la défiance dans son cœur, contre le jeune prince Mogol, ce qui donna le temps à l'empereur de réunir ses forces contre eux et de ruiner leur entreprise. Akbar réduit à fuir pour se sauver des mains de son père, passa en Perse, auprès de Soliman schah qui l'accueillit et refusa de le livrer à son père. On prétend même qu'il lui donna sa sœur en mariage.

Toute la vie d'Aurengzeb fut occupée des soins de l'ambition d'acquérir le trône d'abord, et ensuite de le conserver. Il n'en employa pas beaucoup à l'amour, et en cela il ne suivit pas l'exemple que lui avait donné son père. Il était d'une grande sobriété, ne se nourrissant que d'herbes et de légumes; modeste dans ses vêtemens, donnant peu d'heures au sommeil, affectant les plus grands sentimens de piété : il avait plus l'air d'un fakir que d'un empereur. Il mourut en 1707, laissant l'empire en proie à la guerre civile par l'ambition des trois fils qui lui restaient, et qui ne cherchèrent qu'à se détruire. La victoire et la vie restèrent au seul Bahader shah ou shah Alem, qui ne tint l'empire que six ans. Son fils aîné Jehandar shah eut à disputer aussi le trône avec ses frères. Il se réunit d'abord à deux d'entr'eux pour écraser le second qui voulait supplanter son aîné, puis fit la guerre aux deux autres avec lesquels il n'avait pu s'accorder, et auxquels il arracha la victoire et la vie. Il dut ses succès à un émir dévoué à ses intérêts, car ce fut un prince faible qui s'éprit follement d'une chanteuse de très bas étage à laquelle, pour élever ses parens, il sacrifia les premiers de l'empire. Ceux-ci, pour se venger, fomentèrent une révolution qui plaça sur le trône son neveu Mohammed Furrukhsir, sous le règne duquel la compagnie anglaise des Indes Orientales obtint une patente ou firman qui l'exemptait de payer aucun droit dans l'étendue de l'empire. Ce prince donna toute sa confiance à deux frères Abdallah khan et Hassan Ali khan, qu'il créa, l'un, visir, avec le titre de *soutien de l'empire;* l'autre, grand trésorier, avec le titre *d'émir al Omrah.* Ces deux ministres en abusèrent pour s'emparer de toute l'autorité dont ils ne se servirent que pour s'enrichir. Le prince ayant voulu sortir de cette tutelle, les ministres soutenus du beau-père même du prince, qu'ils avaient su gagner, se saisirent de la personne de leur souverain, le privèrent de la vue en faisant passer devant ses yeux un fer rouge, puis le firent mourir, en 1719, après l'avoir abreuvé d'amertume, et déversé, sur les derniers momens de son existence, la raillerie et l'insulte. Son règne n'avait été que de sept ans. Les conjurés, disposant à leur gré de la couronne, placèrent successivement sur le trône, deux princes neveux de Jehandar qui ne firent qu'y paraître.

Ce fut Mohammed shah, autre neveu de Jehandar, qu'ils leur substituèrent en 1720; mais celui-ci travaillant à se tirer de leur dépendance et à venger la mort de ses cousins, en fit naître l'occasion dans une expédition qu'il feignit de diriger contre le Décan, dont le gouverneur Nézam al Mulluk affectait l'indépendance, et qu'il avait concertée avec grand nombre d'Omrahs qui lui étaient dévoués, laissant Abdallah à Delhi, et amenant Hassan-Ali. Celui-ci fut massacré dans un divan, assemblé à ce dessein, à la fin du premier jour de marche de l'armée, à peu de distance de la capitale vers laquelle on revint pour attaquer Abdallah, qui, à la tête de forces assez considérables, avait proclamé empereur, à la nouvelle de la mort de son frère, un autre neveu de Jehandar qu'il avait tiré de prison, et s'était mis en devoir de bien recevoir l'armée qui s'avançait contre lui, ayant mis en pièces le fameux trône de shah Jehan, pour solder ses troupes. La bataille fut longue et sanglante : Abdallah y fut entièrement défait et blessé mortellement, ce qui assura la couronne sur la tête de Mohammed shah, incapable néanmoins de la porter.

Nézam, l'un des anciens émirs d'Aurengzeb, régnait en quelque sorte dans le Décan; gouverneur de Visapour, d'Aurengabad, de Heyderabad et autres provinces, il s'appropriait les revenus immenses de son gouvernement, entretenant une armée considérable, sous prétexte de tenir en respect les Maharattes qu'il laissait néanmoins faire des incursions dans les provinces de l'empire, pillant et dévastant tout sur leur passage. On ne trouva pas d'autre expédient que celui d'appeler à la cour Nézam al Mulluk, en lui donnant toute l'autorité; mais comme il voulut s'en servir pour y faire une réforme générale et remettre les choses sur le pied où elles étaient du temps d'Aurengzeb, il trouva de fortes oppositions chez les Omrahs et autres officiers qui gouvernaient l'empereur, en sorte que Nézam, dégoûté d'un séjour où régnaient le désordre et la mollesse, retourna dans son gouvernement à la tête duquel il avait laissé son fils. Là, s'entendant avec le Rajah des Maharattes dont il prétendait se faire un appui si la cour venait à l'inquiéter, il les encouragea à faire le dégât dans l'empire. Ceux-ci inondèrent et pillèrent la province de Malva, en firent autant dans celle de Guzarate, et enfin poussèrent leurs courses jusque dans les environs de la capitale; on ne s'en débarrassa qu'à force d'argent. Cette lâche condescendance ne fit qu'enhardir ces peuples à poursuivre leurs brigandages : ils ne respectèrent ni les environs d'Agra ni ceux de Delhi où ils furent sur le point d'entrer. Nézam fut de nouveau rappelé à la cour, mais il n'y fut pas mieux traité par les courtisans, que la première fois. Piqué jusqu'au vif de se voir le jouet de gens qu'il méprisait avec raison, il concerta, avec d'autres gouverneurs mécontens, les moyens de se venger, et ils s'arrêtèrent à celui d'appeler Nadir schah, usurpateur heureux de la couronne de Perse, qui, profitant de l'état de faiblesse du Mogol et des troubles qui y régnaient, venait de s'emparer, après un long siége, de la forte place de Candahar dont il augmentait alors les fortifications. Nous avons déjà donné les détails de cette invasion, et fait connaitre les suites qu'elle eût pour le Mogol et pour la Perse même. Elle coûta à l'empire deux milliards sept cent millions qu'en emporta schah Nadir.

Mohammed shah mourut à la fin de l'année 1748, après avoir vu la plus grande partie des plus belles provinces du vaste empire du Mogol s'en détacher et former des souverainetés particulières par l'insubordination des Nababs et des Soubahs, vice-rois ou gouverneurs qui se rendirent indépendans chacun dans son gouvernement, d'abord sous une redevance annuelle mais qu'il fallut ensuite arracher, les armes à la main, ce qui affaiblit de plus en plus la monarchie, et mit le souverain hors d'état de se faire craindre et obéir, et enfin de rien obtenir. L'empereur nommait primitivement aux Nababies, et à la mort de chaque gouverneur, il lui donnait un successeur. Il n'en fut plus ainsi : le armes en décidèrent et le plus fort se mit en possession de la

Nababie sans se soucier d'en obtenir l'agrément de l'empereur. Il ne s'en tinrent pas à leur gouvernement : ils cherchèrent à en augmenter l'étendue, à acquérir de nouvelles principautés pour eux ou pour leurs enfans. De ce nombre fut Daoust Ali khan, Nabab d'Arcate, qui, à la tête d'une armée formidable, entreprit de soumettre l'un et l'autre côté de la presqu'île et menaça la côte de Malabar. Les princes Indiens alarmés, eurent recours aux Marattes, nation belliqueuse qui vint à bout de défaire l'armée du Nabab. Celui-ci périt dans la bataille qui lui fut livrée en 1740; sa veuve et la plus grande partie de sa famille emportant leurs trésors, trouvèrent un asile à Pondichéry, auprès du gouverneur Dumas, qui négocia adroitement avec les Marattes et trouva le secret de les éloigner. Sabder Ali khan, fils du défunt Nabab, se montra reconnaissant envers Dumas et la nation qu'il représentait. Il lui fit plusieurs présens et la cession de plusieurs territoires. La faible cour de Delhi confirma cette cession et conféra en même temps à Dumas le titre de Nabab dont il demanda la transmission à perpétuité à ses successeurs au gouvernement de Pondichéry, ce qu'il n'eût aucune peine à obtenir, et M. Dupleix, qui vint lui succéder vers la fin de 1741, fut installé en cette qualité.

Sur la fin de l'année suivante, 1742, ou au commencement de l'année 1743, la possession de la Nababie d'Arcate fut un sujet de discorde et de divisions entre plusieurs Nababs. Muley Ali khan voulut y placer son beau-frère, Sundah Saheb, et y réussit. L'empereur du Mogol qui n'avait pas été consulté, le fit déposer, et mettre à sa place Anawerdi khan. Sundah Saheb dépossédé, s'adressa à M. Dupleix qui prit fait et cause pour lui, moyennant quelques cessions. Sundah Saheb fut rétabli, et ses engagemens avec les Français fidèlement remplis. Anawerdi khan avait été tué dans l'action; Mohammed Ali khan, son fils, qui s'était sauvé, s'adressa aux Anglais qui l'aidèrent puissamment à se rétablir, à des conditions avantageuses pour leur compagnie. C'est ainsi que, sans aucune intervention du Mogol, tant était grande sa faiblesse, deux nations rivales, dans un pays où elles étaient étrangères, mues par les motifs de leurs intérêts commerciaux, semaient la division entre les Nababs pour se rendre nécessaires, se rendaient arbitres de leurs différens, faisaient pencher la balance entre l'un ou l'autre parti, selon le succès de leurs armes, et ruinaient les Indiens pour les disposer plus facilement à l'esclavage, sous prétexte de protéger différens prétendans aux Nababies.

Pendant que les deux compagnies anglaise et française cherchaient à s'accommoder aux dépens des malheureux Indiens, le fort de Calcutta, appartenant à la première, fut attaqué à l'improviste par le Nabab du Bengale, Sulajud Dowl, qui avait à venger de querelles particulières contre le gouverneur de ce fort, qui fut subitement emporté et la garnison faite prisonnière. Mais l'amiral Watson, de concert avec le colonel Clive, réparèrent bientôt ce désastre. Après avoir réussi dans une première expédition contre un fameux corsaire qui depuis quelques années faisait le plus grand tort au commerce de la compagnie, lui avoir enlevé la ville de Gériah, pour laquelle il était en négociation avec les Marattes, avoir ruiné sa flotte, fait toute sa famille prisonnière, ils passèrent dans le Bengale, reprirent le fort de Calcutta, et ayant remonté le Gange, s'emparèrent d'Ougli qu'ils ruinèrent. Le Nabab défait, malgré la supériorité de ses forces, se vit réduit à demander la paix qu'il n'obtint qu'aux conditions les plus avantageuses pour la compagnie. Sur ces entrefaites, les deux cours de France et d'Angleterre n'ayant pu s'accorder sur leurs prétentions respectives, et la guerre s'étant rallumée entre ces deux puissances, l'amiral Watson et le colonel Clive tournèrent leurs armes, en 1757, contre Chandernagor, le principal établissement des Français dans le Bengale, et ayant surmonté, avec la plus rare intelligence, tous les obstacles qui leur furent opposés, l'attaquèrent si vivement, que la place fut obligée de capituler. Le Nabab, infidèle au traité, avait secouru les Français et s'était laissé battre; une conspiration éclata contre lui. Jaffier Ali Cawn Bahader, l'un de ses ministres, en était l'âme; les Anglais le soutinrent. Sulajud Dowla, trahi par ses principaux officiers et éprouvant de nombreuses défections parmi ses troupes, ne put tenir contre une attaque combinée : il fut entièrement défait. Pris ensuite, il fut remis entre les mains de son compétiteur qui le fit exécuter. Les Anglais dictèrent des lois à leur protégé qu'ils venaient d'élever à la dignité de Nabab, en qualité de Subah des provinces du Bengale, de Baher et d'Orixa, et c'est ainsi qu'ils disposaient des principales souverainetés de l'empire, au gré de leur ambition, prétendant à la possession entière pour eux-mêmes du Bengale, dont ils chassèrent entièrement les Français.

DESCRIPTION GÉOGRAPHIQUE
DE LA GRANDE TARTARIE.

En faisant la description de la Russie Asiatique, nous n'avons décrit que la moitié de cette vaste région comprise sous le nom général de Grande Tartarie. L'autre moitié, au midi de la première, est partagée inégalement entre quelques peuples Tartares indépendans, et plusieurs autres soumis à l'empereur de la Chine, ou ses tributaires, depuis qu'un de leurs khans s'est emparé de ce vaste et bel empire et y a fondé une nouvelle dynastie, la XXIIe. La partie contiguë à la Perse, aux royaumes d'Hérat et de Caboul, a reçu anciennement le nom de Turkestan, pour avoir été le berceau de toutes les nations turques qui ont successivement sapé et contribué enfin à renverser l'empire des Califes et celui des Greco-Romains.

Nous venons de donner une histoire succincte de toutes les hordes qui se sont rapidement succédées dans ces contrées éloignées et si long-temps ignorées; nous allons nous borner ici à en faire une courte description géographique, pour servir à l'intelligence de cette histoire.

Climat

La Grande Tartarie étant la partie la plus élevée du globe, l'air y est fort sain et assez généralement tempéré. C'est un immense plateau en forme de quadrilatère irrégulier, renfermé entre les montagnes les plus élevées de la terre, du haut duquel descendent la plupart des fleuves qui arrosent le continent asiatique. Il est parsemé de steppes sablonneuses ou plaines arides parmi lesquelles figure le vaste désert appelé *Cobi*, par les Mongols, et *Cha-mo*, par les Chinois, mer de sable située au nord-ouest entre la Chine propre et la Grande Tartarie. Indépendamment de ces déserts qui en occupent une grande partie, le plus grand nombre de ses habitans étant des peuples errans, la terre y est inculte en bien des endroits et couverte de bois. Ces bois, surtout dans la partie septentrionale, renferment quantité d'ours blancs, de renards noirs, d'hermines, de martres zibelines et autres animaux dont les fourrures si estimées font le principal commerce du pays. Les contrées méridionales produisent du riz, du blé, des fruits, d'excellens pâturages et la meilleure rhubarbe : on sait que c'est la racine d'une plante qui s'élève très-peu. Nature du sol.

Il y a dans la Grande Tartarie plusieurs lacs dont le plus considérable est la mer Caspienne à laquelle on attribue huit cents lieues de circuit. Comme elle reçoit les eaux de plusieurs grands fleuves sans jamais se déborder, on a pensé qu'elle pouvait avoir quelque communication souterraine avec l'Océan, et plusieurs savans se sont mis en peine de la chercher ; mais il est plus raisonnable de penser que la quantité d'eau qui s'évapore de cette mer, comme de bien d'autres lacs qui sont évidemment trop éloignés de l'Océan pour y communiquer, est équivalente à celle qu'elle reçoit des rivières qui Lacs.

s'y déchargent. A l'est de la mer Caspienne et à peu de distance, est le lac Aral qui a bien quatre-vingts lieues de tour ; au centre de la Grande Tartarie, vers les sources du Lena et du Jénisea, le lac Baïcal ; au sud-ouest du lac Baïcal, le lac Saissan, aux environs duquel la rivière d'Irtis prend sa source : elle traverse le lac, coule au nord-ouest, servant de limites aux Russes et aux Eluths, tourne ensuite directement au nord, arrose la Sibérie, passe à Tobolsk et se décharge dans l'Oby. A l'occident du lac Saissan, est le lac Palkati qui reçoit, entr'autres rivières, l'Ili dont la source se voit aux environs de la ville de Cialis, située à l'occident de Turfan, dans le pays des Eluths. Au midi de cette dernière ville, près du grand désert de Cha-mo ou Cobi, est le lac Lop qui reçoit l'Yarken, rivière de la petite Bukharie.

Bornes   La Grande Tartarie confine à la Chine, dans sa partie orientale ; aux Indes et à la Perse, dans sa partie méridionale, et s'étend vers l'occident, jusqu'à la mer Noire. Les principaux peuples qui l'habitent aujourd'hui, sont les Eluths qui sont surnommés Calmoucks ; à l'Orient, les Usbecs ; à l'occident, mais à l'est de la mer Caspienne et à l'ouest de cette mer, certains petis peuples descendant, ainsi que les Eluths et les Usbecs, des anciens Mogols, et habitans du Daghestan, de la Circassie et des environs du Caucase, branche du Mont Taurus dont les ramifications traversent toute l'Asie sous différens noms, du couchant au levant, depuis la Natolie jusqu'aux extrémités de la Tartarie et de la Chine.

Circassie   La Circassie s'étend entre le Don et la mer Caspienne :

ses principales villes sont Cabarde, au sud-ouest d'Astracan ; et Terki, près de la mer Caspienne. Les Russes sont en possession de ces villes et du plat pays, et presque toujours en guerre contre les Circasses, habitant les montagnes. Les Circassiennes, ainsi que les Géorgiennes leurs voisines, passent pour les plus belles femmes de l'Asie : on en fournissait jadis tous les harems de l'Orient.

Le Daghestan, pays montagneux mais assez fertile et abondant en arbres fruitiers, est situé au sud-est de la Circassie, entre la Géorgie et la mer Caspienne. Sa capitale, tenue par les Russes, est Tarcow, sur cette mer. *Daghestan.*

Le Kharasme, entre la mer Caspienne et le lac Aral, où se déchargent le Gihon ou Géhon et le Sir, et au nord du Khorasan, province de Perse, est possédé par les Usbecs : Urghens en est la principale ville. Ce pays n'est plus ce qu'il était sous ses sultans. *Kharasme.*

Les Mogols ont donné le nom de Bukharie à toute cette immense étendue de pays comprise entre le Kharasme et le grand désert sablonneux, appelé Kobi, qui sépare la Chine de la Grande Tartarie : elle se divise en grande et petite Bukharie. La première est située entre l'Amu et le Sir (le Géhon ou l'Oxus et le Séhon des anciens) ; c'était la Sogdiane et la Bactriane, dont il est parlé dans les historiens grecs et romains, comme faisant partie du premier et du second empire des Perses. Les Arabes l'envahirent aussi bien que la Perse, sous les califes successeurs de Mahomet, et lui donnèrent le nom de Mawaralnahr, qui a le même sens que celui de Transoxane qu'on lui donnait aussi auparavant : l'un *Bukharie.*

et l'autre désignant des pays au-delà du fleuve, c'est-à-dire de l'Amu. Ils furent ensuite compris, ainsi que la petite Bukharie et d'autres parties de la grande Tartarie, sous le nom général de Turquestan ou Turkestan et même de Turan, quand les Turcs en eurent fait la conquête. Sous les successeurs de Genghiz-khan qui avait annexé ces pays à son vaste empire, la grande et la petite Bukharie reçurent le nom particulier de Zagatay, du second fils de ce célèbre conquérant, dont les descendans y régnèrent après s'être rendus peu à peu indépendans du grand khan, successeur de Genghiz-khan. C'est sur eux que les Usbecs ont fait la conquête de la grande Bukharie dont ils sont encore aujourd'hui possesseurs. Elle a au nord le fleuve de Sir qui la sépare du pays des Eluths ou Kalmouques; à l'orient, le royaume de Kasghar qui fait partie de la petite Bukharie; au midi, l'Indoustan et la Perse; à l'occident, le pays de Kharasme. Elle renferme trois grandes provinces qui portent chacune le nom de leur capitale : Boukhara, Samarcande et Balkh. Boukhara est une grande ville située au milieu d'une plaine fertile et dans laquelle on compte plus de soixante colléges et quatre-vingt mille habitans : elle est le rendez-vous de toutes les nations commerçantes de l'Asie. La ville de Samarcande est située sur une rivière et dans une vallée qui portaient anciennement le nom de Sogd, d'où la Sogdiane des anciens avait tiré le sien, et qui portent aujourd'hui celui de Kouvan; elle fut la capitale du vaste empire établi par Timur ou Tamerlan; on y voit encore son tombeau en jaspe. Bien déchue de son ancienne splendeur, elle possède encore, dit-on, cinquante mille habitans. La ville de Balkh, vers les frontières de la Perse, sur la rivière de Dehask qui se jette dans l'Amu, est, à ce que l'on croit, l'ancienne Bactre où le célébre Zoroastre, législateur des Perses, prit naissance. Indépendamment de ces trois principales villes, il en est d'autres qui méritent qu'on en fasse mention : comme Karshi, sur la rivière de Tum, entre Boukhara et Samarcande, et dépendante de la première de ces deux provinces; Otrar, nommée par les Arabes, Férab, l'ancienne capitale du Turquestan sous Kavar ou Kur-khan, située sur une petite rivière qui se décharge dans le Sir ou Sihoun, à deux lieues de là, dans la province de Samarcande ainsi que Tachkund et Kojende sur le Sir; Saghanian, sur la rivière de ce nom qui se jette dans l'Amu; Kash ou Kesh, le berceau de la puissance de Timur-beg ou Tamerlan, à l'est de Karshi et au sud de Samarcande qui en sont peu éloignées; Anghien, vers les sources du Sir, à l'orient, du côté de Kashgar et dans la province de Balkh; Anderab et Badagshan, au pied des hautes montagnes qui séparent l'Indoustan et la Perse de la Grande Tartarie, et dans lesquelles l'Amu prend sa source, sous le nom d'Harrat.

La petite Bukharie est située entre la grande Bukharie, à l'occident, et la Tartarie chinoise, à l'orient. Elle est séparée de la Chine, dont elle dépend aujourd'hui, et du Tibet, au midi, par une partie du grand désert. L'épithète de petite, qu'on lui a donnée pour la distinguer de l'autre Bukharie, n'a aucun rapport avec son étendue, qui est au contraire bien plus considérable;

mais elle fait allusion à son peu de population et à la petite quantité de villes qu'on y trouve comparativement à la grande Bukharie. Elle comprend l'ancien royaume de Kashgar, les provinces d'Aksu, de Turfan et de Kerniel, quatre villes qui leur ont donné leur nom. Kashgar fut long-temps la capitale du Turquestan ou de l'empire des Turcs, en Tartarie, et de celui fondé par les Leao occidentaux ou Karakitayens avant Genghiz-khan, et depuis le siége des descendans de son fils Zagataï ou Jagatay qui fondèrent un royaume dont ils ont été dépossédés par les Eluths, en 1683. Elle est située au pied des montagnes qui séparent la petite Bukharie de la grande, sur une rivière qui, tombant de ces montagnes, va se perdre dans le désert. Les autres villes de ce royaume de Kashgar, sont Yarken, au sud-est, sur une rivière de ce nom qui se jette dans le lac de Lop; Koton, au sud-est d'Yarken. C'est au pied des montagnes de la province d'Aksu, situées au nord-est de Kashgar, que prend sa source la rivière d'Ili, qui, après un cours de cent vingt lieues, se jette dans le lac Palkati.

Les Bukhares ou anciens habitans de la Bukharie sont presque tous marchands et font un grand commerce en Perse, aux Indes, à la Chine, en Russie : c'est ce qui leur a fait donner, par les Tartares, le nom qu'ils portent et qui veut dire *marchand*. Leur pays est assez productif partout où il est cultivé : on y trouve beaucoup de plantes aromatiques. La soie est une des principales branches de leur commerce, et c'est ce qui avait fait donner à leur pays, par les anciens, le nom de *Sérique*.

Au midi de la petite Bukharie et du pays habité par les Eluths, au-delà du grand désert, est le Tibet, vaste pays qui confine à la Chine du côté de l'est, et à l'Inde du côté du sud. Il se divise en grand et petit Tibet : celui-ci est au nord du royaume de Cachemire, l'autre est appelé Boutan, par les Indiens. *Tibet.*

C'est dans la partie la plus orientale du grand Tibet, au-dessous des sources du Ta-kiang et du Hoang-ho, les deux plus grands fleuves de la Chine, que sont les restes des Sifans qui avaient fondé autrefois un si grand royaume dont le Tibet n'était que la moindre partie, lequel fut détruit par le fameux Genghiz-khan.

Le Tibet est arrosé, d'occident en orient, par le Sa-tcheou, qui, après avoir traversé la partie occidentale du Yun-nan, en Chine, sous le nom du Lan-thsang-kiang, entre dans l'Inde Transgangétique sous celui de Menam-kong, coulant au sud à travers le royaume d'Ava, pour aller se décharger dans le golfe de Bengale ; par l'Oir-tcheou qui passe dans le Yun-nan, sous le nom de Nou-kiang ou Lou-kiang, et entre dans l'Inde Trans-gangétique, sous celui de Thsan-louen; enfin par le Zang-ba-tcheou, qui en parcourt presque toute la partie méridionale qu'il quitte en prenant le nom de Pin-liang-kiang, pour traverser l'empire des Birmans sous celui d'Iraouady. Indépendamment de ces fleuves, le Mou-roui-oussou a sa source dans le nord-est du Tibet, reçoit ensuite le nom de Bouraï-tcheou dans la partie de cette contrée qu'il arrose, puis celui de Kin-cha-kiang après sa réunion en Chine avec le Ya-loung-kiang, qu'il conserve jusqu'à la ville Sin-tcheou où il porte alors celui de *Fleuves.*

Takiang (grand fleuve) jusqu'à son embouchure, où est nommé, par les Chinois, Yang-tsu-kiang (le fleuve fils de l'Océan). C'est le plus grand fleuve de l'empire.

Le terroir du Tibet est assez productif : la rhubarbe qu'il fournit est excellente. On trouve dans ses bois l'animal qui porte le musc qu'on tire d'une poche ou vésicule que l'animal a sous le ventre.

Leï ou Ladak, située sur le Sanpo, est la capitale du petit Tibet; H'lassa est celle du grand Tibet et le siége du Dalaï-Lama ou grand Lama, le souverain pontife des Tartares et le chef de leur religion, ayant pour objet de son culte le Dieu Fô. Comme cette religion, qui est celle d'une grande partie des peuples de l'Inde, a des pratiques assez analogues avec celles du catholicisme, et que le grand Lama qui a sous lui un si grand nombre de Lamas et de Kutuktus ou Prêtres, et qui est l'image vivante de Fô sur la terre, ressemble assez au Pape, centre de l'unité catholique et vicaire de Notre Seigneur Jésus-Christ, quelques savans ont pensé que les chrétiens hérétiques fuyant les rigueurs exercées contre eux par les empereurs Greco-Romains catholiques, auraient pu introduire chez ces peuples cette religion corrompue. Le grand Lama est prince temporel, sous la protection de l'empereur de la Chine qui tient à H'lassa un *Tazin* qui le représente et y exerce comme une autorité de vice-roi.

Les Kalkas et les Monguls, principales tribus tartares, mènent une vie errante, habitant sous des tentes ou dans des chariots, et vivant du produit de leurs immenses troupeaux qui consistent en chevaux, chameaux, vaches et brebis, celles-ci remarquables par une queue si longue et couverte d'une si énorme quantité de graisse, que la plupart pèsent bien six kilogrammes. Leur boisson est le lait de leurs jumens. Les Kalkas étaient autrefois indépendans, mais pressés par les Eluths ou Calmouques avec lesquels ils étaient en guerre, ils se sont mis, depuis 1691, sous la protection de la Chine. Quant aux Monguls, s'étant joints aux Mantcheous lorsque ceux-ci firent la conquête de la Chine, ils reconnaissent depuis l'empereur de ce vaste pays pour leur grand khan. Les uns et les autres avec les Eluths leurs voisins, sont les descendans de ces anciens Mogols qui, sous Genghizkhan et ses successeurs, firent de si grandes conquêtes dans le midi de l'Asie et le nord de l'Europe, et en enlevèrent tant de richesses. Ces conquêtes les mirent en relation avec les Arabes. La plupart de leurs princes ou chefs en embrassèrent la religion. Ils prirent aussi d'eux du goût pour les sciences et les arts, et bientôt s'élevèrent, au milieu des déserts et des anciennes forêts de la grande Tartarie, grand nombre de villes considérables qui n'existent plus aujourd'hui : la principale, et qui fut long-temps la capitale du vaste empire de Genghizkhan et de ses premiers successeurs, était Kara-kum ou Kara-korum.

C'est dans le pays habité par les Kalkas que sont les sources du Jenisea et de l'Oby, qui coulant vers le nord, traversent toute la Sibérie ; et celles de l'Amur ou Saghalien qui s'appelle d'abord Onon, puis Schilda, reçoit au-dessous de Niptcheou ou Nersinsk, jolie petite ville, l'Argun qui sort du lac Coulon, et coulant de l'ouest à l'est va se jeter dans le golfe auquel il donne son nom, et qui s'appelle encore mer de Kamtchatka.

Le pays des Mongols et celui des Kalkas sont compris sous le nom général de Mongolie, comme celui des Mantcheous, conquérans de la Chine, sous la dénomination de Mantchourie. Soumise à la même organisation intérieure que ce vaste empire, depuis cette conquête, celle-ci est divisée en trois grands gouvernemens qui portent le nom de leur capitale. Ce sont Chin-yang, appelé Mugden par les Tartares, et ancienne résidence des souverains Mantcheous; Kirin et Titcicar. Le premier qui comprend l'ancien Léaotung ou Léaotong, est le plus important parce qu'il est le plus peuplé et aussi le plus productif. Il abonde en blé, riz, légumes et fruits. Le second, dont la partie méridionale était l'ancienne demeure des Mantcheous, confine par là à la Corée, grande presqu'île tributaire de la Chine. La partie la plus orientale de ce même gouvernement, séparée de la terre de Jéso par un mince détroit (celui de Tessoy), est occupé par les Tartares *Yupi*, assez ressemblans aux sauvages du Canada.

FIN DE LA TROISIÈME PARTIE.

QUATRIÈME PARTIE.

NOTICES

SUR

LA CORÉE, LE JAPON, LE TONG-KING, LA COCHINCHINE ;

DESCRIPTION GÉOGRAPHIQUE

DE L'INDE ET DE L'ARABIE.

NOTICE SUR LA CORÉE.

La Péninsule que les Européens appellent *Corée* et qui n'est connue en Asie que sous le nom de *Trozembouc* ou de *Kauli*, est située entre la Chine à laquelle elle est contiguë à l'occident, et les îles du Japon dont elle n'est séparée, dans sa partie méridionale, que par un bras de mer assez peu étendu en largeur, puisqu'on ne compte que douze lieues de distance entre Pousan, la dernière ville de la Corée, et l'île de Tsussima au sud-est. Elle est jointe au nord à la Tartarie d'où il est probable qu'elle a reçu ses premiers habitans. Les annales de la Chine nous apprennent qu'une des principales colonies qui habitaient ce pays, s'appelait Kau-kin-li et descendait des Tartares. Diverses peuplades Tartares vinrent donc s'y établir dans le principe, et chacune avait ses lois, ses coutumes, ses usages et son prince particulier.

Ki-tse passe pour avoir été le premier roi des Coréens qu'il réunit sous son autorité : il était neveu d'un empereur de la Chine nommé Tcheou. Son oncle le fit emprisonner pour le punir de lui avoir donné quelques avis trop libres; mais Tcheou ayant été détrôné 1122 ans avant notre ère, par Vou-vang, fondateur de la IIIe dynastie, Ki-tse fut remis en liberté. Ce bienfait ne put faire oublier à Ki-tse l'irrégularité de l'élévation de Vou-vang, de sorte qu'impatient d'obéir à un prince qui avait enlevé la couronne à sa famille, il se retira dans la Corée et soumit à ses lois les nations diverses qui l'habitaient. Le père du Halde rapporte cet évènement à l'année 1120 environ, avant J.-C. L'histoire chinoise observe que bien loin de traverser les desseins de Ki-tse, le nouvel empereur Vou-vang l'aida lui-même à parvenir à la royauté. Les différentes colonies qui formaient la population de la Corée, se réunirent donc à cette époque sous un seul chef commun et composèrent un seul royaume et un même peuple.

Ki-tse gouverna ses nouveaux sujets avec beaucoup de sagesse, les polit, les civilisa, et introduisit parmi eux les lois de son pays. Ce prince porta le titre de *Vang*, c'est-à-dire de roi, et le transmit à ses descendans qui en jouirent l'espace de neuf cents ans environ. Mais vers l'an 246 avant J.-C., Tchuang-siang-vang, fondateur de la IVe dynastie chinoise, subjugua la Corée et réduisit ses rois au titre subalterne de *Hean* qui, selon le père du Halde, répond au titre de marquis parmi nous, lequel ne leur donnait qu'une autorité très bornée. Quarante ans après, un prince de la famille de Ki-tse, nommé Chun, reprit le titre de *Vang*, dont il ne jouit pas long-temps, ayant été détrôné vers l'an 200 avant J.-C. En lui s'éteignit la race de Ki-tse, après avoir régné sur les Coréens, environ neuf cent quarante ans.

Sur l'anéantissement de cette première dynastie, s'en éleva une seconde qui eut pour fondateur un aventurier chinois nommé Vey-man ou Ny-ang, né dans la province de Pe-tche-li. S'étant mis à la tête de quelques bandits, il réussit à s'emparer du trône de la Corée. Pour s'affermir dans son usurpation, il rechercha successivement l'appui de plusieurs monarques de la Chine, et obtint enfin le titre de *Vang*, de l'empereur Weng-ti. La royauté ne demeura pas long-temps dans la famille de cet usurpateur : 110 ans environ avant J.-C., Yeu-kin, petit fils de Vey-man, ayant été massacré, les Chinois profitèrent des troubles occasionnés par cet évènement sinistre, pour subjuguer de nouveau la Corée. Une partie de la presqu'île fut annexée au Leao-tong, province appelée aujourd'hui Chan-tong ; le reste fut divisé en quatre provinces dont le gouvernement fut confié à autant de vice-rois.

L'an 25 avant J.-C., la monarchie coréenne se releva, mais ses rois se soumirent à payer un tribut à l'empereur de la Chine. Depuis lors la Corée a subi plusieurs autres révolutions; tantôt esclave, tantôt tributaire des Chinois, quelquefois indépendante, mais presque toujours en guerre avec ce peuple si voisin.

Les Japonais et les Tartares l'ont aussi soumise en différens temps. Les premiers lui firent la guerre dès le VIe siècle et en subjuguèrent une partie. Ils y possèdent encore aujourd'hui un petit territoire appelé Tsiosi-in, situé sur la frontière maritime la plus rapprochée de Tsussima, l'une des îles dépendantes du Japon.

Pendant la dernière guerre contre les Japonais, vers la fin du XVIe siècle, sous l'empereur Taikosama, les Coréens, dont l'humeur n'est rien moins que belliqueuse, abandonnèrent lâchement leur roi qui fut tué de la main du général ennemi, et allèrent se cacher dans les bois où il en périt beaucoup plus par la faim que par le fer.

Ils se comportèrent avec la même lâcheté dans la fameuse invasion des Tartares qui firent précéder la conquête de la Chine, en 1644, de celle de la Corée qu'ils commencèrent par subjuguer, pénétrant ensuite de là dans la Chine. Ceux-ci avaient déjà fait plusieurs excursions dans cette péninsule qu'ils avaient ravagée et conquise même à diverses reprises. Mais les annales des Coréens s'expliquent d'une manière très-confuse sur ces différens évènemens, et dans celle de la Chine, à peine en trouve-t-on quelques vestiges; c'est pourquoi nous nous arrêterons là sur l'histoire de ce peuple.

Nous venons de voir quel est son caractère : lâche et

pusillanime, il redoute sa destruction et met au rang des plus grandes infortunes la triste obligation pour lui d'exposer ses jours dans les combats.

Passons à son gouvernement à la tête duquel est un roi qui doit aux monarques de la Chine un tribut et des hommages qui se renouvellent chaque année. Les rois de Corée, à leur avènement au trône, sont tenus de se faire confirmer par l'empereur de la Chine qui envoie deux mandarins pour leur conférer le titre de *Koué-vang*, c'est-à-dire de roi. Le prince reçoit à genoux cette espèce d'investiture, moyennant huit cents taëls, c'est-à-dire quatre mille francs de notre monnaie, qu'il est obligé de payer pour l'obtenir, indépendamment du tribut annuel.

Quoique vassaux et tributaires, servilement dépendans des monarques chinois, les rois de Corée exercent sur leurs sujets une autorité absolue et sans bornes. Le fond de toutes les terres leur appartient : nul particulier, de quelque rang qu'il soit, n'a la propriété d'aucun domaine. Le roi donne les terres à qui il lui plaît et pour le temps qu'il veut, et elles rentrent dans le domaine royal à la mort de ceux à qui il en a accordé le simple usufruit. Les richesses du roi consistent dans le produit de ses domaines et des droits qu'il perçoit sur les terres qu'il cède aux particuliers. Il a le dixième de tout ce que la terre et la mer produisent. Ce dixième se paie en nature, et on le dépose dans des magasins royaux, construits dans les villes et villages pour le recevoir. Le dixième de toutes les productions de la terre se recueille au temps de la moisson, dans les champs mêmes, avant qu'on en ait rien enlevé. Personne n'est exempt de ce tribut, indépendamment duquel chaque particulier, qui n'est pas soldat, doit travailler trois mois de l'année pour le service du prince. Cette corvée fort onéreuse, appelée *Vecquan* dans le Tonquin, consiste à travailler aux réparations des chemins, des remparts des villes, des palais royaux et de tous les édifices publics. Ceux qui veulent s'exempter personellement de ces travaux, doivent fournir un remplaçant qui puisse s'en acquitter en leur nom.

Le prince a un conseil d'état composé de plusieurs ministres qui s'assemblent chaque jour dans son palais. Nul d'entr'eux n'a le droit d'opiner s'il n'est interrogé par le prince. Il leur est défendu de se mêler d'aucune affaire, sans un ordre exprès du souverain; si leur conduite est irrépréhensible, il les laisse jouir de leur emploi pendant toute leur vie; il en use de même à l'égard des autres officiers de la cour. Ils meurent ordinairement dans leurs charges s'ils s'en acquittent bien, mais elles ne passent point à leurs enfans. Pour ce qui est des gouverneurs des places et des magistrats des villes ou des provinces, leur emploi n'est que triennal. Le prince entretient partout un grand nombre d'espions qui l'avertissent presque toujours des malversations de ses agens: la mort ou le bannissement en sont les peines ordinaires.

C'est à la tyrannie qu'exerce le souverain sur ses sujets, qu'il faut attribuer ce caractère timide et bas, incapable de tout sentiment généreux, que nous avons fait observer dans le peuple de la Corée : en un tel pays, la justice criminelle doit s'exercer avec la plus grande sévérité. Les rebelles et les traîtres sont exterminés avec toute leur race, et la maison du coupable est rasée. Une femme qui tue son mari est enterrée toute vive, jusqu'aux épaules, sur un grand chemin ; près d'elle est placée une hache : chaque passant qui n'est pas noble doit lui donner un coup sur la tête, jusqu'à ce qu'elle expire. Les magistrats du lieu où l'attentat s'est commis, sont interdits pour un temps. Si c'est une ville considérable, elle perd son gouverneur et tombe dans la dépendance d'une autre ville; même châtiment pour les villes qui se révoltent contre leur gouverneur-commandant, ou qui intente contre lui une accusation qui se trouve injuste.

Un mari qui surprend sa femme en adultère ou dans quelque autre faute du premier ordre, a le pouvoir de la tuer si le délit est bien prouvé. S'il la met entre les mains des juges, elle est condamnée à mort, mais on lui laisse le choix du supplice : elle se fait communément couper la gorge.

L'adultère est également puni de mort parmi les hommes, principalement parmi les gens de qualité. Le père du coupable, s'il existe, ou bien son plus proche parent, doit faire l'office d'exécuteur. Le patient peut choisir le genre de mort qui est ordinairement de se faire percer le dos à coups d'épée.

Il est permis à un maître de tuer son esclave pour la faute même la plus légère ; mais si l'on ôte la vie à l'esclave d'autrui, on est condamné à payer au maître de l'esclave trois fois sa valeur. La peine de mort est prononcée contre l'homicide exercé sur une personne libre : on foule aux pieds le coupable, et après lui avoir fait avaler une certaine quantité de vinaigre dans lequel le cadavre du mort a été lavé, on l'achève à coups de bâton appliqués sur le ventre. Un simple voleur est foulé aux pieds jusqu'à la mort.

Ceux qui refusent de payer leurs créances, même envers le roi, sont condamnés à recevoir la bastonnade sur les os des jambes, et de quinze en quinze jours ce châtiment se renouvelle jusqu'à parfait payement. S'ils meurent sans s'être acquittés, leurs parens sont tenus d'y satisfaire sous peine de subir aussi la bastonnade, peine très commune et qui n'a rien de flétrissant. On l'applique tantôt sur les jambes, tantôt sur la plante des pieds, et plus ordinairement sur le derrière. Quant à celle qui s'applique sur les os des jambes, on ne doit pas donner de suite plus de trente coups, mais deux ou trois heures après, l'exécution est répétée jusqu'au nombre porté par la sentence. On frappe les os avec une latte de bois d'aulne ou de chêne de la longueur du bras, large de deux doigts et de l'épaisseur d'une pièce de cinq francs environ, un peu ronde d'un côté. Pour la bastonnade sur le derrière, cent coups sont équivalens à la mort, et cinquante même ont quelquefois produit cet effet mortel. Les femmes qui sont condamnées à la recevoir prennent un caleçon. La bastonnade sur le gras des jambes se donne avec des baguettes de la grosseur du pouce : c'est le châtiment réservé aux femmes et aux jeunes apprentis.

Les gouverneurs particuliers des villes et les juges

subalternes ne peuvent infliger une peine capitale que leur sentence n'ait été confirmée par le gouverneur-général de la province. Les criminels d'état ne peuvent être jugés que par le conseil royal qui ne peut néanmoins décider de leur sort sans en instruire le prince dont l'autorité suprême est toujours invoquée en ces grandes occasions comme en bien d'autres.

La capitale et le siége du gouvernement de la Corée est Han-yang-tching, située au centre de la péninsule, et appelée improprement King-ti-tao. Le pays est abondant en froment et en riz. Les montagnes recèlent de riches mines d'or et d'argent, et l'on pêche, sur ses côtes, de très-belles perles. Les Coréens ont, comme à la Chine, les plus grands sentimens de piété pour leurs morts; ils gardent quelquefois chez eux, jusqu'à trois années consécutives, depuis leur décès, les corps de leurs parens défunts, dans leur cercueil, avant de les enterrer, et pendant tout ce temps, ils leur rendent les plus grands honneurs.

NOTICE SUR L'EMPIRE DU JAPON.

Avant de passer à l'histoire du Tong-king, nous dirons un mot de l'empire du Japon si voisin de la Corée, dont il n'est séparé que par le détroit de ce nom. Il est compris entre les 29° et 49° degré de latitude nord, et entre les 126° et 148° degré de longitude est.

Les Portugais, Martin Alfonse de Souza étant alors

leur vice-roi dans les Indes Orientales, en firent la première découverte, par hasard, en 1542, ayant été jetés par la tempête dans le port de Cangoxima, dans l'île de Kiusiu, et ils ont continué d'y trafiquer jusqu'à ce que les Hollandais sont venus les y supplanter (*).

Origine de sa population. Ces îles ont été tout-à-fait inconnues aux plus anciens géographes, et il ne parait pas qu'on ait des données bien certaines sur l'origine de leur population. Il y en a qui prétendent que quelques familles chinoises ayant été enveloppées dans une conspiration, qui échoua, contre l'empereur, furent obligées de sortir de la Chine et allèrent peupler les îles du Japon qu'elles trouvèrent désertes. D'autres veulent que les premiers habitans de ce pays aient été des Tartares : les uns et les autres peuvent avoir raison, car s'il y a de grands rapports de ressemblance entre les Chinois et les Japonais, il y en a aussi entre ceux-ci et les Tartares; ce qui n'empêche pas de supposer que quelques vaisseaux jetés en différens temps sur les côtes du Japon, par les tempêtes ou les vents contraires, n'aient aussi contribué à peupler ces îles, ce que semblerait prouver la gran-

(*) L'histoire a eu soin de conserver à la postérité les noms des trois Portugais qui firent cette découverte : ce furent Antoine de Mota, François Zeimoto et Antoine Peixota. Ils étaient à bord d'une jonque chargée de cuirs et qui allait de Siam à la Chine. Au reste le célèbre vénitien Marc-Paul (Marco-Paolo), qui ayant servi long-temps sous l'un des fils de Genghiz-khan, avait voyagé par terre à la Chine, au XIIIe siècle, nous avait donné les premières notions de ces îles qu'il appela *Zipangri*. Le souvenir de cette relation qui fut négligée par ses contemporains, mais dont sut tirer parti un homme de génie, ne contribua pas peu à encourager Cristophe-Colomb dans l'exécution de l'entreprise qu'il avait formée de chercher un monde nouveau qui joignît l'occident à l'orient.

de quantité d'idiomes qui se parlent dans le Japon.

Époque de l'établissement de sa monarchie.

On ne fait remonter la monarchie Japonaise que jusque vers le milieu du VIIe siècle avant notre ère (*). Son fondateur, pour se donner de l'autorité sur des peuples barbares qu'il voulait civiliser, trouva le secret de leur faire accroire qu'il était descendu du soleil (**), aussi reçut-il les honneurs divins après sa mort. Ses descendans ont été les *Daïri* qui conservèrent leur double autorité spirituelle et temporelle jusqu'au XVIe siècle, époque où ils furent obligés de la partager en cédant la dernière au *Seogun* ou général en chef de leurs troupes, qui prit le titre de *Cubo*. Cette révolution produisit le plus grand désordre dans l'empire. Les gouverneurs des provinces secouèrent le joug de la dépendance et affectèrent la royauté. On en compte jusqu'à soixante-dix qui se firent rois. En 1573, Nobunanga, roi de Bokri, détrôna le troisième Kubo, et faisant la guerre aux autres rois, en subjugua une bonne partie. Son successeur Taïcosama, en 1583, acheva de réduire les autres, et réunit l'empire sous sa seule domination, laissant aux

---

(*) Les Japonais, pour ne point le céder aux Chinois en ancienneté, font précéder cette troisième race royale d'une seconde de héros ou demi-dieux, et cette seconde d'une première de sept dieux, qu'ils font régner sur le Japon des milliers d'années. Ces trois races sont évidemment les mêmes qui se retrouvent dans la chronologie des anciens Egyptiens, ce qui prouve que ceux-ci ne sont pas étrangers à la religion des Japonais et des Indiens, ainsi que nous l'avons observé ailleurs; car c'est de l'Inde que le culte des idoles est venu au Japon, ainsi que le Bouddhisme.

(**) Souvenir conservé dans le mot chinois composé *Ge-puen-gin*. (*Gin* signifiant *un homme; Puen, origine; Ge, soleil,*) d'où le mot tartare *Zipangri*.

princes vaincus le vain titre de roi, sans l'autorité, pour se faire honneur de commander à des têtes couronnées. Il n'osa rien innover dans les affaires de la religion, et le Daïro continua de posséder le souverain pontificat et de recevoir des honneurs qui tiennent presque de l'adoration, mais sans aucun pouvoir temporel.

Culte. Les Japonais ont une infinité d'idoles dont la principale est Amida qu'ils considèrent comme l'image du Dieu Suprême, et après laquelle vient Xaca, qui passe parmi eux pour leur législateur et le fondateur de leur religion. Les processions, les pélérinages, la confession des fautes, les pénitences publiques sont pratiquées dans le culte qu'ils rendent à leurs fausses divinités. C'est pour eux un grand bonheur de se faire écraser sous les roues des chariots qui portent leurs idoles, ou étouffer dans la foule de ceux qui se pressent tout autour de ces vains simulacres. Ils portent le plus grand respect à leurs prêtres qui prêchant, d'une manière touchante et persuasive, une morale assez pure, vivant dans la retraite et affectant le plus grand recueillement, la plus grande austérité de mœurs, ne négligent rien pour se concilier la vénération des peuples. Ils brûlent leurs morts et observent, avec la plus grande exactitude, un deuil de deux ans; ceux qui le portent demeurent séparés tout-à-fait de la société pendant sa durée. Ils sont religieux observateurs de leur parole, polis, prévenans, de mœurs douces, mais vindicatifs à l'excès et gardant la rancune; d'une grande sobriété, ils ne se nourrissent que de riz, de légumes et de fruits, ce qui ne les empêche pas de se livrer aux plus rudes travaux.

Non moins industrieux que les Chinois, mais plus braves, ils affectent le plus grand mépris de la mort, s'ouvrant le ventre pour le plus mince sujet, quoiqu'ils s'abstiennent de verser le sang des animaux utiles dont il leur répugne de manger la chair. Leurs médecins, habiles à pronostiquer le genre de la maladie par la seule inspection du pouls, comme ceux de la Chine, pratiquent le moxa.

Passons à la description géographique de l'empire du Japon :

C'est à l'orient de l'empire de la Chine, qu'est situé celui du Japon, auquel on attribue une population de vingt-cinq millions d'habitans. Il se compose de différentes îles plus ou moins grandes, dont les principales sont celles de Niphon, d'Ieso, de Kiusiu et de Sikokf. Celle de Niphon, la plus considérable de toutes, est séparée de celle d'Ieso, au nord, par le détroit de Sungar ou de Matsmaï ; et de celle de Sikokf, au sud-est, par le mince canal Kino ; celle-ci, de celle de Kiusiu, par le canal Bungo. Le détroit de la Pérouse sépare l'île Ieso de celle de Tarrakaï ou Seghalien, située vers l'embouchure de la rivière de ce nom ou d'Amur, au sud-ouest du Kamtchatka. L'île d'Ieso est séparée, à l'est, de celle des États, par le détroit du Pic ; et celle-ci, encore à l'est, de celle de la Compagnie, par le détroit d'Uriez. Ces deux dernières font partie des Kuriles, dont la plupart dépendent de la Russie.

La température des îles Japonaises, sillonnées de montagnes qui offrent plusieurs pics élevés, et bordées de côtes hérissées de rocs escarpés, toujours battus par

Température.

les vagues d'une mer sans cesse agitée, est très-variable. L'été y est d'une chaleur excessive, modifiée cependant assez souvent par les vents de la mer. L'hiver y est fort rude. Le terroir de ces îles est peu fertile; ses principales productions sont le riz et le thé. Les mines d'or, d'argent et d'étain y sont abondantes; il y en a aussi de cuivre et de fer. On y trouve des agathes et des perles rouges dont on fait autant de cas que des blanches. On y fabrique de belles porcelaines supérieures à celles de la Chine, et on y élève une grande quantité de vers-à-soie; on y voit les mêmes animaux, soit sauvages, soit domestiques, qu'en Europe. Ces îles ont plusieurs volcans et les tremblemens de terre y sont fréquens. Indépendamment des arbres fruitiers et autres qui leurs sont communs avec nous, et des orangers et citronniers qui y viennent parfaitement, elles en ont d'autres qui leur sont particuliers.

Terroir. — Production

Le Kadsi ou arbre à papier, ainsi nommé parce que de son écorce on fait du papier; on en fait aussi des cordes, du drap, des étoffes et de la mèche.

L'Urusi qui fournit un jus blanchâtre dont on se sert pour vernir tous les meubles, les plats, les assiettes.

Le Kus, dont on obtient du camphre par une simple décoction de ses racines et de son bois.

Une espèce de chêne, fort différent du nôtre, dont les glands bouillis offrent une bonne nourriture, à peu près comme nos châtaignes.

Une infinité de plantes dont les racines, les fleurs ou les fruits servent également de nourriture aux habitans, ou dont ils font des teintures, comme de la plante nomméc *Sen*; ou de l'huile, comme de celles qu'ils appellent *Dsin*.

Une grande variété de fleurs qui l'emportent sur toutes celles des autres pays, sinon par l'odeur qu'elles exhalent, du moins par le grand éclat de leurs couleurs.

Les Japonais ne reconnaissaient autrefois et depuis la fondation de leur empire, qu'un seul prince réunissant sur sa tête l'autorité civile et le sacerdoce, et qui résidait à Miaco; mais un de ses lieutenans, qu'il avait mis à la tête de ses armées, abusant du pouvoir militaire qui lui avait été confié, renonça à toute obéissance, se rendit entièrement indépendant et détrôna enfin son souverain auquel il ne laissa que le pontificat dont il n'osa le dépouiller à cause de la vénération des peuples pour ce caractère sacré. Il s'établit à Yédo et prit le titre de Kubo; l'autre conserva celui de Daïro et continua de résider à Miaco. Depuis lors, il y a deux souverains au Japon : l'un spirituel et l'autre temporel. Les femmes n'y sont exclues ni du trône pontifical, ni du trône impérial.

Gouvernement civil et religieux.

Yédo, grande ville peuplée d'un million d'habitans, est devenue la capitale de l'empire. Elle est située dans une vaste plaine, au fond d'un golfe, à l'embouchure du Tongak.

Villes.

Miaco, autre grande ville peuplée de cinq cent mille habitans, et située à l'ouest de Yédo, dans une plaine environnée de collines agréables, et arrosée par le Kamo-Gawa, affluent du Yodo-Gawa, est l'entrepôt de toutes les marchandises du Japon.

Outre ces deux principales villes, l'île de Niphon a encore Osaka, excellent port à l'embouchure du Yodo-Gawa et au sud-ouest de Miaco, et qui passe pour la troisième ville de l'île à cause de l'importance que lui donnent son commerce et son industrie.

Dans l'île Kiusiu, on trouve Nangasaki, ville très-grande et très-peuplée, sur la côte occidentale, avec un bon port, au milieu duquel est la petite île Desima, où les Japonais conservent encore quelques relations de commerce avec les Chinois et les Hollandais, les seuls peuples admis aujourd'hui à trafiquer dans ce seul port.

Dans l'île Sikokf, on trouve Tonsa.

Dans l'île Ieso, Matsmaï, ville assez grande où l'on compte cinquante mille habitans; elle est située sur une vaste baie, sur le détroit de son nom.

Introduction du christianisme au Japon.

Saint François Xavier entra au Japon au mois d'août de l'année 1549 et y demeura jusqu'à la fin de l'année 1551. Il y fut attiré par un seigneur japonais qui, sur la réputation de la sainteté du nouvel apôtre et le bruit que faisaient les guérisons miraculeuses qu'il opérait, était venu le trouver aux Indes en 1546, et après avoir reçu de lui une instruction chrétienne et le baptême, en 1548, proposa de l'amener avec lui de Goa, d'où le saint partit pour le Japon, avec deux religieux de son ordre. Le succès de ses prédications dans le nouveau pays qu'il évangélisait, fut prodigieux, et en peu de temps il y eut au Japon jusqu'à un million huit cent mille chrétiens, parmi lesquels une vingtaine de rois ou gouverneurs de provinces, grand nombre d'officiers de la couronne et des armées impériales. La ferveur de ces néophytes tenait du prodige et faisait l'admiration du monde chrétien. Les merveilles de la primitive église se renouvelaient. D'autres jésuites continuèrent l'œuvre de Xavier et ceux de leur ordre, travaillèrent seuls à la conversion des idolâtres au Japon, jusqu'à l'année 1593 que les franciscains y arrivèrent des Philippines. Ceux-ci y furent suivis des dominicains et des augustins. Cette multiplicité d'ouvriers évangéliques nuisit à l'œuvre à cause du peu d'accord qui régnait entre des religieux de différens ordres; des paroles indiscrètes allumèrent la persécution contre les missionnaires et leurs prosélytes. Le sang des martyrs coula à grands flots sous l'empereur Taicosama; et quelle constance, quel héroïsme manifestèrent ces nouveaux athlètes, ces hommes régénérés, fortifiés dans la foi, *en spectacle à l'univers étonné!* La mort de Taicosama ralentit la persécution, et sous le règne suivant, l'église du Japon brilla du plus grand éclat, et par le nombre de ses membres et par leurs vertus éclatantes, jusqu'en 1614, époque où la persécution, qui jusqu'alors ne s'était fait ressentir que dans quelques provinces, devint générale, et ne cessa que lorsque le christianisme eut été enseveli dans le sang de ses généreux confesseurs, ce qui arriva en 1638, sous le règne de l'impératrice Mikaddo.

La jalousie qui s'était élevée pour le commerce, entre les Espagnols des Philippines et les Portugais de Macao, sujets alors néanmoins du même prince, et les mauvais exemples donnés par les chrétiens venus de l'Europe, furent les premières causes de la décadence du christianisme au Japon. Les Hollandais qui entrepri-

Sa décade

rent de supplanter les uns et les autres, et qui y ont enfin réussi, lui portèrent les derniers coups. Ils ne manquèrent pas de profiter de toutes les fautes que firent les catholiques, pour les rendre odieux et suspects, et parvinrent si bien à persuader les Japonais, qu'en 1640 ceux-ci firent couper la tête à des ambassadeurs portugais, et confisquèrent leur navire contre le droit des gens. Dès ce moment ils ont pris les plus grandes précautions pour ne plus laisser entrer chez eux aucun catholique, et ceux qui y pénètrent y courent les plus grands dangers s'ils sont reconnus, parce qu'il y a peine de mort prononcée contre eux.

Les ministres du Saint Évangile qui ont reçu la mission divine de l'annoncer à toute créature humaine, remplis de zèle et de charité pour le salut de leurs frères, à l'exemple de leur divin maître, n'ont pas laissé de tenter de pénétrer de nouveau dans le Japon pour y gagner encore des âmes à J.-C., malgré la terrible expectative des tourmens qui leur étaient réservés et de la mort même à laquelle ils s'exposaient, mais rien n'a pu les détourner de l'exécution des ordres qui leur avaient été donnés d'en haut, et c'est à ce généreux dévouement qu'on reconnait le missionnaire catholique.

Le gouvernement japonais, pour éprouver ceux qu'il suspecte de catholicisme, les oblige de fouler aux pieds la croix. On a vu les Hollandais, préférant l'intérêt de leur commerce à tout autre intérêt, consentir à cette épreuve et la subir sans hésiter. Que dis-je? peut-être l'ont-ils eux-mêmes provoquée. *Quid non mortalia pectora cogis, auri sacra fames?*

NOTICE SUR LE TONG-KING.

Le Tong-king, Ton-kin ou Tonquin, situé entre la province chinoise d'Yun-nan et la Cochinchine, au-delà du tropique du Cancer, est la plus belle contrée de l'Indo-Chine par la pureté de son ciel, la fertilité de son terroir, l'abondance et l'excellence de ses productions; aussi la population y est-elle nombreuse et les habitans fort industrieux. Il n'y vient ni blé, ni vin, mais du riz en abondance dont on fait de la boisson et de la bonne eau-de-vie. On en tire de la laque, du vernis, de la belle soie. Parmi les fruits délicieux qu'on y trouve, il faut distinguer l'ananas. Les poules, les canards, les tourterelles et autres oiseaux tant sauvages que domestiques, les bœufs, les vaches, les porcs y multiplient extrêmement; mais on n'y voit ni ânes, ni brebis. Sa capitale est Ketcho ou Catchao sur le Sankoï. Les terres sont arrosées par grand nombre de rivières qui contribuent au rafraîchissement de l'air.

L'origine des Tonquinois est ancienne, mais les premiers temps de l'existence de leur monarchie sont couverts des ténèbres les plus épaisses, d'une obscurité impénétrable; il ne faut pas s'en étonner : ce peuple a ignoré pendant plusieurs siècles l'art de l'écriture, et l'on n'a pu découvrir comment l'usage des caractères vint à s'introduire parmi eux. Les premières histoires qu'ils ont composées depuis qu'ils ont trouvé les moyens de transmettre leurs idées à la postérité, ne sont qu'un tissu d'aventures et de traditions sans ordre ni aucun degré de certitude. Comment accorder sa confiance à des récits confus d'écrivains inconnus et qui n'offrent par conséquent aucune garantie? Les Chinois appellent les Tonquinois *Mansos*, c'est-à-dire barbares, nom qu'ils donnent à tous les peuples qu'ils regardent comme étrangers. Il s'en suit de là que cette nation est originairement différente de celle des Chinois. On a trouvé d'ailleurs de grands traits de ressemblance entre les Tonquinois et les Indiens, soit pour la manière de se couvrir et de s'habiller, soit pour d'autres usages particuliers, comme celui de noircir leurs dents naturellement très-belles et fort blanches, dès l'âge de puberté, et d'aller pieds nus, soit pour la conformation de l'orteil droit qui s'écarte des autres doigts du pied. Toutes ces considérations on fait conjecturer que le Tonquin avait pu être originairement peuplé par une colonie indienne.

L'on a trouvé néanmoins la race d'hommes qui habite le Tonquin assez belle pour la soupçonner Mogole. Les femmes y sont extrêmement remarquables par la beauté de leurs yeux noirs et brillans qui donnent à leur physionomie la plus vive expression.

On a soupçonné, avec quelque raison, que long-temps avant l'expédition des Chinois, dont nous allons parler, ceux-ci avaient non seulement inquiété, mais encore soumis le Tonquin, parce qu'il n'est nullement probable que lorsque les Chinois donnaient des lois à tous leurs voisins, lorsque leur empire était dans un si haut degré de puissance que ses limites s'étendaient jusqu'au royaume de Siam, les Tonquinois aient évité le joug, eux que le voisinage exposait le plus aux premiers efforts de ces conquérans.

Un des premiers rois dont l'histoire du Tonquin fasse mention, est Ding qu'une troupe de brigands plaça sur le trône. Il régnait, dit-on, 200 ans environ avant J.-C., c'est-à-dire dans un temps où les Chinois dominaient dans la haute Asie. Les historiens s'accordent peu sur les circonstances de son usurpation, mais il pourrait bien se faire qu'il eût enlevé le Tonquin aux Chinois. Quoi qu'il en soit, tous les historiens conviennent que s'étant rendu odieux par ses violences, Ding fut massacré par ses sujets. A cette révolution succédèrent de longues guerres qui se terminèrent par l'élection d'un roi nommé Le-day-han, sous le règne duquel les Chinois entrèrent à main armée dans le royaume, irruption des troupes chinoises qui est la première dont il soit fait mention dans les annales du pays. Le-day-han résista avec beaucoup de valeur à cette inondation de Chinois dans ses états; il les battit même en plusieurs rencontres, mais ne put parvenir à les chasser entièrement. Après sa mort, les Tonquinois placèrent sur leur trône Li-bal-vié, prince qui, à un grand courage joignait une expérience consommée dans le métier de la guerre. Après avoir défait les Chinois dans plusieurs batailles, il eut la gloire et le bonheur de les chasser entièrement du Tonquin. Ce succès l'affermit sur le trône que sa postérité occupa paisiblement pendant cinq ou six générations. Le dernier roi de cette race n'ayant laissé qu'une fille, cette princesse épousa un seigneur d'une famille puissante, avec lequel elle partagea le trône. Un autre seigneur, nommé Ho, jaloux sans doute de la préférence, conspira contre cette reine, défit son mari dans une bataille rangée, et après avoir fait égorger le prince et la princesse, s'empara du sceptre. Cette lâche perfidie et quelques autres violences rendirent l'usurpateur si odieux, que le peuple se révolta contre lui, et, consultant plus son désespoir que la prudence, appela à son secours ses anciens ennemis, les Chinois, qui entrèrent dans le Tonquin avec une armée formidable. Le tyran fut exterminé, mais les Tonquinois furent asservis par leurs propres libérateurs et obligés de se soumettre à la domination des Chinois qui firent gouverner ce royaume par un vice-roi de leur nation. Celui-ci, suivant les vues de sa cour, changea l'ancienne forme de gouvernement et introduisit, dans le Tonquin, la plupart des lois et des coutumes chinoises. Cet état des choses ne subsista pas long-temps : les Tonquinois qui avaient d'abord supporté assez tranquillement leur disgrâce, sentirent bientôt l'amour de l'indépendance se réveiller dans leurs cœurs. Ils prirent les armes dans la résolution d'exterminer les oppresseurs de leur liberté. Un homme intrépide de leur nation, nommé Li, mettant à profit les circonstances, chercha à se frayer un chemin aux honneurs ; il se mit à la tête des révoltés qu'il guida à la victoire ; et la ternissant par son inhumanité, il fit passer au fil de l'épée tous les Chinois répandus dans le Tonquin, sans épargner le vice-roi. Les guerres civiles qui déchiraient alors la Chine ne permirent pas à l'empereur Hum-Véon de tirer vengeance de cet attentat, et le forcèrent au contraire de souscrire à une paix désavantageuse par laquelle les rois du Tonquin se reconnurent, pour l'avenir, vassaux de l'empereur de la Chine, et s'engagèrent en conséquence à lui payer un tribut tous les trois ans, et à se faire confirmer, à leur avènement au trône, par l'empereur qui leur envoyait le sceau dont ils devaient faire usage pendant tout leur règne. Ce traité conclu vers l'an 1200 de J.-C., a reçu son exécution et a été observé depuis lors par les deux nations, avec une fidélité inviolable. Li reçut ainsi la couronne qu'il ambitionnait. Ses descendans occupèrent le trône pendant deux siècles, au bout desquels on vit éclore des révolutions surprenantes.

Vers l'an 1400 de l'ère chrétienne, un simple pêcheur nommé Mack s'empara de l'autorité souveraine qu'il ne put retenir long-temps. Il fut bientôt après détrôné par un autre aventurier appelé Tring, qui, dans la vue de couvrir son usurpation du masque de la justice, publia qu'il ne prenait les armes que pour rétablir la famille de Li sur le trône. Il fit, en effet, couronner un jeune prince de cette race royale, mais il se réserva l'autorité principale, sous le nom modeste de *Chova* ou général du royaume, ne laissant néanmoins au jeune monarque que l'ombre de la royauté.

Ce qui contribua principalement au succès des entreprises de Tring, fut le dévouement du gouverneur de la province de Tingwa ou Tinhoa. Ce mandarin lui avait remis entre les mains toutes les forces de son gouvernement, et pour le favoriser davantage, après lui avoir donné sa fille en mariage, il lui confia en mourant la tutelle d'un fils unique nommé Hoaving. Ce jeune seigneur souffrit impatiemment que Tring, son beau-frère et son tuteur, eût employé pour autrui les forces de son père et toutes les faveurs qu'il en avait reçues, au lieu de s'en servir pour le placer lui-même sur le trône, qui, malgré qu'il fut partagé, ne laissait pas d'avoir des charmes pour lui. Il en conçut un tel ressentiment, qu'il refusa de prêter hommage au nouveau roi et prit ouvertement les armes. Il se saisit de la Cochinchine, ancienne province du Tonquin, située au sud de ce royaume, avec lequel elle confine par la province de Sinuva, la plus importante de la Cochinchine. Il s'y fit proclamer *Chova* par ses troupes, comme avait fait son beau-frère dans le Tonquin. Ces deux généraux se firent, tant qu'ils vécurent, une guerre longue et meurtrière, dont les succès furent balancés, et tous deux régnèrent avec une autorité absolue, l'un dans le Tonquin, l'autre dans la Cochinchine. Ils laissèrent à leurs enfans le titre de *Chova*, dont leurs descendans ont joui jusqu'à la révolution nouvelle qui a réuni le Tonquin à la Cochinchine.

Voici ce que disaient, vers la fin du dernier siècle, les historiens du Tonquin, de son étrange gouvernement.

Bova. On reconnait dans le Tonquin deux souverains, l'un titulaire, l'autre réel. Le premier qui porte le titre de *Bova*, équivalant à celui de roi, est le chef de la maison royale de Li, qui jouit en apparence de tous les honneurs du trône, mais sans en exercer les fonctions et le pouvoir, n'ayant qu'une ombre d'autorité. Ce faible monarque passe sa vie dans l'enceinte de son palais, environné des espions du *Chova*, l'usage ne lui permettant de sortir qu'une fois l'an. Son pouvoir se réduit à confirmer les décrets du *Chova* par de simples formalités : il les signe, y met le sceau royal ; mais il y aurait peu de sûreté pour lui à les contredire. Sa cour est presque déserte ; les grands ne peuvent le visiter que deux fois le mois, le premier et le quinzième jour de la lune.

Le second, appelé *Chova*, exerce presque tous les droits de la souveraineté. C'est en lui que réside véritablement le pouvoir réel de la royauté. Il fait la paix et la guerre ; il crée ou abroge les lois, il rend la justice, dispose des charges, règle les impositions et les taxes publiques. Les Européens lui donnent le nom de roi, et donnent au *Bova* le titre d'empereur, pour le distinguer du *Chova*. C'est à celui-ci qu'on paye les tributs, et quoique le *Bova* soit respecté des peuples, c'est au *Chova* qu'on rend tous les devoirs de l'obéissance. Sa cour est toujours nombreuse. Tous les matins il reçoit l'hommage des ministres, des courtisans et des principaux seigneurs du royaume, qui se rendent à son palais, dès la pointe du jour, pour faire preuve de zèle et de dévouement à son service. Il y a environ trois cents ans que cette forme singulière d'administration subsiste au Tonquin. La dignité de *Chova* est héréditaire. C'est ordinairement l'aîné des fils qui succède au généralat ; mais cet ordre naturel est quelquefois troublé par l'ambition des autres princes, dont les entreprises ont excité plus d'une guerre funeste. La mort de mille *Bova* est moins dangereuse pour l'état que celle d'un

Chova.

seul *Chova*, réflexion qui est passée en proverbe. La succession de celui-là est toujours incertaine ; s'il laisse plusieurs fils, le *Chova* nomme pour lui succéder celui qui lui plaît ; il peut même élever au trône quelque prince collatéral, comme le frère ou le neveu du feu roi ; mais la constitution du royaume exige que la couronne soit toujours conférée à un prince de la maison de Li.

Le *Chova* partage les soins de l'administration civile, avec des magistrats et des ministres entièrement soumis à ses volontés. Chaque province du royaume a son gouverneur particulier ; chaque gouverneur a pour lieutenant un mandarin chargé de rendre la justice et de veiller à l'observation des lois. Il y a deux sortes de lois dans le royaume : les lois chinoises introduites dans le pays au temps de la dernière conquête, vers le XIIe siècle de l'ère chrétienne, et que les Tonquinois ont retenues pour la plupart, composant le droit commun du Tonquin ; et de plus quelques constitutions particulières qu'ils ont conservées. Il y a même dans plusieurs de ces anciennes lois nationales plus de justice que dans certaines coutumes de la Chine ; telle est celle qui leur défend de noyer ou d'exposer les enfans, usage barbare toléré parmi les Chinois. Dans chaque province, il y a plusieurs tribunaux, mais ils sont composés de juges si corrompus, qu'il n'est presque point de crime dont on ne se procure l'impunité pour de l'argent. Au reste, quand une peine capitale a été infligée par le tribunal chargé de juger les affaires criminelles dans chaque gouvernement, la sentence ne peut être exécutée que lorsqu'elle a été confirmée par le *Chova*. Quant aux délits ordinaires, ils sont jugés sans appel. Il y a auprès du *Chova* un conseil souverain qui décide en dernier ressort des affaires les plus épineuses.

Le *Chova* n'a coutume de se marier que dans les dernières années de sa vie, c'est-à-dire dans un âge où il n'a plus d'espérance d'avoir des enfans. C'est toujours une princesse de la famille royale qu'il épouse, mais il entretient un grand nombre de concubines. Celle qui donne le premier fils au *Chova*, est traitée avec beaucoup de distinction, mais elle perd un peu de son importance après le mariage du *Chova*, car le rang de son épouse est supérieur à celui de toutes ses concubines, et on lui donne le titre honorable de *mère du pays*. La concubine qui devient mère, reçoit le titre de *Dueba*, qui veut dire *excellente femme*. L'aîné des fils du *Chova* s'appelle *Chura*, c'est-à-dire jeune général. Il a une cour particulière, composée d'un grand nombre d'officiers. Les autres fils ont le nom de *Duconq*, qui signifie *excellent homme*; et les filles, celui de *Batna*, qui répond au titre de princesse.

La condition d'eunuque n'a rien d'humiliant dans le Tonquin : tous les emplois importans et toutes les richesses de l'état sont entre les mains de ces favoris. Lorsqu'ils meurent, le *Chova* hérite de leurs trésors et n'abandonne à leurs parens que la plus légère partie de leur dépouille.

Les forces militaires que l'état entretient ordinairement, peuvent s'élever à cent cinquante mille hommes, parmi lesquels huit à dix mille cavaliers; mais dans les cas extraordinaires, cette armée s'augmente du double. C'est parmi les eunuques de la cour qu'on choisit ordinairement les chefs et principaux officiers de l'armée, car ces sortes de gens y jouissent d'un grand crédit et leur pouvoir y est fort étendu : les portes du palais leur sont ouvertes à toutes les heures ; ils sont chargés des commissions les plus secrètes, et ils ont toute la confiance du prince. Une de leurs fonctions, est de recevoir les requêtes des particuliers ou des mandarins, pour les présenter au *Chova*, et ils y répondent en son nom. Ces pouvoirs exhorbitans accordés aux eunuques, les rend si fiers et si insolens, qu'ils sont détestés de toute la nation. Cependant, parmi ces hommes efféminés et naturellement corrompus, il s'est trouvé des ministres intègres et des généraux d'une bravoure extraordinaire, dont on a conservé dans le pays le mémorable souvenir.

Au reste, les Tonquinois sont de très-mauvais soldats. Deux causes peuvent y contribuer : le caractère efféminé de leurs chefs d'abord, et ensuite le défaut des récompenses militaires, l'argent ou la protection étant les seules voies qui conduisent à l'avancement, et le courage n'obtenant aucune distinction, car il est presque sans exemple qu'on ait élevé un soldat au-dessus de son premier grade. Rien ne prouve mieux la lâcheté de ces troupes et la faiblesse réelle des armées du Tonquin, qu'une lettre que le roi écrivit, en 1647, à la compagnie hollandaise, lors d'une guerre que ce prince eut à soutenir contre les habitans de Kuvinam, nation voisine du Tonquin, pour lui demander, avec instance, un faible secours de deux cents hommes et de trois navires, après avoir fait un orgueilleux étalage de toutes ses forces, tant sur terre que sur mer, et en infanterie et en cavalerie et en artillerie ; témoignant aux Hollandais, à l'assistance desquels il avait recours, qu'il en avait un pressant besoin pour résister aux puissans efforts de ses ennemis. Les Tonquinois ont une méthode assez singulière de faire la guerre : c'est avec une promptitude incroyable que leurs troupes s'assemblent et se réunissent. Elles marchent fièrement, campent avec appareil et cela pour ne faire ni attaques, ni siéges, ne cherchant point à livrer des combats, à repousser l'ennemi ; mais elles passent le temps à se retrancher devant lui, à considérer simplement les murs des villes, à se ranger en bataille, et à faire divers autres mouvemens sans engager d'action : on les prendrait pour des armées de parade. Le moindre contretemps fait dissiper l'armée avec la même promptitude qu'elle s'est assemblée. Si une maladie vient à emporter quelques soldats, c'en est assez pour rebuter tous les autres, et chacun se retire de son côté, au plus vite.

La province de Checo, Ket-cho ou Cat-chao, située au cœur du royaume, est la plus riche contrée du Tonquin et peut-être de l'Inde, aussi a-t-elle donné son nom à la capitale qui est située dans cette province, et, par conséquent, au centre de l'état. On y voit les restes d'un vieux palais de marbre qui, à en juger par ses ruines, doit avoir été un des plus superbes édifices de l'Orient. On prétend qu'il fut construit par Li-bal-vié. Sa circonférence embrassait, dit-on, six ou sept milles.

Il a été presqu'entièrement détruit pendant les guerres civiles. On y voit encore quelques cours pavées de marbre, et quelques débris d'arcades et de portiques qui attestent sa magnificence passée et l'instabilité des choses humaines.

Le Tonquin, aussi bien que la Cochinchine, viennent de subir une révolution qui a changé la situation politique des deux pays. Les Montagnards Cochinchinois *Tay-sons,* ayant à leur tête les trois frères Gn-yac, se sont débordés non seulement sur la Cochinchine, mais encore sur le Tonquin, et après y avoir éteint l'ancienne dynastie, avoir tout mis en combustion, les trois chefs se sont partagé leurs conquêtes. Nous verrons plus bas qu'ils ne les ont pas gardées long-temps.

NOTICE SUR LA COCHINCHINE.

La Cochinchine, ancienne dépendance du Tonquin dont elle s'était séparée, mais pour rester tributaire de la Chine aux mêmes conditions que le Tonquin, est appelée, par les naturels du pays, *Nuoc-Anam* (royaume d'Anam); elle a donné son nom au golfe le long duquel elle est située. Cette contrée n'est qu'une langue de terre fort étroite, mais d'une excessive longueur, dont la limite naturelle d'avec le Tong-king, au nord, est le fleuve Sông-gianh. Sa capitale est Ké-hué, Hué-fo ou Fou-tchhouan, grande ville entourée d'immenses fortifications et située dans une belle plaine non loin du golfe, sur l'Hué qui s'y décharge. C'est un port très fréquenté et le séjour du roi. Le pays produit abondamment du riz et des fruits délicieux, du thé, du sucre, du poivre ; il fournit beaucoup de soie et d'ébène, des bois odoriférans, de l'argent et de l'or. On pêche sur la côte des tortues dont la chair est délicieuse. Le terroir de la Cochinchine est néanmoins généralement sec et aride en bien des lieux, et par conséquent bien inférieur à celui du Tonquin.

Tant que la Cochinchine est restée démembrée du Tonquin, les Cochinchinois ont été perpétuellement en guerre avec les Tonquinois. Mais rarement on a vu ces deux peuples décider leurs querelles dans une bataille rangée, leurs guerres consistant dans des incursions subites et passagères ou tout au plus dans de petits combats entre les partis qui se rencontraient. Les Cochinchinois avaient une haine si implacable pour les Tonquinois, que lorsque ceux-ci étaient jetés par la tempête sur les côtes de la Cochinchine, ils étaient condamnés au plus rude esclavage. Au reste, d'après le témoignage de Salmon, il n'est pas d'étrangers, de quelque lieu qu'ils viennent, qui ne reçoivent, en pareil cas, le même traitement, ce qui prouverait que les Cochinchinois sont inhospitaliers et assez ressemblans à ces habitans de la Tauride, dont parlent les Grecs, qui se plaisaient à immoler sur l'autel d'une divinité farouche, tous les étrangers qui avaient le malheur d'aborder chez eux. Les Chinois néanmoins, vers le milieu du XVII° siècle, lorsque les Tartares subjuguèrent leur empire, se réfugièrent en grand nombre dans la Cochinchine où ils ont formé, dans plusieurs villes, grand nombre d'établissemens considérables, surtout à Taï-foé, l'une des principales villes de la Cochinchine, après la capitale, et où ils possèdent plusieurs maisons de pierres et un temple. Ils y vivent en quelque sorte dans l'indépendance, sous la protection immédiate de certains chefs qu'ils élisent eux-mêmes.

<small>Empire d'Ana</small>   Si la Cochinchine a été autrefois réunie au Tonquin, c'est aujourd'hui le Tonquin qui est réuni à la Cochinchine, sous l'autorité d'un seul prince qui prend le titre d'empereur, et qui réside à Phu-xuan ou Fou-tchhouan, en Cochinchine. Les pays limitrophes des deux états y ont été annexés pour ne faire qu'un seul empire qui porte le nom d'Anam. Un prince éprouvé par le malheur, et qui avait été formé à l'école de l'adversité, Ngaï-en-chong ou Gia-laong, a fondé, au commencement du siècle (en 1802) ce nouvel empire composé de la Cochinchine qui, avec le Tsiampa, en forme la partie méridionale, de l'ancien royaume de Camboge, à l'ouest, et d'une partie de celui de Laos avec le Tong-King, situés au nord.

Son élévation a été précédée d'une suite de vicissitudes : neveu du roi de Cochinchine, détrôné et égorgé par les rebelles devenus maîtres du pays, il ne dut son salut, après avoir vu périr également son frère aîné, qu'à un missionnaire français, vicaire apostolique (l'évêque d'Adran), qui le reçut et le tint caché, quand il eut échappé aux rebelles qui le retenaient en leur pouvoir, bien disposés à s'en défaire pour ne laisser subsister aucun membre de sa famille. Le prince proscrit ayant pu réunir quelques soldats, parvint à s'emparer de la basse Cochinchine, appelée Gia-dinh, et qui est la partie la plus méridionale. Battu par le chef des rebelles, son concurrent, il se vit obligé, pour la seconde fois, de prendre la fuite, et reçut de nouveaux services de l'évêque missionnaire français, fugitif lui-même, mais que des circonstances ménagées par la providence, rapprochèrent de son ancien hôte à qui il promit de procurer des secours et l'appui du roi de France. Le prince lié déjà avec l'évêque par le sentiment de la reconnaissance que de nouveaux bienfaits augmentaient encore, accepta sa proposition avec empressement, et remit son fils aîné, âgé seulement de six ans, entre les mains du prélat qui l'emmena avec lui en France. L'évêque missionnaire n'eut pas de peine à obtenir du bon Louis XVI, qui régnait encore alors, en 1787, une réponse favorable à ses demandes. On y trouvait les plus grands avantages pour la religion et pour l'état, à cause de la grande facilité qu'il y aurait à établir des relations commerciales entre les deux nations devenues amies. L'ordre fut expédié au comte de Conwai, gouverneur des établissemens français dans l'Inde, de préparer et de commander lui-même une expédition en faveur du roi de la Cochinchine, qui faisait à la France des concessions importantes en retour : L'évêque qui repartit avec le jeune prince son pupille et son élève, fut le porteur de cet ordre. La révolution arrêta cet élan, et l'évêque ne put obtenir de M. de Conwai que quelques minces secours qui, joints à ceux qu'il ménagea lui-même au roi de la Cochinchine, le mit en état d'acquérir la supériorité sur ses ennemis. Ce prince, en revoyant son fils que lui ramenait l'évêque, éprouva un plaisir dont il crut devoir faire part au roi de France, en lui écrivant pour le remercier de ses bons offices. Il sut mettre à profit les conseils de l'évêque missionnaire et la valeur ainsi que l'habileté des officiers et soldats français qu'il lui avait amenés, et vint à bout de ses ennemis en leur enlevant leurs conquêtes, et enfin jusqu'à la dernière place qui leur restait encore. L'évêque, au comble de ses vœux des succès qui étaient son ouvrage, se proposait d'en tirer parti pour le bien de la religion, lorsqu'il fut emporté par la dyssenterie, vers la fin de 1799. Le prince royal ne tarda pas à suivre celui dont il avait été l'élève, et mourut en 1801. Le roi de Cochinchine qui avait pris le nom de Gia-laong, après son triomphe sur ses ennemis, témoigna la plus vive douleur de la perte du prélat son ami, et lui fit faire des obsèques magnifiques. Il conserva, toute sa vie, le plus tendre souvenir pour sa mémoire, et plaça, dans son palais, son portrait à côté de celui de l'infortuné Louis XVI. Il favorisa, toute sa vie, les missionnaires, par respect pour le souvenir de celui à qui il était si redevable, mais sans témoigner le désir d'embrasser la doctrine qu'ils prêchaient. A sa mort, arrivée en 1820, il eut pour successeur un autre fils Minh-menh qui, bien différent de son père, s'est montré entièrement opposé aux missionnaires, se modelant en tous points, à cet égard, sur la conduite de l'empereur de la Chine, Tao-koan, successeur de Ki-king.

Le tyran Minh-menh est mort le 20 janvier 1841, après vingt-un ans d'un règne sanguinaire. Son fils aîné qui lui a succédé, le 10 février, sous le nom de Thirontri, continue le système d'atroce persécution suivi par son père, mais il est menacé de perdre au moins une bonne partie de ses états. Le Tong-king est en pleine révolte. Elle a commencé par le Camboge, à cause d'un édit rendu par le feu roi, qui enjoignait aux Cambogiens de porter le costume des Cochinchinois, afin qu'il fut uniforme dans tout l'empire, ce qui a occasionné un soulèvement qui a éclaté par le massacre général des Cochinchinois et de leurs mandarins : partout où il s'en est trouvé, on a fait main basse sur eux. Les révoltés ont appelé à leur secours les Siamois leurs voisins, qu'ils ont trouvé disposés à se venger du gouvernement Anamite, se tenant toujours en armes pour en saisir la première occasion.

DESCRIPTION DU RESTE DE L'INDE TRANSGANGÉTIQUE.

Le Laos resserré entre le pays des Thaï (de Siam, comme l'appellent les Européens), à l'occident ; le Camboge, au midi ; et le Tong-king ou Tonquin, à l'orient, est traversé, dans toute sa longueur, par le Mécon ou Ménam-kong. Ce pays est couvert de forêts et renfermé entre deux longues chaînes de montagnes. Les éléphans y sont en très grand nombre, aussi l'ivoire en fait-elle la principale richesse. Leng, vers la province d'Yunnan, en était la capitale quand il formait un royaume particulier.

Le Menam-kong ou Mécon, avant de se rendre à la mer, traverse encore le Camboge, pays infiniment productif et où l'abondance est si grande que tout s'y vend à vil prix Cette fécondité des terres est due aux débordemens annuels du fleuve qui, en se répandant sur les campagnes, y dépose un limon qui les engraisse. Saïgong, grande ville bâtie sur le Donnaï et renfermant cent quatre-vingt mille habitans, en est la capitale. C'était autrefois Laweik ou Camboge, située dans une île formée par le Menam-kong. Sandapoura, sur le même fleuve, est la capitale des Lanjans.

A côté de l'empire d'Anam est celui des Birmans, nouvellement établi aussi, et qui a absorbé le reste du Laos, l'ancien royaume d'Ava et une partie du Méouang-thaï, connu des Européens sous le nom de Siam.

Royaume de Siam. Le Méouang-thaï est arrosé par le Meïnam, rivière qui, se répandant annuellement sur les terres, y laisse un limon productif sur lequel on n'a qu'à semer pour recueillir avec abondance. Ce fleuve a encore cela de commun avec le Nil, qu'il est rempli de gros crocodiles fort dangereux. Les principales productions de ce pays sont le riz, le coton, la soie, la laque, l'ivoire, les pierreries. Les fruits y sont excellens. Bankok, bâtie sur le Meïnam, en est la capitale. Cette ville, habitée en grande partie par des Chinois, est le centre d'un grand commerce. On y compte plus de cent mille habitans. La plupart de ses habitations, construites sur des radeaux de bambous amarrés le long du rivage, y forme une ville flottante. L'ancienne capitale Si-yo-thi-ya ou Juthia, appelée Siam par les Européens, est située dans une île formée par le Meïnam qui se jette à quelque distance de là, dans le golfe qui porte son nom. C'était une belle et grande ville extrêmement peuplée et commerçante, sous son roi Tchaou-naraïa qui entretint des relations diplomatiques avec Louis XIV, vers l'an 1680, et qui avait pour premier ministre un Grec nommé Phaulcon. Elle est bien déchue aujourd'hui, ayant été ruinée, en 1767, par les Birmans, peuple courageux venu des montagnes, et qui a su résister à la puissance anglaise, dans l'Inde, et former un assez vaste empire.

La presqu'île de Malaca, connue, à ce que l'on croit, des anciens, sous le nom de Chersonèse d'or (*), et qui

Presqu'île de Malaca

(*) Il est probable que plusieurs parties de l'Inde ont dû leur première population aux descendans de Jektan ou Joktan, l'un des fils du patriarche Héber (Gen. chap. 10, v. 25) établis d'abord dans l'Arabie, (depuis la sortie de Messa jusqu'à la montagne de Sephar, dit l'Ecriture); mais poussés plus tard par les Ismaélites jusque sur les bords de l'Océan, ils se déterminèrent enfin pour la plupart à s'embarquer, et suivant les côtes de l'Arabie, de la Perse, de l'Indoustan, de la presqu'île en deçà du Gange, du Bengale, ils rencontrèrent la Chersonèse d'or, nom que les anciens donnèrent à la presqu'île connue aujourd'hui sous celui de Malaca, où ils formèrent de nouveaux établissemens après en avoir peut-être fondés ailleurs sur leur route. C'est dans la Chersonèse d'or qu'était, selon toute apparence, la célèbre terre d'Ophir, visitée par les flottes de Salomon partant d'Aziongaber, port sur la Mer Rouge, et parcourant les mêmes côtes pour en rapporter des étoffes précieuses, des pierreries, des perles, de l'argent, de l'or, de l'ivoire, des esclaves de l'un et de l'autre sexe, des singes, des paons, des perroquets, des bois de senteur et autres

est un prolongement fort étroit mais très allongé, de l'Inde Orientale, au delà du Gange ou transgangétique, était une dépendance de l'ancien royaume de Siam. Une partie s'est rendue indépendante, et le reste a subi le nouveau joug des Anglais qui y possèdent la ville de Malaca qui a donné son nom à la presqu'île, et où l'on compte cinquante mille habitans ; celle de Singhapour, fondée en 1819, sur l'île de ce nom, à l'extrémité de la péninsule et dont le port franc est d'un grand abord ; celles de George-town, florissante par son commerce ; de Merghi, à l'embouchure du Ténassérim, importante par sa position, l'excellence de son port et la beauté de son climat. Dans le détroit, est l'île Pulo-pinang.

Empire des Birmans. L'empire des Birmans qui s'étend jusqu'aux frontières du Tibet, se compose de l'ancien royaume d'Ava, de celui du Pegu, du Martaban et d'une bonne partie du Laos. Ummerapoura, fondée en 1783, sur la rive gauche

curiosités, voyage qui durait trois ans en y comprenant le retour, et dans lequel les sujets de Salomon étaient accompagnés de ceux du roi de Tyr qui en était l'allié.

D'autres savans et entr'autres Bochart, croient que l'Ophir de Salomon, bien plus rapproché des côtes de l'Arabie, était l'île de Ceylan, appelée par les Indiens *Tenasirim* ou *Tenaserim* (terre de délices), et située à l'ouest de la presqu'île de Malaca, dont elle est éloignée de plus de trois cents lieues marines.

Il est enfin d'autres savans qui pensent que les flottes de Salomon, dirigées par des marins de Tyr et de Sidon, exploraient les côtes orientales de l'Afrique, et placent en conséquence la terre d'Ophir aux lieux que nous désignons aujourd'hui par les noms de Mélinde et de Sofala, et c'est l'opinion du célèbre Huet, quoiqu'il ne soit pas probable qu'on trouvât sur ces côtes tout ce dont se chargeaient les flottes de Salomon, au rapport de l'Écriture, ce qui convient bien mieux à l'Inde avec laquelle il est prouvé que les parties occidentales de l'Asie faisaient un très-grand commerce, dans ces temps reculés.

de l'Iraouady, est le centre de l'empire, le siége de son gouvernement; Ratna-poura, sur la même rive, près des ruines de l'ancienne Ava, Saïgaïn, sur la rive opposée, sont deux villes considérables, si rapprochées de la première que les trois semblent n'en faire qu'une; Bago, sur les bords du Pegu, a été bâtie sur l'emplacement de l'ancienne ville capitale qui portait le nom du fleuve; Rangoun, sur la rivière de ce nom, près du golfe de Martaban, où l'on compte vingt mille habitants, est dotée d'un port qui est le meilleur et le plus fréquenté de l'empire. Les principales productions du Pegu sont l'or, l'argent, les pierreries dont il abonde; le riz, le musc, la laque; on y fabrique aussi de la porcelaine. Quant à la partie de l'empire qui formait l'ancien royaume d'Ava, la température y est douce, le terroir abondant en blé, fruits et épiceries. Les martres-zibelines et les civettes dont on tire le musc, y sont communes. Indépendamment de ses mines d'or, d'argent, de cuivre et de plomb, on y trouve encore une grande quantité de turquoises, de saphirs, d'émeraudes, de rubis qui passent pour les plus beaux de l'Inde. On y recueille aussi une sorte de résine excellente appelée *benjoin*. L'empereur actuel des Birmans se nomme Tharavadie.

Le reste de l'Inde transgangétique qui se compose de l'ancien royaume d'Assem ou Assam, limitrophe du grand Tibet; de celui de Tipra, contigu au premier; et de celui d'Aracan qui vient ensuite, est sous la dépendance des Anglais ou plutôt de la Compagnie Anglaise qui relève du gouvernement anglais dont elle reçoit la confirmation tous les vingt ans.

Assem. — Le souverain d'Assem, tributaire de la Compagnie, ne lève, dit-on, aucune contribution sur ses sujets, se réservant le seul produit, qui est immense, des mines d'or, d'argent, de fer et de plomb qui se trouvent en si grande abondance dans ses états, et qu'il fait exploiter par des esclaves achetés chez ses voisins. Au reste, le pays est abondant en toutes sortes de productions: on y recueille, ainsi que dans les autres états de l'Inde transgangétique, sur différens arbres, une gomme rougeâtre appelée *laque*, qui entre dans la composition de la cire d'Espagne, et qui est le produit du travail d'un nombre infini de certains insectes qui l'y viennent déposer. La principale ville du royaume d'Assem, est Djorhat, sur la Dissoye : c'est la résidence du souverain; mais Rangpour, au nord-est, est plus grande et plus peuplée. La capitale du royaume de Tipra, situé à l'est du Bengale, est Martaban, sur le golfe auquel elle a donné son nom.

Aracan. — Le royaume d'Aracan, qui tire son nom de sa capitale située sur une rivière du même nom, près de son embouchure, dans le golfe du Bengale, est extrêmement peuplé et productif. On y recueille beaucoup de riz et une grande quantité de fruits excellens. Les buffles et les éléphans y sont communs.

Température. — Nous ne donnons ici qu'une description très succincte de l'Inde transgangétique ou Orientale, confinant à la Chine propre, par le nord. Sa situation, entre l'équateur et le tropique du cancer, en rend le climat très chaud; l'air sec et brûlant y est néanmoins tempéré par l'étendue des côtes, l'élévation des montagnes de l'intérieur, et les pluies périodiques. Les orages, les ouragans y sont très fréquens, et les inondations, causées par le débordement des fleuves, obligent les peuples de cette vaste région à élever sur pilotis leurs habitations construites en bambous et couvertes en chaume, même dans les villes, à l'exception des maisons des grands, qui sont presque toutes en briques. La plupart des grands fleuves qui arrosent les belles contrées de cette partie de l'Inde, et dont le limon qu'ils y déposent leur procure une si étonnante végétation, et même le Gange, ont leurs sources dans les montagnes du Tibet. C'est aussi de ce plateau élevé que partent ces longues chaînes de montagnes qui, dans leur direction parallèle, forment ces grandes et belles vallées si fécondes dont nous venons de parler. Le Gange, le plus grand fleuve de l'Inde, naît dans la province de Gherwal, de la réunion du Bhâgirathy qui sort des monts Himâlâya et de l'Alaknanda, et se partage en plusieurs branches avant de porter ses eaux dans le golfe du Bengale.

DESCRIPTION DE L'INDOUSTAN.

L'Inde occidentale ou la partie de l'Inde en deçà du Gange est aussi appelée Indoustan (pays des Indous), de l'Indus qui l'arrose après être descendu, sous le nom de Sindh, des hauteurs de l'Himâlâya et va se décharger dans le golfe d'Oman. Cette vaste contrée, divisée primitivement en un grand nombre de petits états gouvernés par des Rajas ou princes du pays, a éprouvé successivement plusieurs invasions qui, en changeant souvent ses limites et ses divisions, ont aussi renouvelé plusieurs fois une partie de sa population. Sans parler des temps plus anciens (*), les Perses, et après eux les Grecs, y ont fait de grandes conquêtes ; puis les Scythes, les Turcs, les Tartares, Genghiz-khan, Tamerlan. Les successeurs de ce dernier y fondèrent le vaste et riche empire du Mogol, qui, ayant commencé à déchoir de sa puissance, se trouva ébranlé jusque dans ses fondemens depuis que Thamas-kouli-khan, simple soldat de fortune, élevé sur le trône des sophis, vint en enlever tout ce qu'il voulut de richesses pour les transporter en Perse. Les Anglais, plus récemment, mettant à profit l'extrême faiblesse où avait été réduit le souverain, par cette dernière invasion, l'esprit d'insubordination qui avait gagné tous les gouverneurs de provinces devenus presque indépendans, et leur mésintelligence entre eux qu'ils contribuaient à exciter et à entretenir, ont enfin tout fait plier sous eux et assujéti une grande partie de la nation Indienne. La France qui, après la restauration de sa marine, avait acquis quelque prépondérance dans l'Inde, unie à Hider-Ali-khan et à son successeur Tippo-Saëb, princes guerriers, pouvait y balancer la puissance anglaise qui, depuis la prise de possession du Bengale,

---

(*) Ninus, monarque Assyrien, et sa femme Sémiramis conquirent l'Inde, selon la fabuleuse histoire de Ctésias. Les Grecs attribuent aussi cette conquête à leur demi-Dieu Bacchus, et Alexandre-le-Grand se flattait de suivre les traces de ce conquérant imaginaire.

dès 1765, avait toujours été croissante, mais la révolution de 89, fomentée par sa rivale, étant survenue, livrée à des intrigans, à des charlatans politiques qui du haut de la tribune nationale faisaient retentir ces paroles emphatiques et vides de sens : *périssent les Colonies plutôt que les principes !* la France abandonna ses intérêts commerciaux pour s'occuper de vaines théories, et laissa ses alliés dans l'Inde, lutter seuls contre l'Angleterre qui vint à bout de les écraser et de régner sans concurrens sur des populations démoralisées. Le dernier coup fut porté par elle à l'empire du Mogol, par la prise d'Agra et de Delhi, en 1803. Quelques rajas ou radjas cependant se maintinrent en consentant à devenir tributaires, ou surent conserver leur indépendance. La plupart de ces derniers sont ceux qui ont leurs états reculés dans le nord, le long de la chaîne des monts Himâlâya qui forme la limite septentrionale de l'Indoustan. Parmi eux s'est distingué le fameux seikh du Punjab ou de Lahor, Rundjet-singh, qui, après avoir réduit ou rendu tributaires les autres seikhs et s'être emparé, sur le roi de Caboul, de tout le Cachemire, du Multan et de plusieurs autres provinces, en avait formé un état considérable qui s'est démembré depuis sa mort arrivée en 1839. Une partie des provinces qu'il avait conquises est retournée au Caboul ou à l'Afghanistan qui tire son nom des Afghans, peuple montagnard originaire de la Tartarie qui a établi ce royaume en 1750. Le Cachemire, dit-on, est devenu indépendant et a formé un état à part. Au reste, ces états étant toujours en guerre les uns contre les autres et contre les Anglais, leur situation change souvent aussi bien que leurs limites et divisions, ainsi le pays du Sind ou le Sindhy, vers les bouches de l'Indus, qui naguère faisait partie du royaume de Caboul, en a été détaché et a formé une principauté à part.

Climat. La partie septentrionale de l'Indoustan est située dans la zône tempérée; et sa partie méridionale, qui se termine par deux presqu'îles, dans la zône torride. Mais les chaleurs qui seraient excessives dans celle-ci, y sont diminuées par les pluies et les vents appelés *moussons* ou *alisés* qui soufflent du sud-ouest et du nord-est. Nous observerons qu'ils arrivent régulièrement à des époques différentes de l'année, sur les côtes opposées du Coromandel et du Malabar où ils soufflent alternativement pendant six mois, en sorte que l'une a la saison des pluies ou l'hiver pendant que l'autre jouit d'un bel été. Ces deux côtes sont séparées par les Gates, longue chaîne de montagnes qui s'étend dans toute la péninsule en deça du Gange. Dans le Bengale, l'extrême chaleur, l'été, ou la saison sèche durent depuis mars jusqu'à la fin de mai; et l'hiver ou la saison pluvieuse, de juin à septembre. A la fin de juillet, toutes les parties les plus basses du pays se trouvent couvertes d'eau. Il en est de même des côtes du Coromandel et du Malabar où les habitations, les villages, les terres élevées semblent autant d'îles au milieu des eaux. Ces inondations régulières rendent ce pays extrêmement fertile et lui font produire jusqu'à deux récoltes par an; mais cette région, sans contredit, l'une des plus belles de la terre, est assez souvent ravagée, d'une manière horrible, par le choléra, terrible maladie originaire de ces contrées où il se développe après la saison des pluies.

Les productions de l'Indoustan sont le riz, le millet, les cannes à sucre, le coton et quantité de fruits excellens dont plusieurs sont étrangers à l'Europe. On y fabrique de la mousseline et des toiles peintes de la plus grande beauté, appelées *indiennes*. Les mines d'or y sont abondantes et il y a en outre, en certains lieux, de riches mines de diamans. On pêche, dans ses rivières et dans la mer qui baigne sa partie méridionale, les plus belles perles. Il y croît des plantes, des arbustes et des arbres remarquables : le cocotier qui est une espèce de palmier, dont le bois est employé dans la construction des maisons, et la feuille à leurs couvertures, et de plus, à faire des voiles et du papier. Au moyen d'incisions faites aux branches, il en sort une liqueur qui approche du vin, dont on fait de l'eau-de-vie et une espèce de sucre. On tire de son fruit une bourre qui sert à faire des cordages. Le fruit lui-même, qui est de la grosseur d'un petit melon, est délicieux et a le goût de la noisette et du cul d'artichaud; la coque sert à faire des tasses; de la moelle, on fait de l'huile bonne à manger et à brûler, on en fait aussi du lait comme celui qu'on tire des amandes.

L'arèque ou araque, autre espèce de palmier qui porte un fruit assez ressemblant à la datte et dont le noyau est de la grosseur d'une noix muscade avec laquelle il a assez de rapport.

Le bétel, qui est un arbuste dont la feuille ressemble à celle du saule et sert à envelopper des boules faites de noix d'araque mêlée à un peu de chaux et que les

Indiens et les autres Orientaux mâchent continuellement comme les Européens, le tabac. Le suc qu'ils en expriment et qui se mêle à la salive, teint en rouge par l'araque, parfume la bouche, en rend l'haleine douce et agréable, rougit les lèvres et fortifie l'estomac ; mais on prétend que cette mastication continuelle, au lieu de conserver les dents, les gâte, les noircit, les carie et les fait tomber, en sorte qu'il n'est pas rare de voir des Indiens sans dents dès l'âge de vingt-cinq ans, pour avoir fait un usage immodéré du bétel. Les plus riches mêlent aussi à l'araque ou arèque du camphre de Bornéo, du bois d'aloës, du musc, de l'ambre gris, mais la plupart se tiennent à la première composition.

L'indigo, qui est une plante assez ressemblante à notre chanvre et que l'on sème chaque année : elle se coupe deux ou trois fois. On la met infuser dans des cuves où l'on la brasse tous les jours jusqu'à ce que ses feuilles ou fécules battues, meurtries et détachées, se fondent en boue ou vase ; on ôte alors l'eau et on laisse ce sédiment sécher et former une pâte qui est l'indigo ou ce beau bleu bien préférable à celui qui se tire du pastel qu'on cultive dans nos provinces méridionales.

Le mangue, arbre gros et élevé, dont le fruit à noyau rond et oblong et d'une couleur d'or quand il est parvenu à sa maturité, est succulent et d'un goût délicieux qui participe de la fraise et du raisin.

Le savonnier, autre arbre dont le bois est fort dur et qui porte un fruit rond de la grosseur d'une noix verte, lequel écrasé produit une mousse blanche et épaisse qui décrasse et nettoie le linge comme le savon. Le noyau de ce fruit renferme une amande d'un goût approchant de celui de la noisette et dont on tire une huile qui éclaire parfaitement.

L'opium que les Anglais ont voulu introduire dans la Chine, quoiqu'il y soit un objet de contrebande, est encore une production de l'Inde. C'est un suc concret, résineux et gommeux qui découle de l'incision des têtes de pavots blancs avant leur parfaite maturité, et dont on forme, au moyen d'une préparation qui lui donne de la consistance, de la viscosité et l'éclat de la poix bien préparée, des gâteaux cylindriques de deux cent cinquante à cinq cents grammes pesant, que l'on enveloppe dans des feuilles de pavots. On ne les fabrique pas seulement dans les Indes, on en apporte encore de la Natolie, de l'Egypte et de la Perse où naît aussi cette espèce de pavot. Le miel est employé dans la préparation de l'opium, non seulement pour l'empêcher de se sécher, mais encore pour tempérer son âcreté, son amertume.

Les chameaux, les dromadaires, les éléphans sont communs dans l'Inde; il s'y trouve aussi beaucoup de lions, de tigres, de léopards, de panthères, de rhinocéros, de buffles, d'élans et une grande quantité de singes qui font le plus grand dégât dans les campagnes et les jardins. On y voit de beaux perroquets rouges et verts et de jolies perruches, diverses sortes d'oiseaux remarquables par la beauté et la variété de leur plumage. C'est de l'Inde que nous sont venues ces grosses poules qui en portent le nom et qui font l'honneur de nos repas. *Animaux.*

L'Indien naturel est basané dans l'Indoustan, et noir *Portrait et caractère des habitans* dans les deux presqu'îles, sans avoir les cheveux crépus, ni le nez écrasé, ni les lèvres épaisses comme les nègres de l'Afrique : il est d'une taille médiocre et d'une complexion faible. C'est le peuple le plus superstitieux de la terre ; croyant à la métempsycose ou transmigration des ames ; il n'ose, en conséquence, manger d'aucun animal, ni écraser le moindre insecte quelqu'incommode qu'il puisse être (*). Ses faquirs ou dévots qui l'entretiennent dans les plus monstrueuses erreurs, se livrent à des austérités excessives, aux jeûnes les plus rigoureux, aux pénitences les plus extravagantes, pour fléchir ou se rendre propices leurs fausses divinités qui sont en très grand nombre et toutes plus ridicules les unes que les autres, tristes effets de la raison humaine livrée au délire de l'imagination, quand elle n'est pas guidée et contenue par une autorité infaillible et qui ait le droit incontestable de la soumettre à ses décisions.

Castes. Les Indous sont divisés en quatre castes principales qui se subdivisent chacune en un grand nombre d'autres: la première de ces grandes divisions est celle des Brahmes qui se livrent au sacerdoce et à l'étude des sciences (*) ;

(*) Ce dogme de la métempsycose prend sa source dans la nécessité reconnue d'une purification des ames souillées par le péché pour être rendues dignes de la possession de Dieu ou du bonheur infini.

(*) Il est à présumer que les dix tribus qui, après la prise de Samarie et la destruction du royaume d'Israël, furent reléguées par les rois d'Assyrie vers les extrémités de l'Asie orientale, se répandirent jusque dans l'Inde, et y apportèrent la connaissance d'Abraham et de son culte déjà altéré par elles, d'où sortirent les anciens Brachmanes, les Bramins modernes (disciples de Bramah), et que la doctrine de Fo ou Foé (le Bouddhisme), acheva

la seconde, celle des guerriers ; la troisième, celle des négocians appelés *Banians ;* la quatrième, celle des artisans et des laboureurs. Au dernier rang de cette dernière, est la subdivision des Parias, la plus abjecte et la plus méprisée.

La condition des femmes, dans cette partie de l'Asie, est plus triste que partout ailleurs dans ce continent, sans en excepter celui de l'Afrique. Après avoir été traitées comme de viles esclaves par leur mari, pendant sa vie, elles sont condamnées, par une barbare coutume qui est passée en loi et dont elles ne peuvent s'affranchir sans se déshonorer, à périr, sitôt qu'elles sont devenues veuves, brûlées vives sur le bûcher où se réduit en cendres le corps de leur époux, à côté duquel elles viennent se placer, chargées de leurs plus beaux ornemens et accompagnées de leur famille qui, après les avoir encouragées à ce généreux dévouement, s'empresse de venir y applaudir. Les Anglais ferment les yeux sur cette

<small>Sort des femmes indiennes.</small>

<small>de dénaturer et de corrompre ce culte si simple et si pur du vénérable patriarche des temps anciens, toujours si renommé dans tout l'Orient et appelé, à si juste titre, le père des Croyans. C'est l'opinion de grand nombre de savans de nos jours. Ils croient aussi que le législateur des Perses, Zerdusht ou Zoroastre, avait puisé dans les livres des Hébreux dont il y avait un si grand nombre dans les provinces de Perse, au temps d'Assuérus et d'Esther, sa doctrine de la lumière et des ténèbres, de l'être souverainement bon et de l'être souverainement méchant, d'Orsmud ou Orosmade, la vérité et la justice par essence, et d'Arihmane *le rusé, le menteur*, enfin d'une vie à venir où a lieu le rétablissement de l'ordre moral par l'effet d'une juste rétribution des peines et des récompenses éternelles. On trouve en effet dans le Sadder et le Zendavesta, livres sacrés des anciens Perses, des maximes et des sentences absolument conformes à celles de nos livres saints, avec les mêmes dogmes religieux.</small>

abominable coutume ainsi que sur toutes les autres, laissant les malheureux Indiens qu'ils ont asservis, se livrer à leur fanatisme et aux plus épouvantables comme aux plus dégoûtantes superstitions.

Les missionnaires racontent qu'en 1817, dans la seule présidence du Bengale, sept cent six veuves se sont brûlées sur le bûcher de leurs maris. Partout où le christianisme n'a pas pénétré ou n'a pu exercer son influence, la portion la plus intéressante du genre humain, mais la plus faible, est asservie à l'autre, tristes effets de la malédiction prononcée à la suite du péché de nos premiers parens, et que le Réparateur est venu effacer en rendant à la femme comme à l'homme leur première innocence, leur dignité originelle. Il n'y a que la vraie religion qui ait pu restituer aux femmes les droits sacrés d'épouses et de mères qu'elles tiennent de la nature et de son auteur.

Croyances. Les Indous attribuent aux eaux du Gange et de quelques autres de leurs fleuves, une vertu sanctifiante, celle de purifier leur ame, comme elles purifient le corps, de toutes ses souillures; aussi se livrent-ils à de fréquentes ablutions bien nécessaires au reste dans un pays si chaud. Ils ont une grande vénération pour la vache, et un moribond ne peut mourir que saintement en tenant à la main la queue d'une vache, persuadé qu'elle le conduira directement dans le *Souarga* qui est leur paradis, comme le *Naraca* est leur enfer, lieu dont leurs livres sacrés ou védams font une description épouvantable (*). Les Indous

(*) Le Shaster, autre livre sacré des Indiens, est un commentaire du védam, et par conséquent moins ancien.

tiennent extrêmement à leurs anciens usages, aux usages de leurs pères, c'est ce qui les empêche de progresser, d'avancer dans les arts libéraux et les sciences, et nuit aussi beaucoup à leur conversion au christianisme, assurent les missionnaires.

Les Indiens sont d'ailleurs d'une adresse merveilleuse pour tous les ouvrages mécaniques : c'est de chez eux que nous viennent ces beaux tissus, ces belles toiles peintes, ces batistes, ces mousselines d'une si grande finesse, ces linons, ces gazes, ces châles si recherchés, ces vases si minces qu'ils en sont transparens, et tous ces objets d'art qui font notre admiration.

Ce qui surprend, enchante, captive un étranger dans l'Inde, ce sont les tourbillonnemens à la fois rapides et moelleux, les attitudes gracieuses, les poses admirables des danseuses appelées *Bayádères*. Avec de la poudre d'antimoine, elles tracent autour de leurs yeux une courbe noire pour leur donner encore plus d'éclat et faire ressortir en même temps celui de leur teint. Elles emploient aussi le vermillon pour donner à leur visage plus d'animation. Ces moyens factices qu'elles mettent en usage pour plaire et se rendre plus agaçantes, sont d'abord trouvés étranges par les Européens et les éloignent, dès la première vue, de ces nouvelles sirènes; mais ils s'y habituent bientôt, et la mise recherchée et éblouissante de ces femmes voluptueuses, l'élégance de leur taille fine et déliée, leurs formes séduisantes, leurs graces affectées, leur souplesse, leur agilité surprenante, la mollesse de leurs balancemens passionnés, cette variété de mouvemens si moelleusement dessinés,

[marginalia: Bayadères.]

ces soupirs, ce délire simulé, toute cette pantomime si pleine d'expression achève de fasciner le spectateur qui déjà amolli par les chaleurs et les délices du climat, ne manque pas de se laisser prendre à tant de prestiges, à tant d'hallucinations. Leur longue et noire chevelure relevée par l'éclat des fleurs, des perles et des diamans dont elle est parsemée avec art; les palpitations, les mouvemens mollement onduleux de leur sein qu'elles savent contenir dans des étuis polis du bois le plus souple et le plus léger, pour l'empêcher de grossir et de se déformer, sans rien dérober de la vue de ses attraits, tout concourt au triomphe des bayadères si exercées dans l'art de séduire : et c'est dans les pagodes, écoles de prostitution, qu'ont été formées au libertinage, dès leur plus tendre jeunesse, ces trop dangereuses séductrices.

Possessions anglaises. Le centre des possessions anglaises dans l'Inde, le siége du gouvernement et l'entrepôt de tout le commerce du Bengale, est Calcutta, chef-lieu de la présidence de ce nom, belle et grande ville située sur la gauche de l'Hougli, l'un des bras du Gange, et dont la population est évaluée à trois cent mille habitans au moins. Dakka, au nord-est de Calcutta, sur la gauche du vieux Gange, fut jadis capitale de tout le Bengale : il s'y fait un grand commerce de mousseline. Mourchidâbâd, ville grande et industrieuse, sur le Gange, a été capitale du Bengale depuis 1704 jusqu'en 1771. Patna, l'une des villes les plus grandes et les plus commerçantes de l'Inde, sur les bords du Gange, est dans la province de Behar. Bénarès, également sur le Gange, à l'ouest de Patna, dans la province d'Allahabad. Cette ville très peuplée et très commerçante, remarquable par ses nombreuses fabriques d'étoffes de soie et de coton, est en outre le centre des connaissances et de la littérature des Indous, et il s'y fait un grand concours de pèlerins qui s'y rendent de toutes les parties de l'Inde pour s'instruire, se perfectionner et se sanctifier; on porte sa population à plus de six cent mille habitans. Mirzapour, sur le même fleuve, est une grande ville florissante par son commerce et dont la population a singulièrement augmenté depuis 1801. Agra, dans la province de ce nom, située sur la Jamna ou la Gémène, l'ancienne résidence du Grand Mogol, est aujourd'hui en partie ruinée et ne compte que soixante mille habitans. Delhi, située sur la droite de la Jamna ou Gémène, dans la province de son nom, au-dessus et au nord d'Agra, a été la capitale du puissant empire du Grand Mogol. Elle avait été rebâtie sur l'emplacement de l'ancienne ville, par l'empereur shah Djihân. On lui accordait, du temps de l'empereur Aurengzeb, deux millions d'habitans, réduits aujourd'hui à deux cent mille.

Madras, chef-lieu de la présidence de ce nom, dans la province de Karnatic, est située sur la côte de Coromandel. Cette ville est l'une des plus grandes, des plus peuplées et des plus importantes de l'Inde. Elle renferme trois cent mille habitans. Sur la même côte est Masulipatam, port de mer excellent. Cette ville, située sur un bras de la Krichna, est renommée par ses toiles peintes. Sa population est évaluée à soixante-quinze mille habitans. Jagrenat, célèbre par ses pagodes, est la résidence du grand prêtre des Bramines, ce qui y attire un grand concours de pèlerins. Séringapatam, sur une île du Kavery, dans la province de Maïssour, était la capitale du puissant royaume de Maïssour ou Mysore, sous Tipposahëb. Les Anglais prirent cette ville en 1799. Maïssour, au sud-ouest de Séringapatam, est tout ce qui reste de la grandeur du royaume de ce nom, que les Anglais ont rendu à ses princes légitimes, après la mort de Tipposahëb, en s'en réservant toutefois la suzeraineté : ce qu'ils ont fait à l'égard du royaume de Sétarah où l'on trouve Visapour, jadis capitale du puissant royaume de ce nom et l'une des plus grandes villes de l'Inde, mais qui n'offre plus aujourd'hui que des ruines ; du royaume de Dekkan dont la capitale est Haïderâbad, située sur le Mousah : on y compte deux cent mille habitans : on trouve, dans le même royaume, Golconde, ville forte et célèbre dans tout l'Orient par ses riches mines de diamans dont elle fait un si brillant commerce ; du royaume de Baroda, soumis à un prince Maharatte ou Maratte, et composé, en grande partie, de l'ancienne province de Guzarate : sa capitale est Baroda, grande ville peuplée de cent mille habitans ; du royaume d'Aoudh, dont le souverain a la cour la plus brillante et la plus magnifique de l'Inde : sa capitale est Laknan, ville qui compte trois cent mille habitans, et située sur le Goumty ; de la principauté de Djeypour, dont le chef-lieu est Djeypour, l'une des plus belles villes de l'Indoustan, soumise aux Radjpoutes et dont la fondation, due au raja Djeïa-singh, célèbre astronome indien, ne date que de 1724.

Calicut, sur la côte du Malabar, dans la province du même nom. Son port, à demi comblé, est le premier de l'Inde où aborda, en 1498, Vasco de Gama, après avoir doublé le Cap de Bonne Espérance : on n'y compte que vingt mille habitans. Cananore est une petite ville maritime gouvernée, avec son petit territoire, par une reine tributaire des Anglais, et qui possède, en outre, quelques-unes des îles Lakedives, situées au sud-ouest de la côte du Malabar. A l'extrémité méridionale de la côte du Malabar, est le Cap Comorin où se pêchent les plus belles perles du monde.

Bombay, chef-lieu de la présidence de ce nom, dans la province d'Aurangabad, est située dans la petite île de son nom, sur la côte occidentale de l'Inde : elle est l'entrepôt général des marchandises de l'Europe, de l'Asie et de l'Amérique. On y compte cent cinquante mille habitans. Surate, ville capitale de la province de Guzarate et située sur la rive gauche du Tapty, à sept lieues environ de son embouchure, dans le golfe de Cambaye, est une ville grande, marchande et peuplée de cent soixante mille habitans, selon les nouveaux géographes. Ahmadâbâd, sur le Subermatty, était une des plus belles et des plus riches villes de l'Asie lorsqu'elle était la capitale de la province, mais ravagée par la peste en 1812, et par un tremblement de terre en 1819, sa population a été réduite à cent vingt mille habitans.

Une possession importante des Anglais, dans l'Inde, est l'île de Ceylan que l'on croit avoir été la Taprobane des Anciens. Elle est située à l'entrée du golfe du Bengale, au sud-est de la pointe méridionale de la presqu'île de l'Inde en deçà du Gange, dont elle est séparée par le détroit de Palk et le golfe de Manaar qui a cinquante à soixante kilomètres de largeur. On y trouve le pic d'Adam, l'une des plus hautes montagnes de l'Inde. L'air y est pur et le terroir fertile ; elle a des forêts entières de canneliers et produit une grande quantité d'épiceries. Ses éléphans sont les plus estimés de toutes les contrées de l'Inde. Ses habitans indigènes sont des nègres qui obéissent au roi de Candy, ville située au centre de l'île et qui en a été la capitale : c'est aujourd'hui Colombo, ville forte et bien bâtie, sur la côte occidentale. Sur la même côte, est Point-de-Galle ; sur la côte orientale, Trinquemale, l'un des ports les plus beaux et les plus importans de l'Inde. Sur la côte septentrionale de l'île de Ceylan, vers la petite île de Manaar, se fait la pêche des perles. C'est en 1795 que les Anglais se sont emparés de l'île de Ceylan, sur les Hollandais qui l'avaient enlevée aux Portugais, en 1650.

Au sud-ouest de l'île de Ceylan est l'archipel des Maldives, très petites îles rangées par peloton, au nombre de dix-sept, à la file les unes des autres, du nord au sud, et dont la principale, située presqu'au centre de l'archipel et qui n'a qu'une lieue de tour, est celle de Male qui a donné son nom à toutes les autres : *dive* signifiant *île* dans la langue arabe. Elle est la résidence du souverain de ce singulier royaume dont les habitans sont mahométans. Ce souverain prend le titre fastueux de sultan de dix-sept provinces et de douze mille îles. La plupart sont couvertes de cocotiers et l'on fait, dans leurs parages, la pêche du corail, de l'ambre et des tortues.

Possessions des autres nations européennes. Après avoir fait connaître les immenses possessions anglaises dans l'Inde, médiates ou immédiates, et dont on porte la population, d'après les calculs récens, à cent vingt trois millions d'habitans, nous allons dire un mot de celles peu considérables qu'y possèdent les autres nations européennes, avant de continuer à poursuivre la description des états qui y sont restés indépendans.

Ce que possède la France dans cette partie orientale de l'Asie, forme le gouvernement de Pondichéry, subdivisé en cinq districts, savoir: Pondichéry et Karikal, dans la province de Karnatic; Chandernagor, dans le Bengale; Yanaon, dans le Coromandel; Mahé, dans le Malabar. Elle a aussi des loges à Masulipatam, Calicut et Surate, dans l'Inde; et à Mascate et Mokka, en Arabie, mais sans possessions territoriales. Pondichéry, chef-lieu du gouvernement, fondée en 1674, est une belle ville, peuplée aujourd'hui de quarante mille habitans, et située sur la côte de Coromandel, non loin de la mer, dans une plaine sablonneuse. Son industrie consiste dans le tissage d'étoffes de coton nommées percales, et dans la pêche. On en exporte du riz, des drogueries, de l'opium, du sucre, de l'indigo. Les importations se font en dentelles, modes, meubles, bijoux et livres. Chandernagor est au nord de Calcutta, dans une situation agréable et salubre, sur la rive droite de l'Hougli. Cette place a été démantelée et le gouvernement s'est engagé à ne pas rétablir ses fortifications lors de sa restitution, par les Anglais, en 1814. On y compte quinze mille habitans.

Les Portugais possèdent, dans la mer d'Oman, l'île de Goa où se trouve, à l'embouchure de la Mandova, la nouvelle ville, résidence de leur vice-roi de l'Inde, et qui a remplacé l'ancienne abandonnée à cause de l'insalubrité de l'air; l'Ile Diu, au sud-est de la province de Guzarate, avec la ville de ce nom; Deman, à l'entrée du golfe de Cambaye, dans la province de Guzarate. C'est tout ce qui reste aux Portugais de leur ancien empire dans l'Inde.

Les Danois possèdent, dans le Bengale, Sérampour, résidence de leur gouverneur-général, au sud-ouest de Calcutta, sur la rive droite de l'Hougli; et Trinquebar, jolie petite ville près de la mer, sur un bras du Kavery, entre Pondichéry et Karical, sur la côte de Coromandel, dans le royaume de Tanjaore.

Revenons aux états indépendans et sur lesquels les Anglais n'exercent qu'une influence précaire ou de circonstance.

Etats indépendans. Au sud des monts Himâlâya est le royaume de Nepal, confinant d'un côté à la Chine, et de l'autre au Penjab ou Punjab, et situé au nord-est. On y trouve le Dhawalaghiri, la plus haute montagne du globe; Katmandou, située sur le Bicheumathy, en est la capitale.

Le royaume de Sindia, entouré de tous côtés par les possessions anglaises, est formé d'une partie des provinces d'Agra, de Malwa et de Kandeich. Ses principales villes sont Bourhanpour, sur le Tapty, dans le Kandeich; Oudjein, sur la Serpa, ancienne capitale du royaume, célèbre par ses écoles et son observatoire par lequel les géographes indous font passer leur premier méridien; Gouâlior, nouvelle capitale en la province de l'Agra, dans une vaste plaine au milieu de laquelle s'élève une colline sur laquelle a été bâtie la célèbre forteresse Gouâlior.

Le pays des Seïkhs qui s'étend dans les montagnes, au nord, se composait d'un grand nombre de provinces sous le valeureux Runjet-singh qui avait soumis le Cachemire, le Multan, le Peichaouer, etc. Sa capitale était Lâhor, grande ville peuplée de cent mille habitans, dans une grande plaine, sur le Ravi. Ce prince s'était montré, pendant tout son règne, l'allié fidèle de l'Angleterre; son fils et successeur, Kurruch-singh, paraissait devoir suivre une autre politique quand il a été empoisonné. Le fils de ce dernier, Nao-mihil-singh, a été écrasé par la chûte d'une poutre, en revenant des funérailles du roi son père, ce qui a plongé l'état dans une espèce d'anarchie, chaque province se détachant de la grande monarchie fondée par Runjet-singh. Shere-singh, qu'on présume être fils supposé de Runjet-singh, cherchant à s'assurer le trône de celui qu'il prétendait avoir été son père, s'est adressé au gouvernement anglais de l'Inde, pour en obtenir des secours. Il a réussi à y monter, mais sans énergie, sans talent, sans caractère : il est difficile de croire qu'il puisse s'y soutenir. Son autorité est précaire, et tôt ou tard la Compagnie anglaise joindra le Penjab à ses autres possessions. Ramdaspour, ville de quarante mille habitans, est la capitale du Penjab; Cachemire, appelée Serinagar par les indigènes, située sur les bords du Djilim, dans une vallée fertile et agréable, est renommée par les superbes châles qu'on y fabrique. Sa population est évaluée à cent cinquante mille habitans.

Les plus belles femmes de l'Inde sont sans contredit

les Cachemiriennes : elles ne le cèdent en beauté ni aux Géorgiennes ni aux Circassiennes ; aussi peuplent-elles les harems de l'Indoustan et du reste de l'Inde, comme celles-ci peuplaient naguère ceux de Perse et de Turquie.

Au sud du pays des Seïkhs, dans la partie inférieure de l'Indus, est la principauté de Syndi ou du Sinde, gouvernée par des émirs, et qui faisait naguère partie du royaume de Caboul. Sa capitale est Hyderabad, située dans une île formée par deux branches de l'Indus et défendue par une forteresse. Elle est le siége du gouvernement et possède quinze mille habitants. Couratchi, port sur le golfe d'Oman, est la ville la plus riche et la plus florissante, par son commerce, de tout l'état.

Afghanistan Passons à l'Afghanistan ou pays des Afghans qui confine, à l'est, au pays des Seïkhs ; au sud, à celui des Beloutchis ; à l'ouest, à la Perse dont il faisait autrefois partie ; au nord, au royaume d'Hérat qui en est séparé depuis peu, et à la Tartarie Indépendante ou Turkestan.

Ahmed-schah, fondateur de l'empire des Afghans, en 1750, mourut en 1773. Son fils Timur-schah fut son successeur et régna vingt ans, jusqu'à sa mort arrivée en 1793. Ses trois fils, Mahmoud, Zehman et Soudja se disputèrent le trône paternel, et leurs divisions profitèrent à une tribu rivale, celle des Barukzis qui se partagèrent la monarchie. Le chef de cette tribu, Dost-Mohammed, s'établit à Caboul ; un de ses frères, à Ghizni (l'ancienne Gazna) ; un autre, à Candahar. La seule ville d'Hérat, avec son territoire, resta à Kamram, fils de Mahmoud. Runjet-singh, roi du Punjab ou de Lahor, soutenu de la puissance anglaise, contribua aussi à ruiner l'héritage affaibli d'Ahmed, en en détachant Peschaouer. Les Anglais voulant dominer dans l'Afghanistan comme ils dominent dans l'Inde, pour se rapprocher de la Perse, éclairer ses rapports avec la Russie et barrer à celle-ci la route de l'Inde, ont eu l'air de prendre parti pour le prince Soudja qu'ils avaient accueilli après sa défaite, contre son vainqueur Dost-Mohammed. Ils ont envahi l'Afghanistan et replacé le vieux Soudja qu'ils avaient amené avec eux, sur le trône de ses pères, sûrs de le gouverner désormais, après avoir fait et retenu prisonnier Dost-Mohammed. Mais les populations se sont soulevées contre les Anglais et contre le prince incapable qu'ils leur avaient imposé, mues par le prince Akhbar-khan, l'un des fils ou neveu, selon d'autres versions, de Dost-Mohammed. Soudja a perdu la vie dans ces mouvemens, et l'armée anglaise, après avoir éprouvé plusieurs échecs, réduite à faire retraite et renfermée dans des défilés profonds, court le danger d'y être exterminée (*).

Caboul, située dans une plaine délicieuse, sur la rivière de ce nom qui se joint à l'Indus ou Sindh, est la capitale de l'Afghanistan. Cette ville, peuplée de quatre-vingt mille habitans, fait un très grand commerce de chevaux.

Ghizni, ville ruinée, a été autrefois, sous le nom de Gazna, le siége des sultans Gaznevides qui régnèrent

---

(*) Ceci avait été écrit avant la retraite des Anglais.

avec tant de gloire sur une partie de la Perse et des Indes.

Khandahar, ville forte, peuplée de cent mille habitans, l'une des plus belles de l'Asie et l'entrepôt d'un commerce considérable, fut autrefois la capitale d'un royaume du même nom.

Jellalabad est située près des bords de l'Helmend ou Hirmend, dans le Sistan ou Segestan (l'ancienne Drangiane), pays rempli de déserts et peu productif.

Hérat, ville commerçante, peuplée de cent mille habitans, est la capitale du petit royaume de ce nom, composé de la partie occidentale de ce qu'on appelait autrefois le Khorasan, et de l'ancienne Arie appelée aujourd'hui Sablestan. Grand nombre d'ouvriers y travaillent aux tapis dits de *Perse*. Le schah de Perse, mu par la Russie, et qui d'ailleurs n'avait pas oublié que l'Afghanistan faisait autrefois partie du royaume des Sophis, entreprit, en 1836, le siége d'Hérat, la seule portion de l'héritage de Timur, qui se trouvât au pouvoir de l'un de ses descendans. Ce siége a été long et meurtrier, les Anglais soutenant sous main les assiégés qui ont eu le dessus sur leurs ennemis.

Entre l'Afghanistan, au nord; le pays des Seïkhs, à l'orient; la Mer d'Oman, au sud; et la Perse, à l'ouest, sont plusieurs tribus indépendantes qui ont le droit d'élire leurs chefs ou serdars, dont les principales sont les Béloutchis et les Brahouis. Kélat, située sur une hauteur, au milieu d'un territoire fertile, est le centre de la confédération qui renferme, entr'autres provinces, le Mékran (l'ancienne Gédrosie) et le Kouhistan.

APPENDICE.

Les Anglais ne pouvant se maintenir dans l'Afghanistan, ont été obligés de l'évacuer. Mais en se retirant, ce qu'ils ont fait après d'adroites négociations, sous prétexte de venger la mort de leurs compatriotes, de leurs frères d'armes, oubliant qu'ils avaient été les agresseurs, ils ont couvert ce pays de sang et de ruines. Caboul, jadis l'une des plus belles villes de l'Asie orientale, n'offre plus qu'un monceau de cendres et un lieu de désolation. Ses péristyles, ses bazars, ses palais ont été renversés et la population dispersée. C'est que les Anglais ont voulu mettre entre la Perse ou plutôt la Russie et l'Inde, un immense désert.

Pour se dédommager des pertes qu'ils ont éprouvées dans l'Afghanistan et de la nécessité où ils se sont trouvés d'abandonner cette conquête, ils ont tenté celle du Sinde dont ils viennent de prendre la capitale Hydérabad, après une victoire signalée, mais meurtrière, gagnée par le général sir Charles Napier, à Méenée, près de Hydérabad, et qui lui en a ouvert les portes. Le butin recueilli dans Hydérabad, en or, argent, pierreries, est évalué à un million de livres sterlings. Voilà une possession importante dans l'Inde, ajoutée à tant d'autres, par la Compagnie anglaise.

DESCRIPTION GÉOGRAPHIQUE DE L'ARABIE MODERNE.

Comme l'Arabie est limitrophe de la Perse et de l'Inde, et qu'elle a eu de tout temps, avec ces deux pays, de grands rapports commerciaux et autres, nous allons en donner aussi une description géographique à la suite de celle de l'Inde.

L'Arabie est peut-être le seul pays sur la terre qui ait conservé son nom, ses anciennes limites et divisions, et son indépendance. Ses peuples, après avoir maintenu pendant si long-temps l'intégrité de leur territoire contre les Romains, ces fiers conquérans, s'étant enfin élancés hors de chez eux au temps de Mahomet, leur législateur, entamèrent de toutes parts cet empire qui n'avait pu les dompter, et envahirent plus de pays, en moins d'un siècle, que les Romains n'en avaient conquis dans toute la durée de leur puissance. Ainsi se sont exactement accomplies les promesses temporelles faites au fils de la servante, comme l'avaient été les promesses spirituelles qui furent faites au fils de la femme libre.

Origine. Les Arabes descendent, en grande partie, d'Abraham, les uns, par Ismaël, le fils qu'il eût de sa servante Agar; les autres, par Esaü, son petit-fils, qui, surnommé *Edom*, c'est-à-dire *Rouge*, fut le père des Iduméens établis d'abord sur les bords asiatiques de la Mer Rouge, d'où une partie passa sur les bords africains de cette mer, ce qui a fait distinguer les Ethiopiens qui en descendent, en Orientaux ou de l'Asie, et en Occidentaux ou de l'Afrique, distinction consignée dans Homère. Cet ancien poète dit que les uns (les Ethiopiens Orientaux) sont ceux qui occupent les bords asiatiques de la Mer Rouge; et que les autres (les Ethiopiens Occidentaux) sont ceux qui occupent les bords africains de cette mer. Les enfans qu'Abraham eût de Cétura ou Ketura, peuplèrent aussi quelques contrées de l'Arabie. Il n'est donc pas étonnant que tous ses peuples aient pratiqué, de temps immémorial, la circoncision. Cette pratique qu'ils tiraient de leur grand ancêtre Abraham était si respectée parmi eux, que le voluptueux mais politique Mahomet n'aurait pas osé la supprimer. *Circoncision pratiquée.*

Leur culte fut pur dans son origine, tel qu'ils le tenaient de leur père Ismaël; mais par la suite il s'altéra, et les sens prédominant sur leur intelligence, le Sabéisme s'introduisit parmi eux, comme chez tous les peuples leurs voisins qui sacrifiaient à Moloch, à Astarté, à toute la *milice céleste*, ainsi que s'exprime l'Écriture, c'est-à-dire aux astres qu'ils croyaient animés par des intelligences mitoyennes entre Dieu et l'homme. Mahomet, leur prophète et leur législateur prétendit les ramener au vrai culte, au culte de leurs pères les anciens patriarches, et surtout de leur grand ancêtre Abraham, le père des vrais Croyans, et leur donna ses rêveries contenues dans le Koran, livre qui n'est qu'une compilation monstrueuse, où tout ce qui se trouve de bon est tiré de l'Écriture. *Religion.*

Les Arabes n'estiment rien tant que leurs chevaux ; ils en conservent avec soin la généalogie, ont un talent tout particulier pour les dresser, et sont d'excellens cavaliers. *Mœurs.*

Ceux qui habitent les villes sont manufacturiers, se livrent au négoce, aux lettres, aux sciences, à la médecine et surtout à l'astrologie, car ils sont très superstitieux. Les autres sont nomades, habitent sous des tentes et ne s'arrêtent en un même lieu qu'autant qu'ils y trouvent des pâturages pour leurs bestiaux. Ils sont naturellement pillards, et connus sous le nom redouté de *Bédouins*, ils tombent souvent sur les caravanes qui traversent leurs déserts, pour les dépouiller. Telle a toujours été leur inclination, armés contre tous, et tous armés contr'eux. (Gen. chap. 16, v. 12.)

Bornes. L'Arabie est une grande presqu'île qui communique à l'Afrique, au nord-ouest, par l'isthme de Suez; tient au continent de l'Asie par l'Yrack-Arabi (l'ancienne Chaldée ou Babylonie), le Diarbeck (autrefois la Mésopotamie) et la Syrie, trois provinces asiatiques qui la bornent au nord; et est baignée, des autres côtés, au sud-ouest, par la Mer Rouge; au sud-est, par la Mer des Indes; au nord-est, par le golfe d'Oman et le golfe Persique. L'Océan communique à la Mer Rouge par le détroit de Babel-Mandel, et au golfe Persique par celui d'Ormus.

Climat. L'Arabie est partagée presque également, dans sa largeur, par le tropique du cancer; aussi étant en partie dans la zône torride, la température ne peut y être que fort chaude. Elle a beaucoup de montagnes et de déserts sablonneux parsemés çà et là de quelques cantons moins stériles appelés *Oasis*. Les vents y soufflent quelquefois avec une telle impétuosité, que les sables de ces déserts inhabités, agités comme les flots de la mer en courroux, engloutissent les caravanes entières qui traversent ces déserts. Elle n'a point de rivières, quelques torrens qui se trouvent souvent à sec car il pleut rarement dans ce pays, toutes choses qui contribuent à rendre son terroir stérile. Il ne se trouve productif que vers les côtes, et ses principales productions sont le café, les dattes, la cannelle, le baume, la myrrhe, l'encens, le benjoin et autres drogues aromatiques, le corail qu'on pêche sur ses côtes, et les perles. *Productions.*

Les Arabes sont divisés en tribus gouvernées chacune par un schérif ou cheïk. Il y en a toujours eu de plus puissantes les unes que les autres, et celles-ci ont reçu la loi des premières. Des querelles de religion ont été le prétexte de leur mésintelligence. Il s'en éleva une, vers la moitié du siècle dernier, celle des Wahhabites, qui, après avoir fondé un puissant empire et entraîné presque toute l'Arabie dans sa réforme religieuse, a été réduite par Mohammed ou Mehemet Ali, vice-roi d'Égypte. Après les avoir chassés de Médine et de la Mecque, il est parvenu à détruire leur capitale Deriah, dans le Nedjed. Depuis lors la péninsule est redevenue ce qu'elle était auparavant, partagée en un grand nombre de petits états indépendans.

La division de l'Arabie, en Pétrée, Déserte et Heureuse, usitée chez les géographes grecs et romains, est inconnue à ses propres habitans. C'est dans l'Arabie Pétrée, contiguë à l'Égypte à laquelle elle est jointe par l'isthme de Suez, que les Israélites errèrent pendant quarante ans sous la conduite de Moïse, avant d'entrer dans la Terre Promise, et où Dieu leur donna sa loi sur le *Divisions.*

Mont Sinaï situé entre deux golfes formés par la Mer Rouge, l'un oriental et l'autre occidental. Le Mont Horeb, également célèbre dans nos livres saints, est contigu au Mont Sinaï.

L'Hedjaz, l'Yemen, l'Adramaut, l'Oman, l'Hadjar et le Nedjed sont les principales contrées de l'Arabie.

<small>Villes</small>

Dans l'Hedjaz, qui comprend ce que les anciens Grecs et Romains appelaient Arabie Pétrée, et toute la côte orientale de la Mer Rouge, on trouve Médine (anciennement Yatreb) au milieu d'une plaine abondante en palmiers; la Mecque ou Mekka, plus au midi, dans une vallée et à dix lieues de la Mer Rouge. Chacune de ces villes est gouvernée par un prince appelé schérif, qui se prétend descendant de Mahomet par sa chère fille Fatime; aussi sont-ils fort respectés des Mahométans. L'une et l'autre villes ont un port sur la Mer Rouge : Yambo est le port de Médine; et Joddah ou Jiddah, celui de la Mecque, à l'ouest de laquelle il est situé. Médine est célèbre par la mosquée qui renferme le tombeau de Mahomet; et la Mecque, pour lui avoir donné naissance..

Les principales villes de l'Yemen sont Sanaa, la plus grande ville de la péninsule, située au milieu d'une plaine fertile, au pied d'une montagne et peuplée de trente mille habitans; Moka, port fortifié sur la Mer Rouge, près du détroit de Babel-Mandel et l'entrepôt de l'excellent café qui se tire de l'Arabie; Aden, au sud-est de Moka, port renommé pour son commerce, sur le détroit de Babel-Mandel.

Dans l'Hadramaut qui s'étend à l'est de l'Yemen, le

long de la côte de la Mer des Indes jusqu'à l'Oman, se trouve Mareb, au sud-est de Sanaa, et qui a remplacé Mariaba, l'ancienne capitale des Sabéens.

Dans l'Oman qui comprend l'extrémité orientale de la Péninsule, se trouve Mascate, située sous le tropique, place importante et port entrepôt de toutes les marchandises qui de l'Inde entrent dans le golfe Persique. l'Iman (*) de Mascate est l'un des plus puissans de l'Arabie; il possède une partie du Moghestan dont Minab est le chef-lieu, dans le Kerman; et les îles Kichm et Ormus, dans le golfe Persique. L'île de Socotora, située à l'est du Cap Gardafui, en Afrique, qui lui appartenait aussi, vient de lui être enlevée par les Anglais.

Dans l'Hadjar qui s'étend le long du golfe Persique jusqu'à l'embouchure du Chat-el-Arab, fleuve formé par la réunion de l'Euphrate et du Tigre, se trouve El-Katif, ville fortifiée, sur une baie, vis-à-vis laquelle est le groupe de Bahraïn, îles célèbres par la riche pêche de perles qui s'y fait, et qui ne le cèdent qu'à celles du Cap Comorin, dans l'Inde; aussi cette pêche procure-t-elle un gros revenu à son possesseur. Ces îles qui appartenaient autrefois au roi de Perse, dépendent aujourd'hui d'un cheïk vassal des Anglais.

Ces quatre contrées : l'Yemen, l'Hadramaut, l'Oman et l'Hadjar étaient renfermées dans ce que les anciens appelaient l'Arabie Heureuse, plus productive à la vérité que la Pétrée, mais où l'on récolte néanmoins peu

---

(*) Les princes mahométans prennent le titre d'*Imans* si révéré chez ceux qui suivent la loi musulmane, pour se concilier un plus grand respect de la part de leurs sujets.

de grains. On y trouve différentes sortes d'arbres résineux d'où l'on tire, par incision, des gommes d'une odeur agréable, du benjoin, de la myrrhe et de l'encens.

Le reste de l'Arabie, au nord, dans laquelle partie est compris le Nedjed, ne renferme que des déserts presqu'inhabités : c'est l'Arabie Déserte des Anciens, dont l'ancienne capitale était Annah, sur l'une et l'autre rive de l'Euphrate, aux confins de la Mésopotamie, dont quelques géographes la font dépendre.

FIN
DE LA QUATRIÈME ET DERNIÈRE PARTIE.

Table des Matières.

	Pages.
Avertissement.	
Prospectus.	
Première partie. — Résumé historique sur la Perse.	1
Exposé rapide de l'état du commerce et de la marine chez les peuples de l'Europe, jusqu'à nos jours.	28
Faste de la cour de Perse	42
Description géographique de la Perse	44
Bornes. — Climat. — Terroir. — Productions.	46
Culte. — Provinces. — Villes.	47
Seconde partie. — Résumé historique sur la Chine	53
Nom. — Bornes. — Climat.	id.
Étendue. — Ancienneté. — Prodigieuse antiquité réfutée	54
Origine présumée de sa population.	56
Les autorités qu'on invoque peu sûres.	58
Absence des anciens mémoires historiques. — Fo-hi.	59
Hoam-ti.	60
Yao.	61
Xun. — Dynasties.	64
Première dynastie. — Yu	66
Deuxième dynastie.	67

	Pages.
Troisième dynastie.	70
Quatrième dynastie.	71
Cinquième dynastie.	74
Sixième dynastie	76
Septième.— Huitième.— Treizième dynasties	77
Quatorzième dynastie	81
Dix-neuvième dynastie	82
Vingtième dynastie	85
Vingt-unième dynastie	87
Vingt-deuxième dynastie	92
Cang-hi.	96
Kien lung.	99
Kia-king	104
Tao-koan.— Appendice.	105
Gouvernement.	108
Autorité paternelle, fondement de l'autorité impériale	117
Lois pénales.	119
Cangue.	120
Question.— Prisons.	121
Impôts	122
Éducation.	124
Lettrés	127
Mandarins.— Respect des Chinois pour les Mandarins	129
Mandarins de guerre.	131
Polygamie permise	133
Courtisanes.	134
Culte.	135
Confucius.	140
Lao-kium.	143
Foé.	144
Juifs à la Chine.	145
Mahométans.— Chrétiens	146
Livres sacrés.	149
Antiquité des Chinois	151
Caractère, portrait et costume des Chinois.	152

Préventions des Chinois. 155
Nature du climat et du sol. 157
Bambou 159
Bois de fer.— Cloches.— Curiosités végétales 160
Agriculture honorée. 161
Fertilité de la Chine. 162
Insuffisante aux besoins de ses habitans. — Son extrême population 163
Exposition.— Destruction des enfans. 164
Mines.— Jeu des échecs. 166
Quelques usages. 167
Maisons. 168
Manufactures. — Fabriques de porcelaine. — Fabriques de papier. 169
Fabriques d'encre.— Imprimerie.— Ponts. 170
Arcs de triomphe.— Grande muraille.— Puits de sel et de feu. 171
Médecins.— Invention de la boussole faussement attribuée aux Chinois.— Armes à feu. 174
Spectacles.— Fête des Lanternes. 175
Description géographique.— Fleuves 176
Divisions.— Provinces. 177
Villes.— Pe-kin. 178
Palais impérial. 179
Sin-gan. 180
Nan-kin. 181
Canton. 183
Iles. 184
Troisième partie.— Résumé ou précis sommaire de l'histoire des Tartares, en ce qu'elle a de relatif surtout avec celle de la Chine.— Noms.— Origine 187
Des peuples Tartares qui ont eu le plus de relations avec le peuple Chinois. — Huns. 188
Tartares Sien-pi. 194
Tartares Geou-gen 196

	Pages.
Turcs.	197
Mogols. — Khans de la Crimée.	198
Ottomans. — Mameluks — Kitans.	199
Kins.	200
Karakitayens.	201
Si-fans.	203
Royaume de Hia.	204
Naissance de Genghiz-khan.	205
Il est en butte aux traits de l'envie. — On le brouille avec son beau-père.	206
Il est vainqueur.	207
Son élévation. — Situation des états voisins des siens.	208
Son caractère.	209
Ses conquêtes.	210
Sa mort. — Réflexions sur ce fameux conquérant.	216
Ses dernières dispositions.	217
Evènemens qui suivent sa mort. — Ses successeurs.	218
Divisions parmi les descendans de Genghiz-khan. — Dissolution de sa vaste monarchie.	229
Naissance de Timur.	230
Elévation de Timur.	232
Ses expéditions.	233
Sa mort. — Caractère de Timur.	241
Résultat des conquêtes de Genghiz-khan et de Tamerlan.	243
Partage de l'empire fondé par Timur.	244
Empire des Mogols dans l'Inde.	251
Description géographique de la Grande Tartarie. — Climat.	268
Nature du sol. — Lacs.	269
Bornes. — Circassie.	270
Daghestan. — Kharasme. — Bukharie.	271
Tibet. — Fleuves.	275
QUATRIÈME PARTIE. — Notices sur la Corée, le Japon, le Tong-King, la Cochinchine. — Description géographique de l'Inde et de l'Arabie. — Notice sur la Corée.	279
Notice sur l'empire du Japon.	287

	Pages.
Origine de sa population.	288
Epoque de l'établissement de sa monarchie.	289
Culte.	290
Température.	291
Terroir. — Productions.	292
Gouvernement civil et religieux. — Villes.	293
Introduction du christianisme au Japon.	294
Sa décadence.	295
Notice sur le Tong-king.	297
Bova.	302
Chova.	303
Notice sur la Cochinchine.	308
Empire d'Anam.	310
Description du reste de l'Inde transgangétique.	313
Royaume de Siam.	314
Presqu'île de Malaca.	315
Empire des Birmans.	316
Assem. — Aracan. — Température.	318
Description de l'Indoustan.	319
Climat.	322
Productions.	323
Animaux. — Portrait et caractère des habitans.	325
Castes.	326
Sort des femmes indiennes.	327
Croyances.	328
Bayadères.	329
Possessions anglaises.	330
Possessions des autres nations européennes.	334
Etats indépendans.	336
Afghanistan.	338
Appendice.	341
Description géographique de l'Arabie moderne. — Origine.	342
Circoncision pratiquée. — Religion. — Mœurs.	343
Bornes. — Climat.	344
Productions. — Divisions.	345
Villes.	346

ERRATA

Page 4, lignes 7 et 8 : au lieu de *Koua-resm*, lisez *Koua-resm*.

Page 42, ligne 6 : au lieu de *détroi*, lisez *détroit*.

Page 44, ligne 7 : la virgule doit être placée après le mot *Reine* (*de noble race*, devant être entre deux virgules).

Page 46, ligne 24 : au lieu de *la*, lisez *le*.

Note de la page 61, ligne 25 : au lieu de *de*, lisez *à* ; et ligne 26, au lieu d'*ôtez*, lisez *ajoutez*.

Page 53, ligne 6, à la marge : au lieu de *borne*, lisez *bornes*.

Page 124, ligne 24 : au lieu d'*eur*, lisez *leur*.

Page 134, ligne 17 : au lieu de *supérieure*, lisez *supérieur*.

Page 151, dernier mot de la dernière ligne, lisez *comme*.

Page 162, ligne 9 : au lieu de *mandarmat*, lisez *mandarinat*.

Page 172, ligne 24 : au lieu de *qorsque*, lisez *lorsque*.

Page 178, ligne 9 : au lieu d'*ordres*, lisez *ordre*.

Page 185, ligne 3 : au lieu de *est*, lisez *sous*.

Page 199, ligne 23 : au lieu de *Captchaz*, lisez *Captchak* ; et ligne 26, au lieu de *Genghie*, lisez *Genghiz*.

Page 206, ligne 2, à la marge, au lieu de *il est en but*, lisez *il est en butte*.

Page 214, lignes 7 et 8 : au lieu de *détruisuirent*, lisez *détruisirent*.

Page 229, ligne 13 : au lieu d'un point, placez un point-virgule (le sens restant suspendu).

Page 276, ligne première : au lieu de *où*, lisez *qu'il*.

Page 321, ligne 19 : au lieu de *Rendjut-sing*, lisez *Rundjet-sing*.

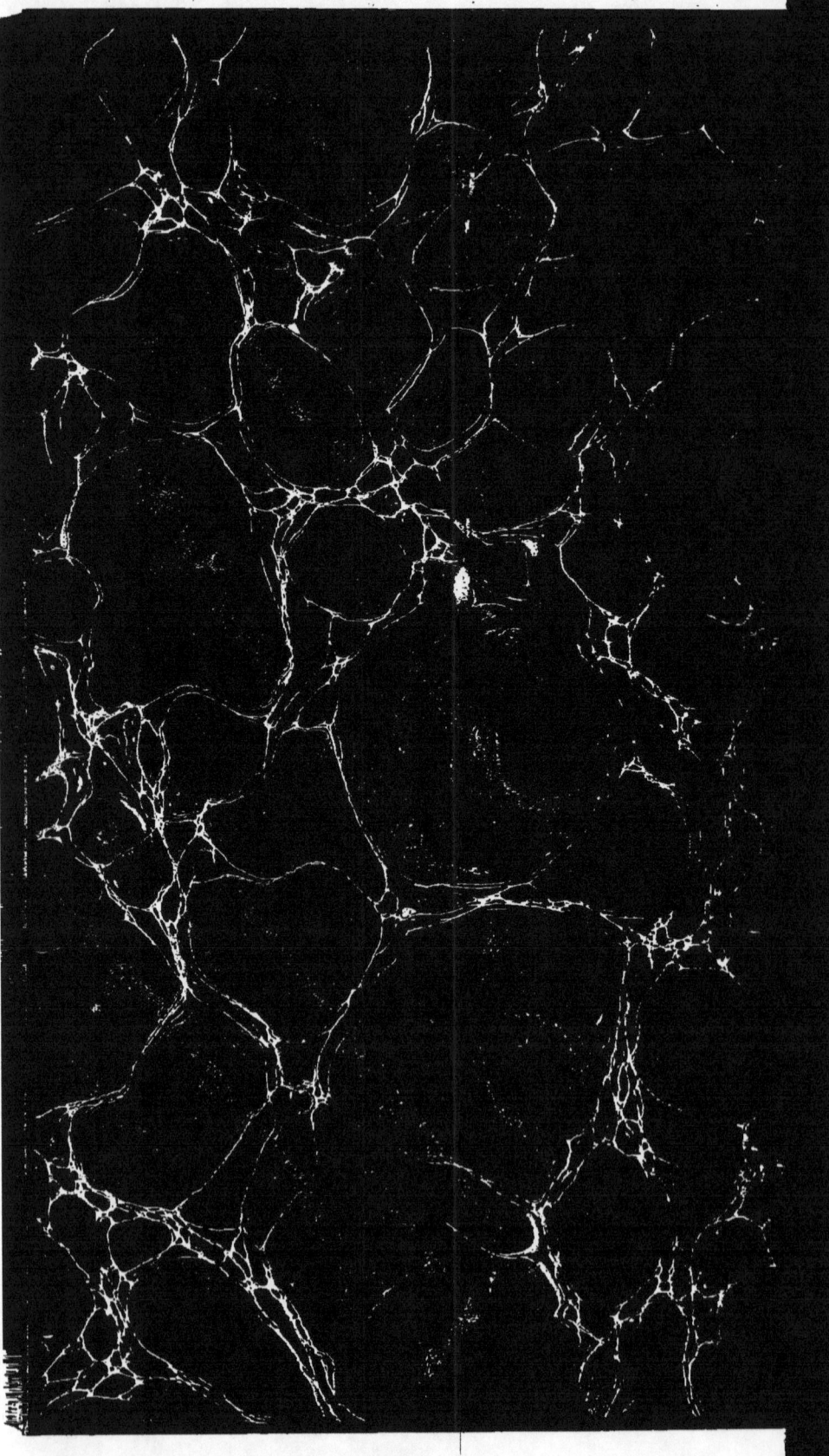

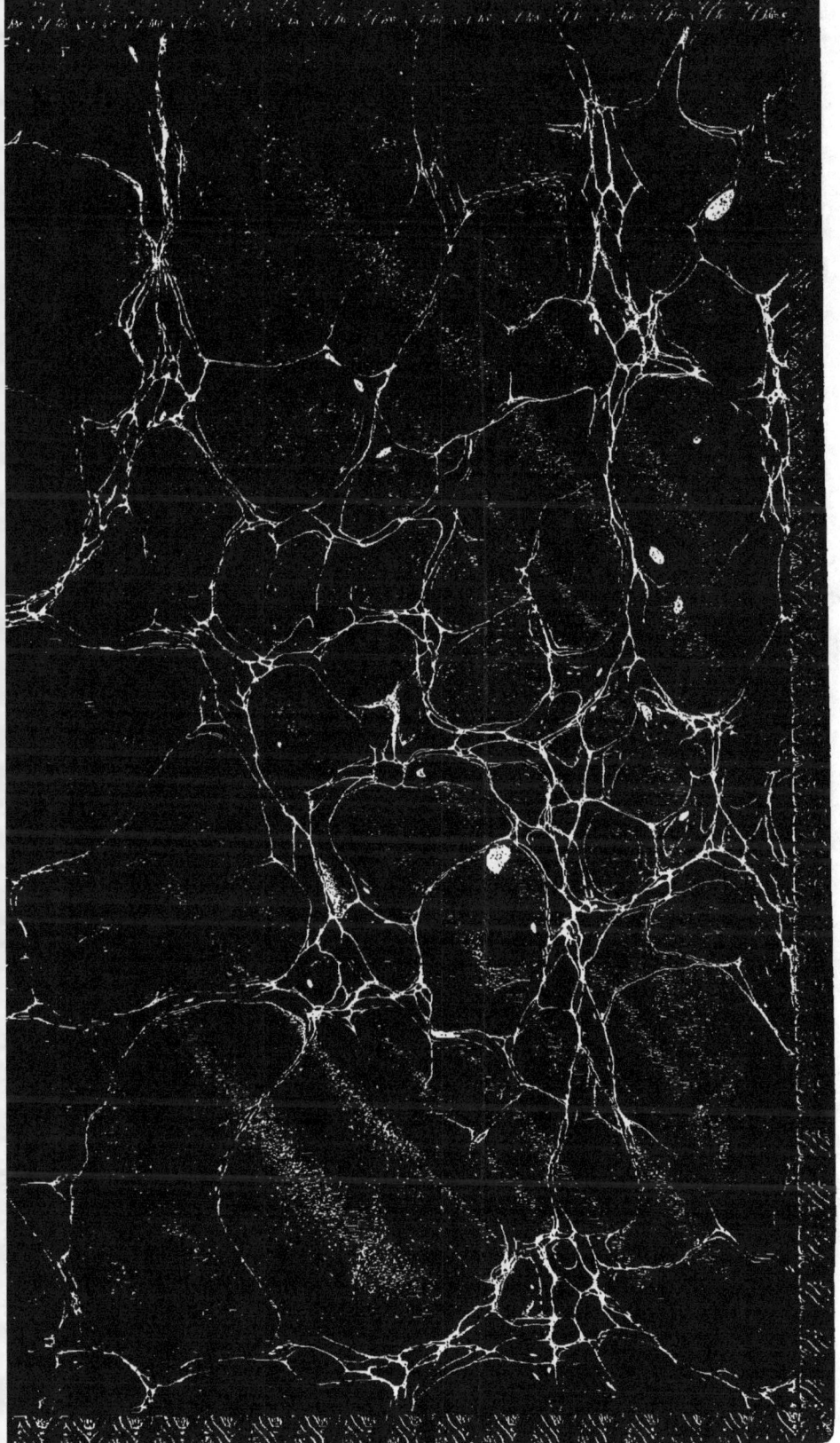

www.ingramcontent.com/pod-product-compliance
Lightning Source LLC
Chambersburg PA
CBHW070454170426
43201CB00010B/1340